W0044594

GOLDMANN
Lesen erleben

Buch

Alisa Bowmans Ehe steht vor dem Aus, statt in ihrem Mann den Märchenprinzen zu sehen, träumt sie von seiner Beerdigung. Aber dann beschließt sie, wirklich alles zu versuchen, was ihr zur Rettung ihrer Ehe vorgeschlagen wird: Sie schreibt Liebesbriefe, liest Ratgeber, versucht sich im aktiven Zuhören, lässt ein Bikini-Waxing machen und kauft sexy Unterwäsche. Sie schenkt ihrem Mann ein persönliches Romantik-Handbuch, um ihm Einblick in ihre Wünsche und Vorstellungen zu gewähren, geht mit ihm zur Paarberatung und reist mit ihm zum zweiten Mal in die Flitterwochen. Humorvoll offen berichtet die Autorin von ihrem erfolgreichen Versuch, sich mit ihrem Mann auszusöhnen, ihr Liebesleben wieder anzukurbeln und ihre Ehe zu retten.

Autorin

Alisa Bowman ist Beziehungsexpertin. In ihrem beliebten Blog, der im Monat um die 100 000 Besucherinnen anzieht, gibt sie Anekdoten und Rat weiter. Daneben schreibt sie für renommierte Magazine und Zeitschriften wie *First, Redbook, Better Homes & Gardens, Pregnancy* und *Women's Health*. Außerdem ist sie Co-Autorin eines NYT-Bestsellers.

www.projecthappilyeverafter.com

Alisa Bowman

Wie Sie Ihre Ehe retten, ohne Ihren Mann umzubringen

Guter Rat in 13 Kapiteln

Aus dem Amerikanischen von Regina Schneider

GOLDMANN

Alle Ratschläge in diesem Buch wurden von der Autorin und vom Verlag
sorgfältig erwogen und geprüft. Eine Garantie kann dennoch nicht über-
nommen werden. Eine Haftung der Autorin beziehungsweise des Verlags
und seiner Beauftragten für Personen-, Sach- und Vermögensschäden ist
daher ausgeschlossen.

MIX
Papier aus verantwor-
tungsvollen Quellen
FSC® C014496

Verlagsgruppe Random House FSC-DEU-0100
Das für dieses Buch verwendete FSC®-zertifizierte Papier
Classic 95 liefert Stora Enso, Finnland.

1. Auflage
Deutsche Erstausgabe Januar 2012
Wilhelm Goldmann Verlag, München,
in der Verlagsgruppe Random House GmbH
Copyright © 2012 der deutschsprachigen Ausgabe
Wilhelm Goldmann Verlag, München,
in der Verlagsgruppe Random House GmbH
Copyright © 2010 Alisa Bowman
Originaltitel: Project Happily Ever After
Originalverlag: Running Press Book Publishers, Philadelphia
Umschlaggestaltung: Uno Werbeagentur, München
Umschlagillustration: FinePic®, München
Redaktion: Dagmar Rosenberger
Satz: Buch-Werkstatt GmbH, Bad Aibling
Druck und Bindung: GGP Media GmbH, Pößneck
CB · Herstellung: IH
Printed in Germany
ISBN 978-3-442-17284-9

www.goldmann-verlag.de

»Ist Ihre Beziehung am Tiefpunkt? Dann lesen Sie dieses Buch. Wollen Sie sich in Sachen Liebe und Partnerschaft inspirieren lassen? Dann lesen Sie dieses Buch. Lust auf guten Lesestoff? Dann lesen Sie dieses Buch – spannend, klug und überaus optimistisch.«

PAT LOVE, AUTORIN VON
»HEISSE LIEBE IN FESTEN PARTNERSCHAFTEN«

Für Kaarina

Inhalt

Einleitung 13

1. Kapitel
Es war einmal 17

2. Kapitel
Wo die Liebe hinfällt 31

3. Kapitel
Gefunden: der Märchenprinz! 43

4. Kapitel
Das böse Erwachen: Wenn aus dem
Märchenprinzen ein Frosch wird 69

5. Kapitel
Ist meine Ehe noch zu retten? 129

6. Kapitel
Die Kunst des Verzeihens 137

7. Kapitel

Liebe, Lust und Leidenschaft 163

8. Kapitel

Sie werden seine Göttin sein 193

9. Kapitel

Wiedergefunden: der Märchenprinz!
   Oder nur ein schöner Traum? 225

10. Kapitel

Eine gemeinsame Sprache lernen
   Oder doch nicht? Fortsetzung 229

11. Kapitel

Die Offenbarung der Seelen 247

12. Kapitel

Mission erfüllt: Glücklich bis ans Lebensende
   (die meiste Zeit jedenfalls) 265

13. Kapitel

Ende gut, alles gut 285

Zehn Schritte zum Eheglück 295

Dank 313
Register 317

Einleitung

Sie sind völlig normal. Doch, ganz bestimmt.

Auch wenn Sie nicht mal mehr den kleinsten Funken Lust auf Sex mit Ihrem Mann verspüren, nicht in diesem Leben und nicht im nächsten.

Auch wenn Sie sich mehrmals wöchentlich, täglich oder gar stündlich zusammenfantasieren, wie unglaublich praktisch es doch wäre, wenn Ihr Mann plötzlich tot umfallen würde.

Auch, wenn Sie vor Ihrem geistigen Auge eine ellenlange Liste mit all den Männern haben, mit denen Sie garantiert ausgehen (oder die Sie vielleicht auch heiraten) würden, sobald Ihr Angetrauter verblichen ist.

Auch wenn Ihnen allabendlich vor dem Moment graut, an dem Ihr Ehegatte von der Arbeit nach Hause kommt.

Auch, wenn Sie beim Abendbrot sitzen und sich anschweigen, weil Ihnen partout nichts einfällt, worüber Sie mit ihm reden sollten.

Auch wenn Sie beim besten Willen nicht mehr wissen, was Sie bloß geritten hat, diesen Typen überhaupt zu ehelichen.

Auch wenn Sie ständig über ihn schimpfen, sodass Freunde, Geschwister und Kollegen schon Wetten darüber abschließen, wie lange Ihre Ehe wohl noch halten wird.

Ja, doch. Alles völlig normal. Eine absolut typische Ehe.

Nur Sie selbst, Sie denken natürlich, Sie seien nicht mehr ganz normal. Sie haben wahrscheinlich Gewissensbisse, weil Sie glauben, mit solchen Gedanken, Gefühlen und Erfahrungen den Preis für die »schlechteste Ehefrau des Jahres« verdient zu haben.

Weil Sie glauben, mit solchen Gedanken, Gefühlen und Erfahrungen alleine dazustehen. Weil Sie glauben, dass keiner Ihrer Freunde, Angehörigen oder Bekannten jemals die Beerdigung des eigenen putzmunteren Ehepartners angedacht hat. Weil Sie glauben, dass alle anderen bis heute so verliebt sind wie am ersten Tag.

Weil Sie glauben, dass alle anderen der festen Überzeugung sind, ihren Seelengefährten geheiratet zu haben.

Und warum glauben Sie das? Weil keiner über seine eingefahrene, schlechte Ehe spricht. Niemand wagt etwas darüber zu sagen, dass es einem graut bei der Vorstellung vom eigenen Mann in der Löffelchenstellung und man nur noch denkt: »Oh bitte, lass diesen Kelch diese Nacht an mir vorübergehen, auch morgen Nacht und überhaupt für alle Zeiten und Nächte. Wieso gehöre ich nicht zu den Frauen, bei deren Männern ohne Viagra gar nichts geht?«

Und weil keiner darüber spricht, fühlt man sich damit allein auf weiter Flur und als sei man die Einzige auf dieser Welt, die einmal so dämlich war und aus Versehen den Falschen geheiratet hat.

Aber halt! Allein sind Sie damit garantiert nicht.

Weiß Gott nicht. Es gibt zum Beispiel mich. Ich habe all

das eben Gesagte gedacht, gefühlt und erlebt – wie *so* viele andere auch.

So wie all die unglücklich verheirateten Menschen, die zu Tausenden mein Online-Tagebuch lesen. Ich kann Ihnen gar nicht sagen, wie viele von ihnen mir per E-Mail dafür danken, dass ich diese Fantasien vom Ableben des eigenen Ehepartners so offen ausgesprochen habe. Oder wie viele meiner Freunde und Bekannten sich ähnliche Gedanken, Gefühle und Erfahrungen eingestanden haben, nachdem ich erst einmal angefangen hatte, über die meinen zu reden.

Aber eins kann ich Ihnen sagen: Egal, wie schlecht es um Ihre Ehe bestellt ist, Sie können sie besser machen. Egal, wie sehr Sie davon überzeugt sind, dass Sie den Falschen geheiratet haben. Denn das haben Sie wahrscheinlich gar nicht. Und egal, ob Ihre Schwiegermutter Ihre Ehe längst abgeschrieben und das alte Tafelsilber als Familienerbe zurückverlangt hat. Sie können ihr das Gegenteil beweisen.

Deshalb habe ich dieses Buch geschrieben. Weil ich einmal genau an dem Punkt war, an dem Sie jetzt gerade sind. 2007 habe ich meine Scheidung bis ins letzte Detail durchdacht. Und obendrein habe ich die Beerdigung meines kerngesunden Ehemannes bis ins kleinste Detail geplant.

Doch dann sagte mir eine Freundin, ich müsse mich nur mehr bemühen – ich müsse erst wirklich alles versuchen, bevor ich aufgeben dürfe.

Und das tat ich. Ich las Eheratgeber, befragte alle meine glücklich verheirateten Freundinnen (ganze drei!) und dachte darüber nach, wie mir das, was ich herausgefunden hatte, weiterhelfen könnte. Innerhalb von nur vier Monaten kletterte meine Ehe auf der Skala »glücklich verheiratet« von einer müden Zwei auf eine quicklebendige Acht, und ich erneuerte mein Eheversprechen.

Heute fühle ich mich meinem Mann enger verbunden als je zuvor, und kein Tag vergeht, ohne dass ich jener Freundin, die mir geraten hatte alles zu versuchen, nicht dankbar bin.

Von daher weiß ich, dass es auch für Sie Hoffnung gibt. Denn wenn sogar meine hundsmiserable Ehe gerettet werden konnte, dann besteht für so ziemlich jede Ehe Hoffnung.

Aber Sie wollen mehr als nur Hoffnung, richtig? Sie wollen eine hundertprozentige Garantie. Die wollte ich auch, als ich mein ganz persönliches Projekt zur Rettung meiner Ehe in Angriff nahm. Ich wünschte, ich könnte Ihnen eine solche Garantie geben. Aber das kann ich nicht. Niemand kann Ihnen mit Sicherheit sagen, ob Sie bis ans Ende Ihrer Tage glücklich miteinander sein werden – ich nicht, Ihre Eltern nicht, Ihr Paartherapeut nicht und auch Ihr eigener Ehepartner nicht.

Sie müssen schon selbst ins kalte Wasser springen. Eins aber kann ich Ihnen garantieren: Wenn Sie diesen Sprung ins kalte Wasser wagen, wird Ihr Leben besser werden. Sie werden stärker, glücklicher, zuversichtlicher und selbstsicherer daraus hervorgehen. Und Sie werden das Projekt nicht bereuen. Denn auch wenn es am Ende nicht Ihre Ehe rettet, so wird es *Sie* retten.

Wagen Sie den Sprung! Versuchen Sie alles!

1. KAPITEL

Es war einmal ...

*»Es gibt nur zwei Dilemmas, die das menschliche
Hirn überfordern: Wie hält man jemanden fest,
der nicht bleiben will? Und: Wie wird man jemanden
los, der nicht gehen will?«*

DANNY DE VITO, DER ROSENKRIEG

Irgendetwas lief gründlich schief in meiner Ehe. Das war mir klar, als ich die Beerdigung meines eigenen Mannes plante. Mark war vierzig und rundum gesund. Mindestens zweihundertzehnmal im Jahr malte ich mir damals aus, wie Robi, einer von Marks engsten Freunden, plötzlich vor der Tür steht und mir mit zitternder Stimme sagt: »Setz dich lieber. Ich habe eine schlechte Nachricht. Wie sag ich es dir bloß? Mark ist vor fünf Minuten tot umgefallen. Herzschlag. Sie haben alles versucht. Nichts. Er ist tot. Es tut mir so leid.« Dann fährt Robi mich in die Klinik. Und nachdem ich im Leichenschauhaus Marks Leiche gesehen habe, rufe ich seine Eltern an.

Anschließend organisiere ich die Beerdigung. Mark soll eingeäschert werden. Seine Asche kommt in eine Urne, bis unsere gemeinsame Tochter Kaarina alt genug ist und entscheiden kann, wo sie die Asche verstreuen will. Und die Trauerfeier? Nein, die findet nicht in einer Kirche oder Trauerhalle statt, sondern im *Farmhouse,* seinem Lieblingsrestaurant und dem Ort, an dem wir uns zum ersten Mal begegnet sind. Küchenchef Michael bereitet für die Trauergäste Marks Leibspeisen zu, Butternusskürbissuppe, krosse Brötchen und geschmorte Lammkeule. Als Nachspeise handgemachten Strudel. Den liebte er besonders.

Ein Kameramann filmt die ganze Veranstaltung, hält fest, wie Freunde und Verwandte sich Geschichten über Mark erzählen. Robi etwa erzählt von Marks vernarrter Liebe zu seinem Fahrrad. Wood weiß einen Schwank aus bierseligen Zeiten zu erzählen. Und Ken fällt bestimmt jede Menge zu den vielen gemeinsamen Touren zum Formel 1-Rennen in Montreal ein. Jeff erinnert sich ans Bergsteigen und Kajakfahren mit Mark. Und Chris gibt Geschichten von Mark und seinem Motorrad zum Besten. Den Film packe ich erst mal weg, irgendwohin, wo er sicher ist, vielleicht auch in den Safe, wo alle Unterlagen zu unserer Lebensversicherung und unsere Pässe liegen. Dort wird er liegen, bis Kaarina in ein Alter kommt, wo sie mehr über ihren Daddy wissen will. Dann hole ich ihn heraus und zeige ihn ihr.

Die Grabrede fällt mir richtig schwer. Was könnte ich sagen? Was soll ich bloß sagen? Klar wäre es angebracht, etwas Positives über meinen Mann zu sagen, aber mir fällt nichts ein. Vielleicht sage ich einfach gar nichts. Es soll ja Witwen geben, die vor Trauer keinen Ton herausbekommen.

Aber dann würden den anderen Trauergästen meine trockenen Augen auffallen. Und würden sie dann nicht denken, dass meine Miene irgendwie merkwürdig erscheint? Irgendwie erleichtert, wie jeder halbwegs feinfühlige Mensch unter ihnen bemerken würde?

Mark würde sehr viel eher den Alterstod sterben als an einem Herzschlag. Herzkrankheiten liegen nicht in seiner Familie. Seine Großmutter wurde weit über neunzig. Doch die Vorstellung, bis ins hohe Alter mit ihm verheiratet zu bleiben, war für mich unerträglich, und die Alternative – eine Scheidung – entsetzlich.

Allein dieses Wort ging mir nicht über die Lippen. Sollte ich die Erste in meiner Familie sein, die mit der Tradition bricht, trotz aller ehelichen Zwistigkeiten verheiratet zu bleiben? Meine Großeltern väterlicherseits waren über sechzig Jahre miteinander verheiratet. Meine Großeltern mütterlicherseits hätten wohl ebenfalls einen solchen Meilenstein erreicht, wenn mein Großvater nicht mit Mitte fünfzig gestorben wäre. Meine Eltern waren nun schon über vierzig Jahre zusammen, die von Mark genauso.

Im Gegensatz zu meinem erfundenen Todesfallszenario war mein Scheidungsszenario nicht ganz so unrealistisch. Es war ein Fluchtplan: Mark und ich teilen uns das Sorgerecht für unsere Tochter. Er erklärt sich einverstanden, seine Spareinlagen aufzulösen, ich die meinen. Mit den anderen Vermögenswerten machen wir halbe-halbe. Er behält das Wasserbett. Ich nehme das französische Bett aus dem Gästezimmer. Er kriegt die Ledersofas. Ich dafür den Esstisch und die Kunstgegenstände. Den Grill kann er meinetwegen haben.

Ich nehme den Hund, wobei wir uns da notfalls auch zeitlich absprechen können. Unseren Hund lieben wir beide sehr.

Ich hatte mir vorgenommen, solange an meiner Ehe festzuhalten, bis der Gedanke an Scheidung mich mit jedem Tag verfolgt. Solange, bis mir die Gewissheit, die Hälfte unserer Pensionsgelder an meinen Ex zu verlieren, weniger zu schaffen macht als die, mit einem Mann verheiratet zu bleiben, der mich offenbar nicht mehr liebt. Solange, bis mir eine Trennung für unsere Zweieinhalbjährige besser erscheint als ein zerrüttetes Zuhause mit zwei Eltern, die nie ein Lächeln füreinander haben. Solange, bis mir die Vorstellung, meinen Eltern von unserer bevorstehenden Trennung zu erzählen, weniger ausmacht als die, auf Familienfeiern noch länger gute Miene machen zu müssen.

Am Muttertag sollte sich alles ändern: An jenem Tag fuhr ich abends nach New York City, wo ich mit meiner besten Freundin Deb zum Essen verabredet war. Deb ist groß, eine brünette Schönheit mit lockigem Haar. Sie war gerade für eine Konferenz in der Stadt. Ich hatte sie vor Jahren in einem Buchclub kennengelernt. Beide verdienten wir unser Geld als freiberufliche Autorinnen für medizinische Fachtexte. Und beide waren wir echte Workaholics und gründeten im Laufe der Jahre eine informelle Selbsthilfegruppe für freiberufliche Schreiberlinge aller Branchen. Sie und ich waren die einzigen Mitglieder. Egal, wie niedergeschlagen und schlecht gelaunt ich zu einer Verabredung mit Deb kam, hinterher fühlte ich mich jedes Mal wohler und leichter.

Deb musste mich nur ansehen und wusste Bescheid, sie konnte mir die Gedanken vom Gesicht ablesen. Immer wenn sie mich sagen hörte: »Alles prima. Alles bestens«, sagte sie trocken: »Erzähl keinen Unsinn. Sag, was Sache ist.« Sie hörte mir solange zu, wie ich brauchte, um alles rauszulassen, was sich angestaut hatte, und stellte mir dann meist nur eine einzige Frage, die mich jedes Mal sprachlos machte.

»Wahre Freunde erzählen dir nicht, was du gerne hören willst. Nein. Sie scheuen sich nicht, Klartext mit dir zu reden.«

Wir saßen an der Bar bei einem Aperitif und warteten auf unseren Tisch. Als wir schließlich Platz genommen hatten, ließen wir uns beide ein großes Glas Wein kommen, dazu Käse. Kurz bevor wir den letzten Tropfen geleert und den letzten Bissen gegessen hatten, beschlossen wir, eine ganze Flasche Wein zu bestellen. Deb schrieb im Internet einen Wein-Journal-Blog und hatte bereits etliche Bücher rund um das Thema Wein verfasst. Weil sie sich gerade nicht zwischen zwei Weinen entscheiden konnte, zog sie ihr Handy aus ihrem Täschchen und rief Keith an, ihren Mann, der sich mit Weinen noch besser auskannte als sie selbst.

Ich lauschte der kleinen Unterhaltung und beobachtete, wie meine Freundin gestikulierte und lächelte. Ich dachte an meine eigene Ehe. An mein Handy. Daran, dass es seit Stunden, seit meinem Eintreffen hier im Restaurant, unbewegt in meiner Tasche lag. Ich hatte meinen Mann nicht angerufen, um ihm zu sagen, dass ich gut angekommen war. Oder um zu hören, wie es ihm ging. Ich hatte nicht ein einziges Mal an ihn gedacht.

Deb hingegen erzählte Keith von ihrer Konferenz, von ihrem Hotel, von dem Restaurant. Sie redeten miteinander, als hätten sie sich seit Wochen nicht gesehen. Als hätten sie einander so viel zu erzählen, dass sie locker die ganze Nacht durchquatschen könnten, einschlafen und wieder aufwachen und sich noch immer etwas zu erzählen hätten.

Und ich? Ich würde Mark nicht anrufen. Nicht jetzt. Nicht später. Ich hatte Angst, seine Stimme zu hören, die unfroh darüber klang, dass ich mich meldete. Die sich genervt anhörte, so als hätte er 150 wichtigere Dinge zu tun, als mit mir zu reden. Was Deb und Keith hatten, das wollte ich auch, aber ich hatte nicht das Gefühl, dass das mit Mark möglich wäre.

Deb klappte ihr Handy zu. Sie hatte sich entschieden und bestellte. Der Wein kam, und kurz bevor die Flasche leer war, fragte sie mich: »Wie geht's denn Mark?« Betrunken wie ich war, zählte ich ihr sieben Millionen Gründe auf, warum ich so unglücklich verheiratet war. Sie hörte zu.

»Unsere Ehe ist am Ende«, klagte ich ihr mein Leid. »Wir haben uns nichts mehr zu sagen.«

Sie nickte.

»Immer wenn ich ihn anrufe, klingt er genervt, als würde ich ihn stören. Ich glaube, insgeheim hasst er mich.«

Sie nickte.

»Nie hilft er bei der Kindererziehung. Nie ist er zu Hause. Ich komme mir vor wie eine alleinerziehende Mutter. Ich steuere das meiste Geld bei. Die Hausarbeit und neunzig Prozent der Kindererziehung bleiben allein an mir hängen. Ich bin kaputt. Ich kann nicht mehr. Ich möchte mich geliebt fühlen, aber ich glaube nicht, dass er mich noch liebt.«

»Warum seid ihr dann noch zusammen?«, fragte Deb.

»Nur noch wegen Kaarina«, sagte ich. »Zwischen uns, da ist nichts mehr. Wenn es Kaarina nicht gäbe, wäre es längst aus.«

»Ihr solltet aber nicht eurer Tochter wegen zusammenbleiben«, meinte Deb. »Wenn ihr euch scheiden lasst, verkraftet sie das schon. Meinem Sohn ging es gut, als mein erster Mann und ich uns trennten. Vielen Kindern geht es nach der Scheidung ihrer Eltern besser. Es schadet Kaarina mehr, wenn sie eine Ehe ohne Liebe miterleben muss.«

»Woher wusstest du denn, dass es Zeit war, einen Schlussstrich zu ziehen?«, fragte ich sie.

»Als ich ihm vorgeschlagen habe, dass wir eine Paartherapie machen und er nicht wollte. Da sah ich keine andere Möglichkeit mehr«, sagte sie. »Hast du alles probiert? Habt ihr es mal mit einer Paartherapie versucht?«

Da war sie wieder, diese Frage, die mich so sprachlos machte. Nein, hatten wir nicht. Stattdessen habe ich es mit anderen Dingen versucht. Mit Heulen. Mit dem Schreien von »Unsere Ehe ist im Eimer!« oder »Ich tauge nicht für diese Ehe!«. Ganz sachte hatte ich einmal anklingen lassen, es mit einer Paartherapie zu versuchen, doch das sagte ich mehr als Drohung denn als ernst gemeinten Vorschlag (»Was wir dringend nötig haben, ist eine Paartherapie!«), woraufhin er nur sagte: »Wenn du das meinst. Von mir aus, ließe sich einrichten.« Doch keiner von uns hatte es sich eingerichtet. Dabei hatte ich mir bereits die Nummer eines Paartherapeuten besorgt. Angerufen hatte ich ihn nicht. Wollte ich insgeheim, dass meine Ehe scheitert?

»Du musst alles versuchen«, sagte Deb, als wir zahlten. »Versprich mir, dass du alles versuchen wirst. Er muss wahrscheinlich nur von dir gesagt bekommen, was du willst. Männer sind ahnungslos. Vergiss das nie.«

Versuchen Sie alles, um Ihre Ehe zu retten, selbst Dinge, von denen Sie glauben, dass sie nicht funktionieren. Wenn alles nichts nützt, oder wenn Ihr Partner sich weigert mitzuziehen, dann können Sie über Scheidung nachdenken. Eine verkorkste Ehe auf immer und ewig hat keiner verdient – auch Sie nicht.

Ich versprach es.

Am folgenden Morgen wachte ich mit einem dicken Kopf und einem trockenen Mund, aber voller Zuversicht auf. Ja, ich würde meine Ehe kitten. Ich konnte es schaffen, ganz bestimmt. Deb hatte Recht.

An jenem Tag setzte ich mich abends neben Mark. Er saß auf seinem üblichen Platz auf dem Sofa, die Fernbedienung neben sich. Seine schlammgrünen Augen fixierten das Motorradrennen auf dem Fernsehschirm vor ihm. Ich betrachtete seine dünnen, blonden Haare, die Falten in seinem braungebrannten Gesicht und die leicht nach unten gezogenen Lippen.

Wo war er nur, dieser unbeschwert sonnige Typ, der sich einmal so heillos in mich verliebt hatte? Wer war dieser Fremde, der heute das Bett mit mir teilte? Was war bloß aus uns geworden?

Ich stellte den Fernseher ab. Ob wir reden können, fragte ich, die Hände im Schoß und sah ihn an. »Wir haben Probleme. Seit Monaten haben wir keinen Sex mehr. Mehrmals am Tag denke ich daran, mich entweder scheiden zu lassen oder dich umzubringen. Und wenn wir nicht alles dransetzen, das wieder hinzubiegen, wird einer von uns eine

Affäre haben, und ich befürchte, dass wohl ich diejenige sein werde.«

Ich weinte keine Träne, hielt fast die ganze Zeit Blickkontakt. Ich wurde auch nicht laut.

Marks Züge wurden weich, die gewohnte Härte darin wich. Er sah mich zärtlich an.

»Du hast eine Affäre?«, presste er mit einer Stimme hervor, die eine Oktave höher klang als sonst.

»Nein, ich fürchte nur, ich könnte eine haben. Ich weiß, ich bin sexy, ich merke, dass ich Männerblicke auf mich ziehe. Ich möchte mich geliebt fühlen. Aber von dir fühle ich mich nicht geliebt. Und deshalb habe ich Angst, dass ich schwach werden könnte, wenn sich die Gelegenheit mit einem anderen bietet.«

»Bist du wirklich derart frustriert? Findest du alles wirklich so schlimm?«, fragte er.

»Ja, das bin ich. Ja, das finde ich«, erwiderte ich. »Du nicht?«

»Doch, es ist schwierig im Augenblick. Wir sind gerade umgezogen. So ein Umzug ist immer stressig, aber das wird wieder. Kaarina wird älter. Es wird wieder leichter. Du wirst sehen.«

»Nein, Mark, das wird es nicht. Nicht, wenn wir nichts dafür tun«, sagte ich. »Wenn wir uns jetzt nicht zusammenraufen, dann sind wir am Ende geschieden.«

»Was willst du?«, fragte er.

Was ich wirklich wollte, konnte ich ihm nicht sagen. Ich wollte mit einem anderen Mann verheiratet sein. Mit einem, der abends um sechs nach Hause kommt und glücklich ist, seine Frau und seine Tochter zu sehen. Mit einem, der nach Feierabend mit seiner Tochter spielt oder auch mal das Abendessen macht, anstatt sich vor die Glotze zu hocken oder sich in Internetseiten über Radsport zu versenken. Ich wollte einen Mann, den ich mit Haut und Haar begehre, und der sich umgekehrt nach mir verzehrt. Einen, der sieht, dass der Mülleimer überläuft und den Müll rausbringt, bevor der Hund darin wühlt und alles durchs ganze Haus schleift. Einen, der mir zuhört, wenn ich weine, wütend bin oder ihm erzähle, dass ich unzufrieden bin mit seinem Verhalten oder unserer Ehe. Und keinen, der meine Gefühle auf meinen Hormonhaushalt schiebt und mir sagt, dass sich das schon von allein wieder geben wird. Ich wollte einen Mann, der mich liebevoll ansieht, der glücklich ist, mich an seiner Seite zu haben. Keinen, der sich benimmt, als sei ich die größte Bürde seines Lebens, ein Klotz am Bein, der ihn immer weiter runterzieht.

Trauen Sie sich, von dem Mann zu träumen, den Sie sich wünschen. Und trauen Sie sich, Ihren Mann zu bitten, so zu werden.

Aber konnte Mark der Mann werden, den ich wollte? Ich war nicht sicher, ob *er* das überhaupt wollte.

Eine lange Pause entstand. Dann sagte ich: »Ich will, dass wir uns beim Abendbrot etwas zu sagen haben. Ich will nicht, dass wir uns jeden Abend anschweigen. Ich will, dass du mich mit verliebten Augen ansiehst. Ich will wieder ein Sexleben haben. Ich will Händchen halten. Ich will an deinem Verhalten merken, dass du mich liebst. Ich will, dass Kaarina und ich deine Nummer Eins sind, dass wir über deinem Geschäft, deinem Fahrrad und deinen Freunden stehen.«

»Ihr *seid* meine Nummer Eins. Ich liebe euch. Ich liebe euch beide«, entgegnete mein Mann völlig aufgewühlt.

»Aber du musst es mir zeigen«, sagte ich.

»Vielleicht musst du mir zeigen, wie.«

»Ich will es versuchen«, antwortete ich.

»Und jetzt?«, fragte er.

»Würdest du eine Paartherapie mitmachen?«

»Klar, alles, was du für nötig hältst«, stimmte Mark zu.

»Und du planst das auch zeitlich ein? Nicht, dass du dich dann beschwerst und die Termine ständig platzen lässt.«

»Nein, ich richte es mir ein«, versprach er.

Auch wenn unsere Ehe sich totgelaufen hatte, litten wir keine Tantalusqualen, die eine Wiederbelebung von vornherein ausschlossen. Er missbrauchte mich weder emotional noch körperlich, und ich ihn umgekehrt auch nicht. Keiner von uns verprasste oder verspielte unser Geld. Wir waren beide intelligente, vernünftige Menschen. Und was vielleicht am allerwichtigsten war: Wir wollten es beide. Beide wollten wir unsere Ehe retten.

An jenem Abend startete ich mein Eherettungsprojekt. Würde es klappen? Würde ich mich je wieder zu meinem Mann hingezogen fühlen? Ich war mir nicht sicher. Eins aber wusste ich: Dieses Projekt, mein Projekt, verlangte einen gewaltigen Sprung ins kalte Wasser.

Kann Ihre Ehe gerettet werden? Das hängt von der Beantwortung einer einzigen Frage ab: Wollen Sie es beide versuchen? Wenn Sie diese Frage mit »Ja« beantworten, gehen Sie es an. Starten Sie Ihr Eheprojekt. Geben Sie sich vier Monate Zeit. Wenn Sie am Ende dieser vier Monate eine Verbesserung feststellen und beide nach wie vor engagiert am Ball bleiben wollen, machen Sie weiter, geben Sie sich weiterhin alle Mühe. Stellen Sie hingegen keine Besserung fest, sieht es mit einer gemeinsamen Zukunft eher düster aus.

2. KAPITEL

Wo die Liebe hinfällt

»Ich liebe dich, aber mich liebe ich mehr«

SAMANTHA, SEX AND THE CITY

Unsere Liebesgeschichte begann lange bevor ich das weiße Kleid anlegte und am Arm meines Vaters jene verhängnisvollen Schritte durch das Kirchenschiff ging. Alles nahm seinen Anfang in den frühen 1990er Jahren, ganze drei Jahre bevor ich Mark zum ersten Mal sah. Ich war damals Anfang zwanzig, lebte in einem anderen Bundesstaat, hatte einen anderen Job, und ich hatte mich gerade von einem anderen getrennt.

Ich arbeitete als Reporterin für das *News-Journal* in Delaware, die größte regionale Zeitung. Reporterin wollte ich schon immer werden, schon seit der Grundschule. Meine berufliche Laufbahn hatte ich mir genau zurechtgelegt. Nach ein paar Jahren beim *News-Journal* würde ich zu einer größeren Zeitung wechseln, danach zu einer noch größeren, bis ich schließlich bei der *New York Times* landen würde.

Allerdings hatte mein Karriereplan einen großen Haken: Ich war eine grottenschlechte Journalistin. Ich lebte in ständiger Angst, einen Fehler zu machen, und Fehler machte ich zuhauf. Ich fühlte mich mehr als einmal völlig überfordert, wenn ich über Gemeindeverwaltungen, Zivil- und Strafprozesse oder Schulaufsichtsratssitzungen berichten musste. Ich verdiente kaum genug, um die Miete, die laufenden Fahrzeugkosten sowie diverse andere Rechnungen zu bezahlen. Mehr als ein Mal ließ ich Schecks platzen, lebte nur von Spaghetti und Müsli. Aufgewachsen war ich zwei Stunden entfernt, weshalb ich hier keine Freunde hatte. Im Büro hatte ich lediglich drei weitere Kollegen.

Todd, mein Dauerfreund aus Collegezeiten, lebte in Texas. Mehrmals die Woche telefonierten wir abends miteinander, aber da keiner von uns genug Geld verdiente, um hin- und herfliegen zu können, sahen wir uns bloß ein bis zwei Mal im Jahr. Doch als leidenschaftlich verliebte junge Frau, zu deren festen Überzeugungen es gehörte, alles Angefangene auch zu Ende zu führen, sah ich die geographische Distanz als eine Herausforderung. So konnte ich meine unerschütterliche Treue und Liebe unter Beweis stellen. Ich konnte mich ebenso wenig von Todd trennen wie von meinem Job bei der Zeitung.

Nach wenigen Monaten stand Todd vor meiner Tür, was zunächst natürlich Balsam auf meiner wunden Seele war. Doch das alles änderte sich bereits gegen Ende der ersten Woche, vor allem als Todd meinte, ich solle mit ihm zur heiligen Messe gehen, anstatt mich meiner üblichen Wochenendunterhaltung zu widmen, die darin bestand, in Zeitschriften zu schmökern, während ich im örtlichen Waschsalon darauf wartete, dass meine Wäsche fertig war. Todd wusste, dass ich halb Jüdin, halb Atheistin war, und trotzdem kam er mir immer wieder damit. Tatsache war, dass Todd mich nicht heiraten würde, bevor ich nicht zum katholischen Glauben konvertiert war. Und ich wiederum würde ihn nicht heiraten, bis er endlich aufhörte, mich zum katholischen Glauben bekehren zu wollen. Ich schaffte es trotzdem nicht, mich von ihm zu trennen. Aber ich konnte auch nicht länger mit jemandem zusammenleben, der der Meinung war, ich gehörte in die Hölle.

»Todd, du kannst nicht ewig hier wohnen, das weißt du schon, oder?«

»Ich weiß«, sagte er.

Am nächsten Tag packte er seine Sachen und zog nach New Jersey, wo er einen Job bei einem Pharmaunternehmen fand. Und damit begann unsere Fernbeziehung aufs Neue.

Je länger Sie in einer totgelaufenen Beziehung verharren, desto länger legen Sie Ihr weiteres Leben auf Eis.

Nun konnte ich zwar wieder meine Wäsche in Ruhe erledigen, war aber wieder allein und ertränkte meine Einsamkeit in Alkohol. Eines Abends begleitete ich einen flüchtigen Bekannten in eine Bar. Ich begann mit Bier und Tristesse und schwenkte dann zu Hochprozentigem und Glücksgefühl. Am folgenden Morgen fühlte ich mich matt, ausgetrocknet und absolut benebelt. Ich war überzeugt, dass ich eine Versagerin war. Meine Seele brauchte dringend eine kosmische Reinigungskur, aber ich griff zur zweitbesten Lösung: zu drei kostenlosen Therapiestunden, die von der Gesundheitsvorsorge meines Arbeitgebers bezahlt wurden.

Die Therapeutin diagnostizierte bei mir ein niedriges Selbstwertgefühl, brachte mir Entspannungsmethoden wie Selbsthypnose bei und riet, dass ich mir immer wieder Sätze vorsagen solle wie »Ich bin selbstbewusst. Ich bin gut in dem, was ich tue.« Aber als meine Therapeutin mich zu einem Psychiater schicken wollte, damit der mir Antidepressiva verschrieb, befand ich, dass sie noch sehr viel verwirrter war als ich und ging nicht mehr hin.

Stattdessen kaufte ich mir jede Menge Bücher über Depression, Zen und östliche Philosophie. Ich las über Meditation und kognitive Therapieformen, über positives Denken und Konversationstechniken, über Schüchternheit, Selbstwert und Selbstbewusstsein.

In einem der Bücher las ich, dass ich meine Schüchternheit überwinden könne, wenn ich ganz bewusst alleine essen ging. »Was? Da starrt mich doch jeder an. Da denkt doch jeder gleich, ich wäre der größte Versager auf dieser Welt«, sagte ich beim Lesen laut zu mir selbst. Ich las weiter. Die meisten Menschen, so hieß es da, nehmen von ihren Mitmenschen gar nicht so viel Notiz, wie man selbst immer denkt. Also wagte ich es, ging allein essen und noch einmal und noch einmal und fand es am Ende gar nicht mehr schlimm. Das nächste Buch bot mir eine andere Patentlösung: Ich solle mich weniger mit mir selbst befassen und dafür die Menschen in meiner Umgebung mehr in den Mittelpunkt rücken. »Jeder redet gerne über sich selbst. Sie werden auf jeder Party ein gefragter Gesellschafter sein, wenn Sie auf andere eingehen.« Das probierte ich auf einigen Partys gleich aus. Es funktionierte. Ein weiterer Ratgeber enthielt folgenden Tipp: Ich solle mein Leben anders strukturieren und mich zu Freizeitkursen anmelden, um neue Leute kennenzulernen. Also meldete ich mich für einen Taekwondo- und einen Yogakurs an. Wieder ein anderes Buch ermutigte mich, mir neue Ziele zu setzen und alles zu tun, um diese Ziele zu erreichen. Ich las und las und las. Jedes Buch machte mich ein bisschen stärker, ein bisschen ruhiger, ein bisschen glücklicher.

Es war jetzt über ein Jahr her, seit Todd nach New Jersey gezogen war. Ich rief ihn an. Ja, ich war noch immer mit ihm zusammen.

»Hi, ich muss mit dir sprechen«, sagte ich. »Ich weiß nicht recht, wie ich es sagen soll.«

Stille am anderen Ende der Leitung. Todd wartete, dass ich weitersprach.

»Ich bin ... es fällt mir wirklich schwer. Nun, ich meine ... ich denke ... Was ich sagen will, ist ... Es funktioniert nicht mit uns. Ich denke nicht, dass wir zusammenpassen. Ich liebe dich. Ja, das tue ich. Ich liebe dich wirklich, aber ich passe nicht zu dir. Du musst ein frommes, katholisches Mädel finden, eines, das du deinen Eltern zu Hause stolz präsentieren kannst. Und da bin ich die Falsche. Ich werde nicht konvertieren.«

»Ich weiß«, sagte er. »Ich habe diesen Anruf schon lange erwartet. Ich wusste, dass er kommen würde.«

»Dann war es das?«

»Ja. Mach's gut.«

Ich rechnete eigentlich damit, in Tränen auszubrechen, wo ich einfach so am Telefon mit ihm Schluss gemacht hatte. Und ich musste auch ein paar Minuten lang schluchzen, nachdem ich aufgelegt hatte. Doch dann fiel ein bleiernes Gewicht von mir ab, und ich fühlte mich unglaublich erleichtert.

Sie müssen nicht Schluss machen. Keiner verpflichtet Sie dazu. Wenn Sie aber unglücklich sind, dann geben Sie diesem Gefühl Raum und tun Sie etwas dagegen. Und dann ist es auch völlig in Ordnung, eine Beziehung zu beenden.

Wahrscheinlich denken Sie nun, dass ich nach all meinen Therapiesitzungen und Selbsthilfemethoden aus der Beziehung gegangen bin und mir gesagt habe: »Erst mal keine Dates. Erst mal Selbstfindung. Erst mal auf die eigenen zwei Beine fallen.« Ein logischer Schluss eigentlich. Aber wer schafft das schon? Ich kenne niemanden. Sie?

Und selbst wenn, so will ich zu meiner eigenen Verteidigung sagen: Ich war nach wie vor unsicher, und ich sehnte mich nach männlicher Aufmerksamkeit. Das tun wir Frauen doch alle, nicht wahr?

Zum damaligen Zeitpunkt hatte ich schon eine ganze Weile Steve im Kopf, meinen Taekwondo-Lehrer. Jetzt kann ich es ja zugeben: Schon am ersten Kurstag hatte er es mir angetan, als ich ihn zum ersten Mal sah und zum ersten Mal seine Stimme hörte. Als Steve dann eines Abends anrief und mich auf eine Partie Poolbillard einlud, machte mein Herz aufgeregte Hüpfer. Wir tranken Bier und lachten, während ich die falschen Bälle in die falschen Löcher versenkte. Später begleitete er mich zu meinem Auto, legte den Arm um mich und drückte mich lange und fest an sich. Ich verschmolz regelrecht mit ihm und als ich den Blick hob, küsste er mich. Ich begehrte ihn wie zuvor noch keinen anderen Mann, doch ich löste mich aus der Umarmung.

»Ich muss los«, flüsterte ich.

Auf der Heimfahrt rasten meine Gedanken. Ich kriegte ihn einfach nicht aus dem Kopf. Doch mein Bauchgefühl riet mir, mich von ihm fernzuhalten, mich ja nicht auf einen wie ihn einzulassen, denn dafür war ich nicht stark genug.

Hören Sie in Sachen Liebe auf Ihren Bauch. Der hat meistens Recht.

Ungefähr eine Woche später lud Steve mich wieder auf eine Partie Poolbillard ein. Danach trafen wir uns noch öfter zum Billardspielen. Mindestens eine Woche lang schaffte ich es, mich nicht auf ihn einzulassen und nicht im Bett mit ihm zu landen. Denn dann wäre ich ihm heillos verfallen, und das wusste ich. Aber ich war ihm bereits verfallen.

Irgendwann hatten wir dann Sex, einmal und immer wieder. Ich konnte nicht genug von ihm bekommen. Mein Verlangen nach ihm war einfach unstillbar.

Eines Abends, wir lagen auf dem Fußboden in seinem Wohnzimmer, küsste er mich und hielt plötzlich inne. »Das Ganze ist nur Spaß, okay?«, sagte er.

»Was meinst du?«, fragte ich.

»Na eben Spaß. Nichts weiter. Du hast doch wohl keine ernsten Absichten mit mir, oder?«

Jede einzelne Faser meines Körpers wollte mit jeder einzelnen Faser seines Körpers verschmelzen. Jede einzelne Minute am Tag wollte ich mit ihm zusammen sein. Ich wollte seine Kinder bekommen. Ich sah mich schon als seine vierte Ehefrau. Natürlich meinte ich es ernst. Aber ich wusste, was er hören wollte. »Nein, natürlich nicht. Nur Spaß. Mehr nicht.«

Und so kaufte und las ich noch mehr Bücher, diesmal auf der Suche nach Antworten darauf, warum sich eine 24-jährige Frau in einen 42-jährigen Mann verliebt, der nicht zu haben war und seinen Spaß wollte. Hatte ich in meiner Kindheit von meinen Eltern etwas nicht bekommen, was er mir jetzt gab? Hatte mein Vater mir als Kind nicht genügend Aufmerksamkeit geschenkt? War ich sexuell ausgehungert nach Jahren mit Mr. »Kein Sex vor der Ehe«?

Lust kennt keine Regeln und folgt nicht der Vernunft. Wenn Sie sich zu einem Mann hingezogen fühlen, der doppelt so alt ist wie Sie selbst, dann heißt das nicht, dass Sie zur Paartherapie mit dem eigenen Vater müssen. Es heißt auch nicht, dass Sie eine Midlife-Krise haben. Es heißt nur, dass Sie ganz natürliche Gefühle haben. Hören Sie auf, sich allzu viele Gedanken darüber zu machen. Seien Sie einfach nur dankbar, dass Sie überhaupt zu solchen Lustgefühlen fähig sind.

Ich verging fast vor Liebe zu Steve, während eine andere Liebe ganz schnell verging – die zu meinem Job. Zu meiner Arbeit als Gerichtsreporterin gehörte es, an Haustüren zu bimmeln und trauernde Mütter um Fotos ihrer gerade ermordeten Kinder zu bitten, und ähnliche Dinge, die ich kaum ertragen konnte. Ich las die Stellenanzeigen und bewarb mich um einen Job bei einem Verlagshaus in Pennsylvania, das Ratgeber und Zeitschriften herausbrachte. Man bat mich, einen Probetext zum Thema Wichtigkeit von Zahnseide zu verfassen. Ungefähr eine Woche später saß ich im Auto auf dem Weg zum Bewerbungsgespräch – und verliebte mich.

Ich verliebte mich in die Felder, die Hügel, die ganze Gegend, die nur eine Stunde von Philadelphia und anderthalb Stunden von New York entfernt lag. Ich verliebte mich in die Stadt, in der es nur eine Hauptstraße und nur ein Kino gab, und die irgendwo in den 1950er Jahren stehengeblieben zu sein schien. Und ich verliebte mich in das Verlagshaus. Mehr als tausend Menschen arbeiteten dort. Der Großteil war zwischen zwanzig und dreißig, junge Leute, die fast alle irgendwie mit Selbstfindung und Selbstverwirklichung beschäftigt waren – so wie ich.

Eine Woche später hatte ich den Job. Ich reichte meine Kündigung ein, verabschiedete mich tränenreich von Steve und zog nach Pennsylvania.

In der Mittagspause unterhielt ich mich mit meinen neuen Kollegen über Doshas, Prana, Wiedergeburten, Sonnenschutzmittel, Laufbänder, Hanteln, fettarme Ernährung und Ballaststoffe. Ich meldete mich für die betriebsinterne Volleyballmannschaft an, fing wieder an zu joggen, traf mich am Wochenende mit Kollegen zum Klettern, Inline-Skaten und anderen Freizeitaktivitäten. Kaum eine Woche verging ohne ein neues betriebliches Kursangebot. Ich schrieb mich für Rhetorikkurse ein, belegte Workshops zum Zeitmanagement und hörte mir Vorträge über den gesundheitlichen Nutzen von Honig und Quinoa an.

Und ich nahm mir eisern vor, nie mehr einen festen Freund zu brauchen! Stattdessen beschäftigte ich mich mit diesem und mit jenem Hobby. Ich verplante jede freie Minute, sodass ich keine Zeit hatte, mir zu überlegen, ob ich Steve nicht doch mal anrufen sollte.

Wollen Sie dem Mann Ihrer Träume begegnen? Dann hören Sie auf, nach ihm zu suchen. In dem Moment, wo Sie ganz Sie selbst sind und keinen Mann brauchen, in dem Moment tritt er in Ihr Leben ...

3. KAPITEL

Gefunden: der Märchenprinz!

»Heirate nie einen Mann,
von dem du nicht geschieden werden willst.«

NORA EPHRON

ẞis zum März 1996 war mein Leben ausgefüllt mit Freunden, Hobbys, Sport, Yoga, Selbstverwirklichung, positivem Denken und fettarmer, ballaststoffreicher Ernährung. Ich hatte fünf Kilo abgenommen, mir eine neue Garderobe zugelegt und fühlte mich so glücklich wie seit Jahren nicht.

Trotzdem konnte ich es nicht lassen und fuhr drei Stunden nach Delaware, nur um ein Wochenende mit Steve zu verbringen – eine Sucht der übelsten Sorte. In den ersten dreißig Minuten unseres Wiedersehens war ich jedes Mal der festen Überzeugung, dass wir eine ernsthafte Beziehung führen könnten. Den Rest der Zeit fühlte ich mich dann hundsmiserabel, weil Steve emotional auf Abstand war, Bindungsprobleme hatte und außerdem locker mein Vater hätte sein können.

Eines Freitagabends musste ich mich besonders am Riemen reißen, um ihn nicht anzurufen, und eine Verabredung zum Sex klarzumachen. Ich wusste, dass ich den ganzen Abend lang das Telefon anstarren würde und mich zwingen musste, nicht seine Nummer zu wählen – ein Kampf, den ich für gewöhnlich verlor. Am besten war es also, zwischen dem Telefon und mir einen Sicherheitsabstand zu schaffen. Und das bedeutete, dass ich den Abend auf keinen Fall in meiner Wohnung zubringen konnte. Ich hatte keine Pläne, und ich erwartete auch keine Anrufe. Also musste ich ausgehen. Allein.

Ich ging ins *Farmhouse,* ein Restaurant mit einer Bar, in dem viele meiner Kollegen sich nach Feierabend zur Happy Hour trafen. Ich entdeckte gleich vier Kolleginnen. Dann fiel mir ein großer, blonder Mann auf. Er stand in der Ecke.

»Ich glaube, wir kennen uns«, sagte er. »Vom Fahrradrennen voriges Jahr?«

Er kam mir absolut nicht bekannt vor.

»Nein, ich glaube nicht«, sagte ich.

Er grinste und berührte mich sacht an der Schulter. »Doch, wir sind uns dort begegnet. Ich habe dir auf dem Parkplatz die Hand geschüttelt«, sagte er.

»Du musst mich verwechseln«, sagte ich.

Er grinste noch immer. »Warst du nun voriges Jahr beim Fahrradrennen oder nicht?«

»Ja, schon.«

»Du hattest eine Latzhose an, stimmt's?«

»Ja«, sagte ich. *Er wusste noch, was ich anhatte?*

»Siehst du.«

Er streckte mir die Hand entgegen. »Mark«, sagte er.

»Alisa«, sagte ich und gab ihm die Hand.

Ich drehte meinen Barhocker etwas, sodass ich ihm in die Augen sehen konnte, während er sich ein wenig zu mir neigte. Dass wir beide einen ähnlichen Nachnamen hatten, brachte uns zum Lachen. Ich erzählte ihm von meinem kleinen Bruder, der ebenfalls Mark hieß und auch auf der University of Florida war. Unheimlich geradezu. Als hätte das Schicksal uns zusammengeführt.

Als ich später den Ausgang ansteuerte, weil ich nach Hause wollte, rief er mir nach: »Ich bin jeden Freitag hier!«

Es gefiel mir, dass er mich nach einem Jahr noch wiedererkannt hatte. Es gefiel mir, wie er mich zum Lachen brachte. Es gefiel mir, dass er nur vier Jahre älter war als ich, ein Studium abgeschlossen und einen guten Job hatte. Und, es gefiel mir, dass ich ihm offenbar zu gefallen schien. Aber ich konnte es mir nicht eingestehen, immerhin hatte ich mir ja gerade geschworen, nie mehr einen festen Freund zu brauchen!

Eine Woche später ging ich wieder ins *Farmhouse.* Nicht um Mark zu sehen, wie ich mir einredete – nein, natürlich nicht –, obgleich ich wusste, dass er da sein würde. Und natürlich traf ich ihn.

Es lief so weit auch alles gut, bis ich mein zweites Bier intus hatte und anfing, endlos über mich und meine verflossenen Beziehungen zu reden. Und Mark und ich redeten und redeten, bis die Kneipe leer war.

Mark rief an. Wir telefonierten eine Stunde lang, vielleicht auch zwei. Dann fragte er, ob wir zusammen ausgehen wollen. Ich war geschmeichelt. Hatte er etwa ein ernsthaftes Interesse an mir, obwohl ich ihm bereits alles Mögliche über mich erzählt hatte? Zugleich war ich wirklich nicht sicher, ob ich so weit war, es mit ihm zu versuchen. »Ich habe eigentlich gar keine Zeit«, sagte ich. »Ich habe wirklich viel zu tun.«

»Ich auch«, meinte er. Dann herrschte eine ganze Weile lang Funkstille.

Ich hatte eine Woche Urlaub und reiste nach Kalifornien. Und als ich wiederkam, war Mark in Florida zur Hochzeit seines Bruders. Er wollte anrufen, sobald er wieder zurück sein würde. Und das tat er. Wir redeten und redeten und redeten. Und ich hielt ihn hin und hin und hin.

Während dieser endlosen Telefonate erfuhr ich so ziemlich alles, was es über ihn zu wissen gab. Er öffnete nur selten seine Post – genau wie ich, sodass sich Berge davon auf dem Küchentisch stapelten. Er war süchtig nach Science-Fiction-Filmen, vor allem nach »Akte X« – genau wie ich. Er liebte Sport und Fitness – genau wie ich. Und er liebte Kajakfahren – genau wie ich.

Außerdem ging er gerne Klettern, Snowboard fahren, Bergsteigen, Surfen und Radfahren. Radfahren war seine große Leidenschaft. Seine ganz große, wohlgemerkt! Er erzählte mir beispielsweise, dass es mehr als nur einen Typ von Fahrrad gab – Rennräder, Mountainbikes, Tourenräder, Geländeräder, Kunsträder, BMX-Räder und motorisierte Räder. Zudem schien er all diese Fahrräder auch tatsächlich zu besitzen.

»Wie viele Fahrräder hast du denn so?«, fragte ich.

»Weiß nicht genau.«

»So ungefähr?«

»Zwölf vielleicht.«

»Und hast du auch einen Kajak?«

»Ja.«

»Und ein Snowboard?«

»Ja.«

»Und ein Surfboard?«

»Ja.«

»Und was hast du für das alles hingeblättert?«

»Keine Ahnung. Hab ja nicht alles auf einmal gekauft.«

»Was hast du für dein neuestes Rad bezahlt?«

»Das willst du gar nicht wissen.«

»Doch, will ich. Sag schon«, säuselte ich.

»Ein paar tausend Dollar.«

Nun bin ich nicht gerade materialistisch eingestellt. Wenn junge Frauen tönen, sich einen Mann mit »Geld« angeln zu wollen, verdrehe ich meist die Augen und denke mir »Wenn du so geldgeil bist, dann bring doch deine eigene Karriere voran«. Normalerweise bin ich nicht der Typ Frau, bei der der Mann einen dicken Geldbeutel haben muss. Normalerweise. Bis zu jenem Zeitpunkt in meinem Leben. Ich verdiente damals immer noch weniger als 35 000 Dollar im Jahr, wohnte demzufolge immer noch in einem bescheidenen Appartement, fuhr immer noch ein bescheidenes Auto und aß immer noch Müsli zum Abendessen. Und so muss ich zugeben, dass mir ein sehr materialistischer Gedanke durch den Kopf schoss: *Der kann es sich leisten, etliche tausend Dollar für ein Fahrrad hinzulegen?! Hallo? Der muss es ja ganz schön dicke haben.*

Vielleicht war es sogar dieser Gedanke, der mich dazu verleitet hat, mich schließlich doch auf ein Date mit Mark einzulassen. Vielleicht war ich aber auch einsam, und er war gerade verfügbar. Und ja, vielleicht wollte ich mich mit Mark auch nur von Steve ablenken – so ganz ausgeschlossen war das nicht. Was auch immer meine Beweggründe gewesen sein mögen, ich schlug Mark vor, uns in einer Kneipe zu treffen. Und mit diesem Vorschlag nahm unser gemeinsames Schicksal seinen Lauf.

Ich trug eine Jeans, die mich superschlank machte, Stiefel,

die supersexy waren und einen BH, der superdick gepolstert war. Trotzdem fühlte ich mich unbeholfen, stammelte und stotterte, mühte mich, ein wenig gerader zu stehen und ein wenig mehr zu lächeln.

Am Ende des Abends begleitete Mark mich bis vor meine Tür. Er wollte mich wiedersehen, und wir verabredeten uns für den folgenden Freitag. Er küsste mich nicht. Und das gefiel mir. Ich schaute ihm von meiner Tür aus nach. Er war süß, fürsorglich und alltagstauglich. Er erinnerte mich an meinen Dad. Auf eine gute und schöne Weise. Und, ja. Warum nicht?

Wir ließen es langsam angehen. Hielten nicht Händchen. Berührten uns nicht. Küssten uns nicht. Aber einmal die Woche unternahmen wir etwas zusammen.

Die allererste körperliche Berührung hatten wir erst einen Monat später, als wir uns im einzigen Kino der Stadt, das neben einer viel befahrenen Bahnstrecke lag, zusammen einen Film anschauten. Wir aßen labberiges Popcorn, während immer wieder Güterzüge vorbeirumpelten und ganze Dialogszenen verschluckten. Langsam schob Mark seine linke Hand immer näher, bis seine Finger sich schließlich um die Finger meiner rechten Hand schlangen. In seiner großen Hand fühlte sich die meine richtig klein an. Seine Berührung war warm und sanft.

Nach dem Kino begleitete er mich zu meinem Auto, neigte sich zu mir, und wir küssten uns. Vorsichtig tastend. Süß. Aber auch fremd und leicht unbeholfen.

Danach ging es dann schneller. Ein paar Wochen später, ich war bei Mark zu Hause, packte uns die Leidenschaft auf dem Sofa in seinem Wohnzimmer. Mit der einen Hand knöpfte er langsam mein Kleid auf, was mir warme, wollüstige Schauer über den Rücken trieb, während er mit den Fingern der anderen Hand durch meine Haare strich. Dabei sah er mir tief in die Augen. »Willst du die Nacht bleiben?«, fragte er.

»Würde ich liebend gerne, aber ich bin noch nicht so weit, und wahrscheinlich noch ganz lange nicht. Wenn dich das nicht stört?«

»Nein, tut es nicht. Ich kann warten, so lange, wie du brauchst«, sagte er.

»Dann kann ich trotzdem bleiben?«

»Würde mich ungemein freuen«, sagte er.

Er nahm mich an der Hand und führte mich hinauf in sein Schlafzimmer, wo wir in seinem Wasserbett kuschelten und redeten. Irgendwann hatte ich einen Satz zu Ende gesprochen und wartete, dass er antworten würde. Ich drehte mich um, um ihn anzusehen. Er war eingeschlafen.

Wenige Wochen später waren wir bei mir und wurden erneut von Leidenschaft gepackt. Mark zog mich aus. »Du bist atemberaubend. Ich will dich so sehr.«

»Ich weiß. Ich dich auch. Aber ich bin noch nicht so weit.«

»Warum nicht?«, wollte er wissen, hielt mit den Händen sanft mein Gesicht und sah mir in die Augen.

»Weil ich will, dass unser erstes Mal etwas ganz Besonderes wird«, sagte ich und fügte nach langem Schweigen hinzu: »Da ist etwas, das ich dir sagen muss.«

Er wartete.

»Als Teenager ist mir etwas passiert, das es mir bis heute schwer macht, mich auf jemanden einzulassen.«

Ich stockte. Ich war nicht sicher, ob ich es ihm erzählen konnte. Oder was er denken würde. Er strich mir durch die Haare. Er wartete.

»Als ich 14 war, war ich mit einem Jungen zusammen. Er war schon 18, und er …«

»Schon gut«, sagte Mark mit warmem Blick, während er noch immer mein Gesicht streichelte. »Du kannst es mir ruhig erzählen.«

»Er hat es immer wieder darauf angelegt, mit mir Sex zu haben. Aber ich wollte bis 18 Jungfrau bleiben. Ich weiß nicht, wie ich gerade auf 18 gekommen bin, aber ist ja auch egal. Er ließ nicht locker, versuchte es immer wieder. Nutzte jede Gelegenheit dazu aus. Er machte den Reißverschluss seiner Hose auf, zog sie aus und versuchte, sich auf mich zu legen, während ich ihn wegdrückte. Ich wolle das nicht, sagte ich. Mehrfach habe ich ihm das gesagt, aber er ließ nicht locker. Eines Tages zögerte ich dann. Aus Neugier vielleicht. Ich weiß nicht, warum ich ihn an jenem Tag nicht zurückgewiesen habe. Ich lag ganz starr, während er in mich eindrang. Es tat höllisch weh. Danach dachte ich bloß noch ›Das soll es sein? Wie kann nur irgendwer so etwas wollen?‹ Tagelang war ich wund. Sogar das Sitzen tat weh. Kurz danach hat er mit mir Schluss gemacht.«

Während ich erzählte, starrte ich die ganze Zeit an die Decke. Ich konnte Mark nicht ansehen.

»So ein Arschloch«, sagte Mark.

Seine Worte waren wie Balsam.

»Und dann hat er auch noch überall herumerzählt, ich sei eine Schlampe«, erzählte ich.

»Du bist doch keine Schlampe. Hast du ihm das etwa auch noch geglaubt! So ein verdammter Mistkerl«, schimpfte Mark.

»Ich war so enttäuscht von mir selbst. Ich wollte das unschuldige, brave kleine Mädchen sein, so wie ich es aus meinen Kinderbüchern kannte. Bis heute wird mir schlecht, wenn ich an diesen Kerl denke. Und seitdem tue ich mich schwer mit Sex. Wenn ich es genieße, fühle ich mich schlecht und verkommen. Oder ich bin zu gehemmt, um es zu genießen.«

»Verstehe«, meinte er.

Wenn Sie jemals sexuell missbraucht oder belästigt worden sind, so sind Entspannung und Spaß beim Sex für Sie wohl kaum vorstellbar. Suchen Sie professionelle Hilfe und machen Sie eine Therapie. Es lohnt sich.

»Normalerweise warte ich nicht so lange und komme schneller zur Sache. Aber mit dir ist das anders. Ich weiß, dir liegt etwas an mir. Du bist nicht nur auf das Eine aus. Nur hat das noch nicht jeder Teil meines Körpers kapiert. Auch ich will mich rundum wohlfühlen mit dir. Das erste Mal soll für uns beide unvergesslich werden. Nichts, was wir nur aus purer Lust tun. Sondern etwas, das wir aus Liebe tun.«

»Ich liebe dich«, sagte er und wischte mir die Tränen von den Wangen.

»Ich weiß«, sagte ich. »Danke.«

So sehr ich es auch genoss, mit Mark zusammen Zeit zu verbringen, ich hielt weiter Abstand. Job, Hobbys und Freunde
standen für mich an erster Stelle. An einem Samstagmor-
gen fragte er, ob ich Lust hätte, später mit ihm eine Wan-
derung zu machen. Klar, hatte ich Lust. Doch da rief meine
Jogging-Partnerin an.

»Wann willst du los?«, fragte sie.

Ich war in der Zwickmühle. Ich hätte ihr schlicht und einfach sagen können, dass ich unseren Jogging-Termin verschwitzt hatte, und einen neuen ausmachen können. Aber
das tat ich nicht. Wie gesagt, meine Freunde kamen an erster Stelle.

Also sagte ich ihr zu und rief Mark an, um zu verabreden, um wie viel Uhr er los wollte. Er war nicht da, und so
sprach ich ihm auf den Anrufbeantworter, dass ich joggen
gegangen sei.

Wir rannten fünfzehn Kilometer.

Kurz vor fünf stand ich bei Mark vor der Haustür. Er war
inzwischen wandern gegangen, wie ich von seinem Mitbe-
wohner erfuhr. Ich schrieb ihm eine kleine Notiz, die ich ihm
neben sein Telefon legte: »Tut mir wirklich sehr leid. Bitte ruf
mich an.«

Das tat er spätabends. »Wenn du keine Lust auf Wandern
hast, dann sag es mir doch einfach.«

»Aber ich hatte ja Lust.«

»Und wieso bist du dann nicht gekommen?«

»Wir hatten ja keine Uhrzeit ausgemacht.«

»Aber du hättest wissen müssen, dass um fünf dafür zu
spät ist.«

Da liefen mir die Tränen.

»Tut mir leid«, sagte ich. »Tut mir wirklich leid. Jetzt hab ich es versaut, nicht wahr?«

»Was meinst du?«

»Du bist wahrscheinlich das Beste, das mir je passiert ist, und ich versaue es. In einem fort stoße dich weg.«

»Ich bin das Beste, das dir je passiert ist?«

»Ja«, schluchzte ich.

»Ist ja gut, schon verziehen«, sagte Mark. »Aber warum stößt du mich dann weg?«

»Weil ich Angst habe«, sagte ich.

»Du musst keine Angst haben«, sagte er. »Ich werde dir nicht wehtun.«

Laufen Sie vor lauter Angst vor der Angst nicht davon! Wenn Ihr Herz schreit »Das könnte der Richtige sein!« – dann, um Himmels willen, wagen Sie es!

Es dauerte ganze vier Monate, bis ich so weit war, Mark zu vertrauen. Wir planten unser erstes Mal und beschlossen, nach New York zu reisen, buchten ein Hotel am Central Park East und Karten für eine Show.

Den ganzen Abend suchte Mark meine körperliche Nähe, hielt meine Hand, berührte sanft meinen Arm, strich mir über Schenkel oder Rücken. Wir aßen, tranken, gingen spazieren. Im Fahrstuhl auf dem Weg ins Zimmer hielt ich seine Hand und spürte ein aufgeregtes Kribbeln. Wieso hatte ich nur so ein Riesending darum gemacht?

Im Zimmer nahm er mich in den Arm, und meine Nervosität legte sich langsam. Wir lagen nackt im Bett, mein Kopf auf seiner Brust. Alles stimmte.

»Ich liebe dich«, flüsterte ich.

»Ich dich auch«, sagte er.

Planen Sie Ihr erstes Mal. Machen Sie etwas ganz Besonderes daraus. Das Erlebnis wird Ihnen unvergessen bleiben.

Mit der Zeit hatte Mark mich für sich gewonnen. Ich konnte ihm alles erzählen, von meinen Träumen und meinen Ängsten, und er hörte mir zu. Er ließ mir meinen Freiraum, meine Unabhängigkeit und akzeptierte meine Unsicherheiten. Er liebte alles an mir, meine schönen und meine hässlichen Seiten, die liebenswerten und die anstrengenden, die starken und die schwachen.

Er war mein treuer Freund und Begleiter. Ganze Nachmittage verbrachten wir aneinandergekuschelt auf dem Sofa und sahen eine Soap nach der anderen. Er lachte, wenn ich mir bei den besonders spannenden Stellen von »Akte X« die Augen zuhielt und sagte mir, wenn die Szene vorbei war und ich wieder hingucken konnte. An sonnigen Morgen, wenn das helle Licht durch die Glasschiebetür fiel, saßen wir oft auf seinem Sofa und schauten den Vögeln draußen am Futterhäuschen zu, das er aufgestellt hatte.

Mark hatte Verständnis für meine soziale Ader. Und wenn er sie auch nicht unbedingt teilte, war er für verschiedene karitative Projekte stets helfend an meiner Seite. Er gab sogar einmal während eines Festivals Feuchtwaschlappen aus, um Gelder für ein Seniorenstift zu beschaffen.

Er begleitete mich auf große Dinner-Partys, wo er nicht selten der einzige männliche Gast mitten in einem Haufen gackernder Hühner war. Danach war er jedes Mal völlig geschafft.

»Immer wenn ich dachte, ich könnte mich mal in ein Thema einbringen, wart ihr schon beim übernächsten Thema. Wie soll man da mitkommen?«, sagte er.

Dann kam der Moment, an dem ich mich voll und ganz auf ihn einzulassen begann. Ich lief damals beim Halbmarathon mit, der auf Marks letzten Urlaubstag fiel. Er hatte seinen Urlaub an den Outer Banks verbracht, um zu surfen.

Bei Kilometer zwölf hatte ich schwer zu kämpfen. Ich war zu schnell gestartet. Ich schaute nach rechts. Und da sah ich ihn plötzlich: Mark. Er radelte an der Strecke entlang mit.

»He«, rief ich. »Ich dachte, du bist in Urlaub?«

»Bin früher zurück, um dich laufen zu sehen«, sagte er.

»Danke, kann nicht sprechen«, keuchte ich.

Rund fünfzig Meter vor mir lief eine Frau, die ich kannte.

»Alisa, die kriegst du«, schrie Mark mir zu. Das schaffte ich zwar nicht, aber dass er mich anfeuerte, trieb mich ungemein an. Ich nahm die Beine in die Hand und blieb ihr auf den Fersen.

Immer öfter übernachtete ich nun bei Mark. Eines Abends, als ich mich über die nervige zwanzigminütige Autofahrt von seiner Wohnung zu meiner ausließ, meinte er: »Warum ziehst du nicht einfach bei mir ein?«

»Bist du sicher, dass du das willst?«, fragte ich.

»Bin ich«, sagte er.

»Ich bin noch nie mit jemandem zusammengezogen. Das wäre ein ziemlicher Schritt.«

»Ich weiß.«

Wir beschlossen, dass ich Ende April bei ihm einziehen würde, knapp ein Jahr nach unserem Kennenlernen. Einen Monat davor fing ich an, meine Möbel und einiges an Hausrat zu verkaufen. Ich sortierte Fotoalben und Schuhkartons aus, warf alte Fotos von Todd, Steve und anderen Ex-Freunden sowie alte Liebesbriefe weg. Von meinem alten Tagebuch aber konnte ich mich nicht trennen. Alles hatte ich darin aufgeschrieben, meine Lebensziele, Notizen und Sprüche, die ich nicht vergessen wollte. Auch die allerkleinsten Details meiner Liebesgeschichten mit Steve und mit Mark waren von Anfang bis Ende darin enthalten. Ich wäre beschämt gewesen, hätte er je eine Zeile davon gelesen, aber ich brachte es nicht übers Herz, es wegzuschmeißen. In Marks Wohnung stellte ich es zwischen zwei Bücher, von denen ich wusste, dass er sie sowieso nie in die Hand nehmen würde.

Am offiziellen Einzugstag kam ich mit Shirts und Hosen über dem Arm in seiner Wohnung an und ging die Treppe zum Schlafzimmer hinauf. Er war nicht da. Zuerst öffnete ich den Kleiderschrank an der linken Wand. Kein Platz. Alles voller Klamotten. Dann machte ich den an der rechten Wand auf. Ebenfalls alles voller Klamotten. Ich setzte mich auf den Fußboden, Shirts und Hosen im Schoß, und fing an zu heulen. Ich fühlte mich bitterlich enttäuscht.

Ein paar Stunden später kam Mark nach Hause und fand mich im Schlafzimmer, wo ich samt meinem Kleiderberg auf dem Boden hockte. Ich sah ihn an und musste schon wieder heulen: »Du wusstest doch, dass ich heute einziehe. Das habe ich dir doch gesagt!«, schrie ich.

»Was hast du denn?«

»Du hast nicht einmal einen Kleiderschrank für mich freigeräumt«, schluchzte ich. »Nicht einmal das.«

»Tut mir leid. Hatte zu tun«, sagte er.

»Zu tun? Aber du wusstest, dass ich heute komme. Die ganzen letzten Monate habe ich gepackt, Sachen verkauft und mein Zeug hierhergeschleppt. Du hast mir kein Stück geholfen. Nichts.«

»Zeitlich war es eben nicht gerade ideal.«

»Willst du überhaupt mit mir zusammenwohnen? Sieht nicht danach aus.«

»Klar, will ich dich hierhaben und mit dir leben.«

»Und wieso soll ich dir das glauben? Du hast mir nicht einmal Platz im Kleiderschrank gemacht.«

»Tut mir leid«, sagte er. »Wirklich.«

Er nahm mich in den Arm und versprach, sich künftig mehr Mühe zu geben. Er bot an, einen Kleinlaster und ein paar Freunde zu organisieren und mir beim Transport des einzigen Möbelstückes zu helfen, von dem ich mich nicht trennen konnte – meinem Doppelbett. Es war mein erstes selbst gekauftes Möbelstück, das ich mir damals als junge Reporterin vom Mund abgespart hatte. Ich konnte mich unmöglich von ihm trennen, nicht einmal für die Liebe.

Mark räumte mir einen Kleiderschrank frei, trug seine Sachen hinauf ins Gästezimmer und half mir dann, meine Sachen in den Schrank zu hängen.

»Ich bin diejenige, die hier das volle Risiko fährt«, sagte ich. »Fast alle meine Sachen habe ich verhökert. Du musstest lediglich einen Kleiderschrank frei räumen. Mehr hattest du nicht zu machen.«

»Aber du wolltest doch gar nicht, dass ich bei dir einziehe.«

»Schon. Nur fühle ich mich hier so, als sei dies deine Wohnung und nicht unsere. Ich bin umgeben von männlichem Schwarz-Weiß. Dein Bett ist schwarz. Dein Sofa ist schwarz. Deine Wände sind weiß. Du hast ein Wasserbett. Ich komme mir vor wie in einer Burschenschaft.«

»Das ist unsere Wohnung«, sagte er. »Nicht meine. Unsere.«

»Fühlt sich für mich nicht so an«, sagte ich.

»Dann lass uns etwas zusammen kaufen gehen, was meinst du? Ich wollte schon lange mal ein kleines Zweisitzer-Sofa. Sollen wir uns eins zusammen kaufen?«

Bis wir eines gefunden hatten, das unser beider Geschmack traf, dauerte es eine Weile. Schließlich fanden wir ein grün-rotes bei einem Straßenhändler. Es war nicht perfekt und der Stoff war etwas kratzig, aber es erschien weder zu männlich noch übertrieben weiblich. Und es kostete nur 200 Dollar.

Nach und nach wurde es gemütlich. Wir brachten Rollos an, strichen die Zierleisten in Kontrastfarben, tauschten seine graue Bettwäsche gegen cremefarbene und hängten jede Menge bunte Fotos und Bilder auf. Ich bemalte sogar die Badezimmerwand im Stil von Matisse.

Wollen Sie, dass er Ihnen beim Umzug hilft? Dann sagen Sie ihm das. Wollen Sie, dass Sie Ihren Einzug gemeinsam mit einem romantischen Abendessen feiern? Dann sagen Sie ihm das. Wollen Sie, dass er Sie am allerersten Tag in Ihrem neuen Heim in Empfang nimmt? Dann sagen Sie ihm das.

Während der ersten Monate in meinem neuen Zuhause bei Mark suchte ich immer neue Verstecke für mein Tagebuch, bis ich eines Tages zu ihm sagte: »Sieh mal, hier, mein Tagebuch. Da stehen sehr private Dinge drin, Dinge, von denen ich nicht will, dass du sie liest. Aber das machst du nicht heimlich, oder? Sonst müsste ich es vor dir verstecken.«

»Nein, tue ich nicht«, sagte er. »Ich habe ja auch meine Terminbücher. In die spickst du auch nicht heimlich, oder?«

»Nein, tue ich nicht.«

Als Mark einige Monate später übers Wochenende eine Fahrradtour machte, kriegte ich diese Terminbücher einfach nicht aus dem Kopf. Was stand da drin, das ich nicht wissen sollte? Was wollte er vor mir verheimlichen?

Ich fahndete im Kleiderschrank danach und fand alles Mögliche – Fahrradteile, Autoteile, Medaillen und Pokale, Fotoschachteln, Packlisten und verschiedene Wegbeschreibungen, Finanzunterlagen, Steuerbescheide und Kontoauszüge. Während ich seine Sachen hin und her schob, merkte ich mir ganz genau, wo sie ursprünglich gelegen hatten, damit ich sie auch ja wieder ordentlich zurücklegte.

Es dauerte eine Weile, aber dann hatte ich die Terminbücher gefunden. Einmal kurz hineinzuspähen ist ja kein Verbrechen, dachte ich mir. Schließlich wohnen wir zusammen und da sollten wir keine Geheimnisse voreinander haben. Ich wusste gar nichts von seinen früheren Freundinnen. Er ließ nicht viel verlauten über sein Liebesleben vor meiner Zeit. Ich zögerte. »Das ist privat«, sagte ich mir. »Lass das bleiben.« Doch dann erlag ich der Versuchung und griff mir das aus dem Jahr, in dem wir uns kennen gelernt hatten. In den ersten rund zwanzig Einträgen ging es nur um verschiedene Trainingseinheiten und Mountainbike-Touren.

Dann am 28. Februar folgender Eintrag: »Abendessen mit Eileen im JP O'Mally's. Sie hat angerufen. Verabredung. Sehr interessanter Abend. Großartige, wunderbare, wunderschöne Frau!«

Waaas?!

Ich las einen weiteren Eintrag, der Eileen betraf, bevor ich dann zum 8. März kam: »Alisa kennen gelernt, im Farmhouse. Interessant.«

Eileen war eine großartige, wunderbare, wunderschöne Frau – und ich lief nur unter »interessant«?

15. März: Alisa im *Farmhouse* getroffen. Bis elf Uhr nachts geredet. Sehr interessant und intelligent. Prima Unterhaltung.«

Kein *wunderschön?* Kein *großartig?* Vielleicht war der Platz im Kalender bloß zu klein, um das Wörtchen »großartig« hinzuschreiben, tröstete ich mich.

3. April: »Erstes Date mit Alisa. Sie hat mich darum gebeten. Waren bei *Harry's.* Billard gespielt. Rumgequatscht. Kein Kuss.«

Kein »großartig«?!

25. April: »Alisa und ihre Freundin im *Farmhouse* getroffen.«

Immer noch kein »großartig«?

3. Mai: »Mit Alisa ins *Robata's*. Sie war bei mir (das erste Mal), hat mich abgeholt und ist gefahren. Essen ok. Unterhaltung prima. Kein Kuss ... du Schlappschwanz!!«

Na, du machst mir Spaß. Hast du mich etwa noch immer nicht »großartig« gefunden? Immerhin war das unser drittes Date!

10. Mai: Im Kino einen Film angeschaut. Händchen gehalten. Erster Kuss. Magisch. Weich. Wunderbar.«

Na, endlich!

16. Mai: Gemeinsam beim Bach-Konzert. Danach bei mir. Zwei Stunden auf dem Sofa zugange. Alisa hat übernachtet. Wow! Könnte richtig was werden!«

Klingt schon besser.

29. Juni: »NY mit ALISA. GROßARTIG! Erstes Mal!«

Endlich!

Ich las die restlichen Einträge über unser erstes gemeinsames Jahr. Auf einer Seite hatte er an den Rand gekritzelt »Mark + Alisa« und daneben »Alisa + Mark«. Und auf einer der hinteren Seiten, neben einer handgezeichneten Wegkarte von verschiedenen Orten in Philadelphia zu seinem Haus, stand: Alisa, 1,63m, Körbchengröße B.

Ich blätterte noch einmal durch die Seiten und schwankte zwischen allerlei Gefühlen: Ich war eifersüchtig auf Eileen, hatte ein schlechtes Gewissen, weil ich Marks Terminbuch gelesen hatte, und war zugleich gerührt, weil er jede einzelne unserer Verabredungen aufgeschrieben hatte, ganz zu schweigen von meinen Maßen und meiner Kleidergröße.

Nein, er hatte keine Geheimnisse. *Ich* hatte jetzt eines. Und

er hatte offenbar auch kein Problem mit geheimen Geheim-
nissen. Aber ich.

Gegen Ende der Woche suchte ich das Gespräch mit Mark.

»Als du weg warst, habe ich etwas getan, das ich nicht hätte tun sollen«, sagte ich.

»Was denn?«

»Ich habe deine Terminbücher gelesen. Allesamt. Ich habe
deinen Wandschrank durchstöbert und jede einzelne Schublade im Haus durchwühlt.«

»Was? Warum das denn?«

»Weil ich mehr über dich wissen wollte. Du erzählst nicht
viel von deiner Vergangenheit. Oder von deinen früheren
Freundinnen. Dabei würde ich das zu gerne wissen«, sagte ich.

»Da gibt es nichts zu wissen. Mein Leben hat an dem Tag
begonnen, an dem ich dich kennengelernt habe«, sagte er.

Ich wusste nicht recht, was ich davon halten sollte.

»Spinnst du?«

»Nein, überhaupt nicht. Oder hast du irgendetwas gelesen,
über das du sprechen möchtest?«

»Eileen. Du hast sie gemocht«, sagte ich.

»So sehr nun auch wieder nicht«, gab er zurück.

»Aber du hast geschrieben, sie sei *großartig*. Dass ich *großartig* bin, hast du nie geschrieben!«

»Aber das bist du. Du bist sogar sehr viel *großartiger* als
Eileen. Die Großartigste überhaupt. Ich liebe dich mehr als
alles andere. Eileen liebe ich nicht. Ich liebe dich. Sie hat mir
nie etwas bedeutet. Du aber bedeutest mir alles.«

»Was hat dir überhaupt an mir gefallen, als du mich zum

ersten Mal gesehen hast? Du hast gesagt, Eileen sei wunderschön und großartig, aber über mich hast du nur gesagt, ich sei intelligent.«

»Ja, bist du auch. Du bist wirklich intelligent. Viel intelligenter als ich, wie ich finde. Das gefällt mir an dir. Ich finde das attraktiv. Du bist lustig. Nett. Sexy. Und du hast einen tollen Hintern.«

»Hab' ich den?«

»Ja, einen wirklich tollen Hintern sogar. Das ist mir gleich aufgefallen.«

»Aber mein Busen ist zu klein, gib's zu.«

»Dein Busen ist perfekt. Und dein Hintern unübertroffen.«

Wir umarmten uns, wobei er mir in meinen unübertroffenen Hintern kniff.

Ob er als Ehemann etwas taugt oder nicht, erkennen Sie daran, wie schnell er Ihnen verzeihen kann. Denn ein Ehering schützt einen nämlich nicht davor, dummes Zeug zu reden oder zu tun. Ist er bereits am Anfang der Beziehung nachtragend, wird es wohl nichts mit einer ewig glücklichen Ehe.

Das erste Jahr unseres Zusammenlebens näherte sich dem Ende. Mir fiel kein einziger Grund ein, warum ich Mark nicht heiraten sollte, zumal ich unter dem Druck von Freunden, Gemeindemitgliedern und Eltern langsam zusammenbrach.

»Wir wohnen jetzt ein Jahr zusammen«, sagte ich zu Mark.

»Ich weiß«, meinte er.

»Zeit, dass wir über den nächsten Schritt sprechen. Meinst du nicht?« Ich hatte ein bisschen Angst, dass er sagen würde, er sei noch nicht so weit. Und große Angst, dass er sagen würde, er wäre überhaupt nie so weit.

»Ich glaube, ich will dich heiraten«, sagte er.

»Ich glaube, ich will dich auch heiraten«, sagte ich.

Das Hochzeitsdatum legten wir auf einen Termin ein Jahr später fest.

In jenem Sommer regnete es wochenlang. Es schüttete dermaßen, dass das Wasser von draußen sogar in den Teppichboden im Wohnzimmer sickerte. Er moderte vor sich hin und begann irgendwann übel zu muffeln. Also warfen wir ihn hinaus und hatten nun den blanken Estrich im Wohnzimmer. Wir beschlossen, statt eines neuen Teppichs lieber Fliesen zu nehmen. Um Geld zu sparen, wollte Mark sie selbst verlegen Den Rest des Jahres brachte ich damit zu, mich durch mögliche Hochzeitskuchen zu futtern, Partyservices abzuklappern und Festräume zu besichtigen. Zwischendurch drängte ich Mark immer wieder, die Fliesen im Wohnzimmer zu verlegen.

Aus Sommer wurde Herbst. Aus Herbst wurde Winter. Aus Winter wurde Frühling. Und immer noch keine Fliesen auf dem Boden.

Im Rahmen unserer kirchlichen Ehevorbereitung waren ein paar Sitzungen bei einer Eheberaterin vorgesehen. Kurz vor der letzten Sitzung legte sie uns nahe, die Beratung fortzusetzen und den Hochzeitstermin zu verschieben. Zwei Punkte, so sagte sie, hätten wir noch zu klären. Punkt 1: Die Kinderfrage, in der ich unentschieden war. Mark nicht; er wollte keine Kinder. Punkt 2: Ich hatte hin und wieder erwähnt, dass ich mir mehr gemeinsame Zeit mit Mark wünschte; er wiederum hatte seine vielen Hobbys, vor allem das Radfahren, thematisiert, von denen ich von Anfang an gewusst hätte.

»Eine Frechheit von dieser Eheberaterin, findest du nicht?«, sagte ich auf der Heimfahrt.

»Was willst du jetzt machen?«

»Jedenfalls keine weiteren Sitzungen«, sagte ich. »Die Hochzeit wird nicht verschoben.«

In unserer letzten Sitzung sprach ich die Paartherapeutin darauf an.

»Mark und ich waren sehr offen zu Ihnen. Wir haben uns für die Beratung entschieden, um vor der Ehe ein paar Punkte zu klären. Wir hätten Sie auch anlügen können, so wie die meisten Paare das wohl tun, und Ihnen erzählen können, dass alles in Butter sei. Nichts für ungut, aber wir können unsere Probleme allein lösen. So gravierend sind sie nicht. Was uns beide aber verärgert, ist, dass Sie uns vor unserer Hochzeit weitere Sitzungen aufschwatzen wollten, wo diese Zeit doch mit Freude und nicht mit dem Wälzen von Problemen erfüllt sein sollte.«

»Mit Ihrer direkten und bestimmten Art, die Sie mir hier vermitteln, habe ich keinerlei Zweifel, dass Sie auch künftig offen über alles miteinander reden werden. Meinen Segen haben Sie«, entgegnete die Therapeutin.

Wenn Sie eine Ehevorbereitung machen und Ihr Berater Ihnen zusätzliche Sitzungen nahelegt, dann gehen Sie darauf ein!

Zwei Tage vor der Hochzeit legte Mark eine Nachtschicht ein und verlegte die Bodenfliesen im Wohnzimmer.

Auf unserer Hochzeitsfeier bat der Pfarrer unsere Gäste reihum, uns als frisch vermähltem Paar ein paar Ratschläge mit auf den Weg zu geben: Von »Nie böse miteinander abends schlafen gehen« bis hin zu »Nie vergessen, warum man sich ineinander verliebt hat«, wusste jeder etwas zu sagen. Meine 84-jährige Großmutter, die kurz zuvor ihren 60. Hochzeitstag gefeiert hatte, gab mir ebenfalls einen Rat: »Geduld«, flüsterte sie mir zu. »Geduld.«

Am Tag nach unserer Hochzeit fiel die Temperatur auf unter minus 30 Grad und es graupelte.

Im ersten Drittel ihres Lebens hoffen die meisten Frauen darauf, dass der Richtige um die Ecke kommt und die Frage aller Fragen stellt. In den anderen zwei Dritteln wünschen sie sich, dass sie auf diese Frage niemals »Ja« gesagt hätten.

4. KAPITEL

Das böse Erwachen: Wenn aus dem Märchenprinzen ein Frosch wird

»In einer Beziehung, in der zwei Menschen eins werden, besteht das Endergebnis aus zwei halben Menschen.«

WAYNE W. DYER, ERFOLG WIRD WAHR.
LEBEN IN FÜLLE

Ich hatte das Glück, einen Job als Redakteurin beim Magazin *Runner's World* an Land zu ziehen, wo ich schon bald zur Chefredakteurin befördert wurde. Seit ich Mark kannte, hatte sich mein Gehalt fast verdoppelt. Marks Karriere hingegen stagnierte.

Während ich zu allen möglichen Presseterminen durch die halbe Welt reiste, luxuriöse Partys in New York und anderswo besuchte und jedes Mal mit allerlei Beute in Form von Sportschuhen und Klamotten nach Hause kam, führte er einen E-Mail-Krieg mit dem Vizepräsidenten seiner Firma um Überstundenlohn, »Casual Fridays« und eine Mitarbeiterauktion, bei der Mark ein Zeichenbrett ersteigert, es aber bis heute nicht bekommen hat. Wenn ich seinen verspannten, kalten Blick sah, dachte ich, er sei böse auf mich. Von seinen Problemen bei der Arbeit erfuhr ich erst nach etlichem Nachhaken.

»Willst du kündigen?«, fragte ich und legte die ausgedruckten Blätter seines Online Kleinkrieges auf meinen Schoß, nachdem ich sie gelesen hatte.

»Nein, den Job zu verlieren, kann ich mir nicht leisten«, sagte Mark.

»Aber wenn du damit weitermachst, dann wirst du ihn

verlieren. Ich verdiene genug für uns beide, bis du wieder eine neue Arbeit hast. Das Leben ist zu kurz für einen Job, den man hasst.«

»Ich kann nicht kündigen«, sagte er. »Es geht nicht, dass du mich mit durchfütterst.«

Es vergingen zwei Tage. Dann fragte mein Mann: »Hast du das mit dem Kündigen ernst gemeint?« Er sah dabei noch elender aus als sonst.

»Klar«, sagte ich. »Das geht uns doch beide an.«

Am nächsten Morgen reichte Mark seine Kündigung ein.

Jetzt war er arbeitslos. Wenn ich ihn fragte, was er nun vorhabe, bekam ich immer nur die gleiche Antwort von ihm: »Ich weiß es nicht.«

»Liest du die Stellenanzeigen?«, fragte ich.

»Ja.«

»Hast du dich beworben?«

»Nein.«

»Warum nicht?«

»Weil es nichts gibt, das auf mein Profil passt.«

»Dann probier etwas Neues.«

»Was denn?«

»Nun, du fährst ja gerne Fahrrad. Überleg doch, einen Fahrradladen aufzumachen. Oder Touren anzubieten.«

»Ich halte Arbeit und Vergnügen aber lieber getrennt. Wenn ich mich für mein Hobby bezahlen lasse, dann wird mein Hobby zur Arbeit und ist kein Vergnügen mehr.«

»Das denke ich nicht.«

Solche Unterhaltungen hatten wir etwa 679 Male.

Mittlerweile versuchte ich mich mit dem Gedanken von

Mark als Hausmann anzufreunden. Mark und ich, ein absolut modernes Paar!

Gut, ich gebe zu, ich hätte schon gerne gehabt, dass er einen neuen Job findet, und das möglichst schnell. Und einen guten dazu. Einen, der um einiges besser bezahlt ist als meiner.

Das mag oberflächlich klingen, ist aber wenigstens ehrlich. Welcher richtige Mann verliert seinen Job, hockt den ganzen Tag auf dem Sofa und glotzt fern, während sich die Frau um alles kümmert? Unvorstellbar. Das kommt nur bei anderen vor. Mein Göttergatte? Nein, der ist doch der Versorger.

Und während Mark in aller Seelenruhe darauf wartete, dass der für ihn maßgeschneiderte, superbezahlte Job in der Zeitung stand, hätte er eigentlich jede Menge Zeit gehabt, das eine oder andere Zimmer im Haus zu renovieren oder etliche halbfertige Dinge abzuschließen, für die weder er noch ich bislang Zeit gefunden hatten. Ich in seiner Situation hätte das jedenfalls gemacht.

Doch Mark war nicht ich, wie ich bald lernte.

Er bereitete Mittag- und Abendessen zu. Räumte meine Schuhe auf, wusch die Wäsche und hob im Schlafzimmer die Strümpfe vom Boden. Er machte alles, worum ich ihn bat.

Aber auch nicht mehr. Größere Projekte schob er laufend auf, wie etwa mein Büro zu streichen oder Regale aufzubauen, weil er, wie er es nannte, »zu beschäftigt« war. Da konnte ich ja nur lachen! Bevor er seinen Job gekündigt hatte, hatte ich Badezimmer putzen, Haushalt machen und Essen kochen ja auch unter einen Hut gekriegt, sogar mit einem Vollzeitjob und freiberuflichen Arbeiten nebenher.

»Was genau machst du den ganzen Tag?«, fragte ich.

»Hausarbeit«, sagte er.

»Und wie lange brauchst du dafür? Schuhe und Socken aufsammeln, kann ja nicht den ganzen Tag dauern.«

»Es dauert länger, als du denkst.«

»Eine halbe Stunde, höchstens.«

»Länger.«

»Ich denke, du siehst den ganzen Tag fern, und wenn du nicht fernsiehst, dann fährst du mit dem Fahrrad herum.«

»Ich mache hier eine ganze Menge.«

»Mir kommt es vor, als schufte ich die ganze Zeit, damit du einen Lenz schieben kannst.«

»Das ist nicht wahr.«

Eine Meinungsverschiedenheit, die wir nie gelöst haben. Nach einem Jahr, in dem ich Mark ständig in den Ohren gelegen hatte wegen seiner Arbeitsmoral, baute er schließlich und endlich die Bücherregale auf, strich mein Büro und fing an, die Stellenanzeigen zu lesen.

Er bewarb sich bei *Bicycling,* einem Magazin, das dem gleichen Verlag gehörte, für den auch ich arbeitete, und bekam einen Job in der Marketing-Abteilung. Dafür musste er hin und wieder quer durch das ganze Land zu Radrennen und Radsportveranstaltungen reisen.

Und siehe da: Auch damit hatte ich plötzlich ein Problem. Trotz aller Streitereien über die Hausarbeit, trotz meiner ständigen Ängste, nicht genug zu verdienen, um die Rechnungen zu bezahlen, gefiel es mir doch sehr, Mark immer um mich zu haben. Ich hatte mich daran gewöhnt, dass er da war, wenn ich von der Arbeit nach Hause kam, dass wir abends zusammen aßen, dass wir jeden Abend auf dem Sofa vor dem Fernseher kuschelten.

Jetzt musste ich abends allein Tiefkühlkost aus der Mikrowelle essen. Ja, nun fehlte er mir sehr, mein Hausmann, den ich so lange zurück ins Arbeitsleben gedrängt hatte.

Das neue Jahrtausend brach an, und ich bekam nach fast drei Jahren bei *Runner's World* eine Anfrage von einem Verleger, ob ich nicht als Ghostwriter arbeiten wolle. Damit würde ich in wenigen Monaten mehr als das Doppelte meines bisherigen Gehalts verdienen. Auch andere Verleger traten an mich heran und boten mir einträgliche Projekte an. Keine Frage, ich würde als Freiberuflerin sehr viel mehr Geld verdienen können als im Angestelltenverhältnis.

Ich reichte meine Kündigung ein.

Und so begann das Jahr glückreich für uns beide. Ich liebte meine Arbeit, er liebte seine, und wir liebten einander. Wir hatten mehr Geld, als wir brauchten, gingen teuer essen, gönnten uns wöchentliche Massagen, flogen spontan nach New York oder Hawaii.

Wir stritten nicht oft, aber wenn, ging es immer um das ewig gleiche Thema: die Hausarbeit. Da ich nun von zu Hause aus arbeitete, regte es mich auf, wenn Mark unordentlich war. Er hingegen meinte nur, ich solle die herumliegenden Klamotten oder das schmutzige Geschirr doch einfach ignorieren. Aber das konnte ich nicht. Und so fing ich frühmorgens um sieben an, sämtliche Schuhe ordentlich in Reih und Glied zu stellen, Schränke aufzuräumen, Socken in den Wäschekorb zu werfen und die ewigen Berge von Geschirr zu spülen. Schaffte ich es, meinem Ordnungsdrang tagsüber nicht zu erliegen, kriegte ich abends die Krise. Wenn Mark dann noch Lust auf Sex hatte, kreisten meine Gedanken beim Vorspiel bereits um ganz andere Dinge – wie die gestapelte Post auf dem Wohnzimmertisch.

Ich war mir sicher, dass ich doppelt oder gar drei Mal so viel im Haushalt machte wie er. Er glaubte das nicht.

Um ihm zu beweisen, dass ich Recht hatte, bastelte ich ein Plakat, auf dem ich alle Hausarbeiten auflistete, die in einer Woche und in einem Monat anfielen: Rasen mähen, Hof fegen, Staubsaugen, Staubwischen, Kochen, Einkaufen, Badezimmer putzen, Küche sauber machen, Wäsche, Rechnungen bezahlen, Buchhaltung erledigen und dergleichen mehr.

Immer, wenn einer von uns eine Aufgabe davon erledigt hatte, hakte er sie ab und schrieb die Zeit auf, die er darauf verwendet hatte. Als wir unsere Zeitkonten am Ende verglichen, konnte Mark nicht mehr abstreiten, dass ich mehr als das Doppelte machte. Wir verteilten die Aufgaben von nun an gleichmäßiger.

Machen Sie eine Liste mit allen Hausarbeiten, die täglich, wöchentlich und monatlich anfallen. Teilen Sie die Aufgaben untereinander auf. Welche wollen Sie übernehmen? Welche er? Welche Sie beide zusammen? Überlegen Sie auch, welche Hausarbeiten Sie einer dritten Person übertragen können (einer Putzfrau oder einem Gärtner).

Nach meinem ersten Jahr als Freiberuflerin sagte ich zu Mark, dass es etwas einsam sei, so alleine von zu Hause aus zu arbeiten, und ich deshalb gern einen Hund wollte. Er

war nicht begeistert und meinte, so ein Hund sei eine große Verantwortung.

Schließlich aber lenkte mein Mann ein, und so fuhren wir
eines Tages ins Tierheim, wo uns ein brauner Dobermann
mit Hängeohren auffiel. Den Schwanz zwischen die Beine
geklemmt, den Kopf gesenkt und verdreckt, wie er war, sah
er mich mit traurigen Augen an, die von einem Hundeleben
voll Schmerz und Leid erzählten. Ich hatte nur einen Gedanken: »Den muss ich mit nach Hause nehmen. Er ist mein
Seelenfreund.«

Wir zahlten unsere fünfzig Dollar und gingen mit Rhodes
(wie wir ihn später nannten) im Schlepptau zum Auto.

Drei Tage später hatte unser sanftmütiger, leidender Hund
sein Tierheimtrauma überwunden und wollte rund um die
Uhr tollen und spielen. Mit der Schnauze stieß er meine Finger von der Computertastatur und sprang mir halb auf den
Schoß. Er fraß jede Temposchachtel im Haus, leerte mehrmals am Tag den Abfalleimer und kaute auf der Fernbedienung für mein Auto herum, sodass der Alarm losging. Er
grub ein Loch in das Sofa, das Mark und ich zusammen gekauft hatten. Wenn ich mit ihm Gassi ging, war er ständig
hinter Eichhörnchen, Hasen oder sonst irgendetwas her und
zog wie wild an der Leine. Einmal sogar so sehr, dass ich
meine Schuhe verlor und eine Bauchlandung auf dem Gehsteig machte.

Deshalb meldete ich uns für die Hundeschule an. Am ersten Trainingstag scheuchte Rhodes mich quer durch den
Raum und zerrte mich von einem Hundehinterteil zum
nächsten. Die anderen Hundebesitzer schienen alle wohl

erzogene, friedfertige Hunde zu haben. Gab es überhaupt Hoffnung für meinen? Für uns?

Ja, die gab es.

Rhodes lernte schnell und er wurde zu meinem persönlichen Erziehungsprojekt. Ich kaufte und las alle Bücher zur Hundeerziehung, die ich kriegen konnte, und trainierte täglich Kommandos mit ihm. Gegen Ende des Trainings war er ein folgsamer und liebenswerter, sechzig Pfund schwerer Schoßhund, der mit mir knuddelte und schmuste, sobald ich mich irgendwo hinsetzte. Den ganzen Tag lag er in meinem Büro herum, während ich arbeitete. Wenn ich krank war, wich er nicht von meiner Seite. Er lief mir sogar ins Badezimmer nach. Und sobald ich ohne ihn aus dem Haus ging, heulte er aus Protest.

Ich verliebte mich in diesen Hund, und er füllte jahrelang meine innere Leere.

Mark hatte mir von Anfang an gesagt, dass er keine Kinder wolle. Doch nun, nach drei Jahren Ehe, wollte ich unbedingt ein Baby. Ein Wunsch, der stärker war als alle Wünsche je zuvor. Ohne ein Baby würde mein Leben nie vollständig sein, glaubte ich.

Und wenn Mark seine Meinung in puncto Hund ändern konnte, wieso dann nicht auch in puncto Baby?

»Ich will so gern Mutter werden«, sagte ich ihm eines Abends.

»Ein Baby ist wirklich eine Riesenverantwortung. Und eine Menge Arbeit«, sagte er mit einem Seufzer.

»Ich weiß. Aber ich will trotzdem eins. Wenn ich einmal

auf dem Sterbebett liege, dann will ich nicht auf mein Leben zurückblicken und feststellen müssen, dass ich nur für Arbeit und Geld gelebt habe. Ich will wissen, dass ich etwas Wichtiges geleistet habe. Ich will wissen, wie es ist, ein Kind zu haben, das mich mehr liebt als alles andere auf der Welt.«

»Ich werde darüber nachdenken«, entgegnete Mark.

Schob er das Thema absichtlich auf die lange Bank in der Hoffnung, dass meine Eierstöcke irgendwann vertrocknet sein würden? Oder dass ich meine Meinung ändern würde und kein Baby mehr wollte? Konnte ich ihn kleinkriegen? Wollte ich es wirklich darauf ankommen lassen? Taugte er wirklich als Vater?

Fakt ist: Ein Mann, der Ihnen sagt, dass er keine Kinder will, will wirklich keine. Wenn Sie Mutter werden wollen, er aber nicht Vater, dann sollten Sie Ihre Beziehung überdenken.

Mein Kinderwunsch war ungebrochen. Ich konnte ihn nicht einfach ignorieren und sprach Mark immer wieder darauf an. Ich ließ mir alles Mögliche einfallen und schlug sogar vor, vor einem Baby eine zweite Hochzeitsreise nach Neuseeland zu machen. In den folgenden Monaten nahm ich alle Aufträge an, die ich kriegen konnte, auch wenn das bedeutete, zwei Monate lang sieben Tage die Woche und ein paar Mal die halbe Nacht lang am Schreibtisch zu sitzen. Nach rund einem halben Jahr hatte ich achttausend Dollar beisammen, genug, um für Januar eine zweieinhalbwöchige Pauschalreise nach Neuseeland bei einem Ökotourismusveranstalter zu buchen.

In der Woche nach Erntedank kam ich von ein paar Besorgungen nach Hause. Mark saß im Wohnzimmer. Es war um die Mittagszeit.

»Musst du nicht arbeiten?«, fragte ich.

»Ich muss mit dir reden«, sagte er. »Setz dich besser.«

»Was ist denn? Ist jemand gestorben?«

»Nein«, sagte er. »Das nicht. Aber ich muss dir etwas sagen, das dich nicht freuen wird.«

»Na, dann raus damit«, sagte ich. »Wird schon nicht so schlimm sein.«

»Ich habe meinen Job verloren. Mein Ressort wurde ausgelagert.«

Ich blieb stumm, und es dauerte, bis ich wieder Worte fand.

»Mark, wir schaffen das. Es wird alles gut.«

Doch das klang gezwungen. Ich wollte es mir selber einreden. In Wirklichkeit aber dachte ich: »Nein, nicht schon wieder! Jetzt habe ich einen Mann geheiratet, der gleich zwei Mal kurz hintereinander arbeitslos wird!«

Ich gab mir alle Mühe, mir nichts anmerken zu lassen, Mark aufzubauen und zuversichtlich zu erscheinen.

Wir drückten uns fest.

Die Reise nach Neuseeland verschoben wir vorsichtshalber. Und auch das Baby.

Wollen Sie wissen, wie Ihr Partner sich in der Elternrolle anstellen wird? Dann schauen Sie, wie er mit Ihren Haustieren umgeht. Bleibt die ganze Arbeit – von Füttern bis Saubermachen – an Ihnen hängen, können Sie sich an fünf Fingern abzählen, dass es in Sachen Babypflege genauso laufen wird.

Ich hatte Angst, dass die zweite Entlassung an Marks Ego kratzen würde, sein Selbstvertrauen zerstören oder ihn depressiv machen würde.

Und ich hatte auch Angst, dass ich den Rest meines Lebens dazu verdonnert bliebe, meinen arbeitslosen Gatten mit durchzufüttern. Und dieser Gedanke machte mir schwer zu schaffen, mehr als ich zugeben wollte.

Und so stieß ich Mark immer wieder an.

»Was willst du als Nächstes tun?«, fragte ich.

»Keine Ahnung.«

»Wie wäre es mit einem eigenen Fahrradladen?«

»Keine Ahnung.«

»Wie ›keine Ahnung‹?«

»Ich glaube nicht, dass das funktionieren wird.«

»Warum nicht?«

»Wird es einfach nicht.«

So kam ich nicht weiter und änderte deshalb meine Strategie.

»Du könntest für mich arbeiten, bis du einen neuen Job gefunden hast«, schlug ich vor. »Ich habe im Moment mehr Aufträge, als ich schaffen kann. Da käme mir ein Assistent gerade recht.«

Mark wollte es zumindest versuchen.

Er übernahm freiwillig die Hausarbeit, brachte Geld zur Bank und Pakete zur Post oder lieferte Päckchen und CDs bei meinen örtlichen Kunden ab. Er nahm mir Recherchearbeiten ab und schrieb ein paar Rohfassungen. Dabei stellte er sich besser an, als ich gedacht hätte und erledigte alle Aufträge. Aber um was immer ich ihn bat, er wartete mit allem immer bis zur allerletzten Minute. Zwischendurch fläzte er in aller Seelenruhe vor dem Fernseher, und wenn ich ihn bat, die Glotze auszuschalten und die angetragenen Dinge jetzt gleich zu erledigen, erwiderte er nur: »Mach ich schon noch beizeiten, okay?« Das brachte mich auf die Palme.

Das trug nicht gerade zu einem gesteigerten Gelderwerb bei. Denn hätte er alles prompt erledigt, hätte ich ihm mehr auftragen können, was uns unterm Strich mehr eingebracht hätte. Und obendrein war ich neidisch, ein bisschen zumindest. Ich hätte mir auch gerne mal eine Auszeit vor dem Fernseher gegönnt, zwar keine Rad- oder Autorennen angesehen, aber Talkshows mit Oprah.

Mit jedem Monat, der verging, wuchs mein Groll auf Mark. Ich hasste es, ihm immerzu zu sagen, was er tun soll. Ich hasste es, ihn andauernd auf dem Sofa rumhängen zu sehen. Und ich hasste die ewigen Witzeleien unserer Freunde von wegen Hausmann und privater Callboy. Das war mir peinlich. Und ich fühlte mich von Mark ausgenutzt. Ich wollte stolz auf meinen Mann sein.

Und so brachte ich das Thema Fahrradladen wieder auf die Tagesordnung.

»In der Main Street ist ein Ladenraum zu vermieten«, sagte ich.

»Keine gute Lage.«

»Warum nicht?«

»Es gibt keine Parkplätze.«

Ich schlug andere Ladenräume vor. Doch an allen fand er etwas auszusetzen. Zu groß. Zu klein. Falsche Lage.

Wollte er etwa auf dem Sofa in Frührente gehen?

Es ist immer besser, über die eigenen Wünsche, Bedürfnisse und Gefühle zu sprechen, anstatt sie für sich zu behalten. In der Ehe geht es darum zusammenzuwachsen. Es geht darum, einander verstehen zu lernen, samt der hässlichen Seiten.

Ich setzte nun auch unsere Haushalts- und Kostenplanung auf Marks To-Do-Liste. Ich lud das Homebanking-Programm herunter, zeigte ihm, wie man es benutzt, und erklärte ihm den Grundhaushaltsplan, den ich ausgearbeitet hatte, um einen Großteil meines Gehalts in Jahresrenten, Aktienankäufe und Altersvorsorge zu investieren.

Aus Tagen wurden Wochen, aus Wochen wurden Monate, und immer wieder fragte ich nach, wie wir finanziell so dastünden. »Gut«, kam die immer gleiche Antwort. Eines Tages fragte Mark mich, ob er ein paar Tage Skiurlaub mit seinem früheren Boss machen könne. »Wie stehen unsere Finanzen?«, wollte ich wissen.

»Gut.«

»Okay, dann fahr ruhig«, sagte ich.

Kurz nach Marks Urlaub hob ich am Automaten Geld ab und sah auf den Kontostand. Wir hatten weniger als zweihundert Dollar auf unserem Konto. Den Kontoauszug in der Faust fuhr ich nach Hause. Mark hockte auf seinem üblichen Platz vor dem Fernseher.

»Was machen unsere Finanzen?«, fragte ich mit zornerregter Stimme.

»Was meinst du?«

»Von wegen gut. Gar nichts ist *gut.*«

»Wie – nicht gut?«

»Wir haben nicht einmal mehr zweihundert Dollar auf dem Konto.«

»Und?«

»Noch vor wenigen Monaten hatten wir achttausend, und ich hatte regelmäßige Geldeingänge.

WOISTDASGANZEGELDHIN?«

»Ausgegeben, nehme ich an.«

»Wofür? Wie kann es sein, dass wir achttausend Dollar aus dem Fenster schmeißen und nichts von diesem Geld haben. Nichts. Wo ist das alles hin?«

»Mein Skiurlaub war ziemlich teuer.«

»Wie teuer?«

»Die Hotelkosten waren recht hoch.«

»Wie hoch?«

»Zweitausend Dollar die Woche.«

»Was noch?«

»Wir waren Snowcat-Skifahren.«

»Was bitte schön soll das sein?«

»Wir haben eine Schneeraupe gemietet, sind damit den Berg rauf und runter, was uns die Warterei am Lift erspart hat. Privattransport sozusagen.«

»Und wie teuer war das?«

»Mein Anteil lag bei fünfhundert Dollar für einen Tag.«

»Fünfhundert für *einen* Tag Skifahren?«

»Mmh.«

»Was noch?«

»Wir haben jeden Abend in guten Restaurants gegessen, und dann noch die Flugkosten.«

»Das war so nicht abgesprochen.«

»Du hast doch gesagt, ich könne diesen Skiurlaub machen.«

»Das Geld war aber für unsere gemeinsame Reise nach Neuseeland gedacht. Weißt du eigentlich, wie ich mich für dieses Geld abgerackert und auf was ich alles verzichtet habe, damit wir uns eine gemeinsame Reise leisten können? Hast du dir das einmal überlegt? Nur einmal?«

»Tut mir leid«, sagte er.

»Mir auch«, schnaubte ich.

Ein Graben hatte sich zwischen uns aufgetan. Ich hatte die Rolle der Erzieherin und Vorgesetzten, er die des beleidigten Kindes, dessen böse alte Mami ihm nicht erlaubt zu spielen. Ich hasste diese Rolle. Ich wollte, dass er verantwortungsvoll handelt, ohne dass ich ihn dazu zwingen musste. Die Finanzplanung war fortan wieder mein Ressort, und ich teilte Mark monatlich eine bestimmte Summe zu. Ich hasste es!

Sprechen Sie über Geld. Einigen Sie sich, wie viel von Ihrem Einkommen Sie sparen und wie viel Sie ausgeben wollen. Erstellen Sie ein Budget, das jedem von Ihnen eine bestimmte Summe zur freien Verfügung stellt, und zwar ohne eine Beschränkung. Wenn er will, kann er alles auf einmal in der Kneipe verjubeln, solange das sein Budget nicht übersteigt.

Ein Baby wollte ich nach wie vor. Ganz sicher. Ob ich aber meinen Mann noch wollte, da war ich mir nicht mehr sicher. Ich fühlte mich überhaupt nicht mehr zu ihm hingezogen und hatte nur noch selten Lust auf Sex. Wenn er plötzlich impotent geworden wäre, hätte ich das wahrscheinlich gar nicht gemerkt. Dabei wollte ich so gerne die alte Nähe spüren, wieder zu dem Paar werden, das wir einmal waren. Aber wie sollte das gehen? Wo und wann waren die Dinge schiefgelaufen?

Aus irgendeinem Grund schienen zweite Flitterwochen die einzige Lösung für unser Problem zu sein. Paartherapie? Nein, auf die Idee kam ich nie, denn das brauchen ja nur wirklich kaputte Beziehungen. Nein, wir waren lediglich nicht mehr so glücklich wie einst. Das ist alles.

Neuseeland schied jetzt natürlich aus. Nicht nur, weil es zu teuer war, sondern weil ich mir sonst selbst widersprochen hätte, wo ich Mark doch vorgeworfen hatte, unsere Neuseelandreise mit seinen Ski-Eskapaden vermasselt zu haben.

Nein, ich würde ihn nicht auch noch belohnen dafür und mir ein zweites Mal den Hintern für Neuseeland aufreißen.

Island vielleicht. Das war verlockend, zumal wesentlich erschwinglicher.

Trotz ihrer Lage am Polarkreis hat die kleine Vulkaninsel im Sommer Temperaturen zwischen fünfzehn und zwanzig Grad zu bieten, zudem Geysire, Wale, Wasserfälle und hunderte Vogelarten. Wir könnten Gletscherwanderungen machen oder in heißen Quellen entspannen. Die Flugzeit lag bei nur viereinhalb Stunden.

Die Anzahlung für die Islandreise war bereits eingeplant, als Mark nach Mount Snow in Vermont reiste, wo er an einem alljährlichen Radrennen teilnehmen wollte.

Ich saß gerade am Computer, da klingelte das Telefon. Mark.

»Vorweg, mir geht es gut«, sagte er schleppend. Seine Stimme klang matt. »Mir geht es gut« – das sagte er immer, wenn er sein Rad zu Schrott gefahren hatte und mich von irgendeiner Notambulanz aus anrief. Wahrscheinlich war eine Krankenschwester gerade dabei, ihm den Dreck aus den offenen Wunden zu kratzen.

»Was ist passiert?«

»Ich habe mir den Knöchel gebrochen«, sagte er. »Auf einer Trainingstour bergab.« Er würde jetzt gleich operiert werden und sich danach noch einmal melden, sagte er.

»Warte«, sagte ich. »Ist es arg schlimm? Soll ich den Islandtrip stornieren? Wie lange wirst du einen Gips haben? Kannst du überhaupt Gletscherwanderungen machen?«

»Ja, besser du stornierst die Reise. Tut mir leid.«

»Hauptsache, dir ist nicht viel passiert. Soll ich kommen?«

»Nein, brauchst du nicht.«

»Bist du sicher?«

»Ja, es geht mir gut, meine Süße.«

Ich setzte mich wieder vor den Computer. Zeit nach Vermont zu fahren hatte ich nicht. Aber er war mein Mann, er lag im Krankenhaus, und sein Knöchel war gebrochen. Er ging an Krücken und konnte unmöglich alleine nach Hause fahren.

Aber auf meinem Schreibtisch stapelte sich die Arbeit. Und ich war die Einzige von uns beiden, die Arbeit hatte. Außerdem wusste er genau, dass Radrennsport gefährlich ist. Eine weniger verständnisvolle Gattin hätte sich gesagt: »Das hat er nun davon, geschieht ihm recht.«

Aber sei's drum, ich musste hier weitermachen, Hypotheken abbezahlen und meine Abgabetermine einhalten. Also arbeitete ich weiter.

Doch dann überkam mich ein unruhiges Gefühl.

Das schlechte Gewissen. Vermischt mit Angst. Vermischt mit Sorge. Und einem Schuss Mitleid.

Dieses Gefühlschaos bewog mich, ein paar von Marks Freunden zu kontaktieren und um Rat zu fragen. Sie hatten allesamt nur einen Rat, nämlich den, meinen Allerwertesten nach Vermont zu bewegen: »Mark braucht dich jetzt. Fahr besser zu ihm.«

Sein Freund Robi bot sogar an, mich zu begleiten.

Wir fuhren los. Wir waren etwa eine halbe Stunde unterwegs, da rief Mark an.

»Habe zwei Platten und 23 Schrauben im Bein«, tönte er.

»Ich bin in ein paar Stunden bei dir«, sagte ich.

»Nein, du brauchst nicht zu kommen«, sagte er. »Mir geht es gut.«

»Aber wie willst du denn nach Hause kommen, Mark? Du kannst nicht selbst fahren. Robi ist dabei. Ich fahre dich nach Hause, und er fährt mit deinem Auto zurück. Wir sind bereits unterwegs.«

»Nein, ihr braucht nicht zu kommen. Ein Freund kann mich nach Hause mitnehmen«, sagte er. »Gib mir mal Robi.«

Ich reichte Robi das Telefon. Die beiden wechselten ein paar Worte, dann legte Robi auf.

»Was willst du jetzt machen?«, fragte er.

»Ich denke, wir drehen um«, sagte ich.

Aufgrund eines Missverständnisses kam besagter Freund doch nicht zum Krankenhaus, um Mark abzuholen und ihn nach Hause zu fahren. Nur mit Klinikbademantel bekleidet hielt Mark ein Taxi an, ließ sich zu einer Apotheke fahren (um sich sein Rezept abzuholen) und anschließend ins Hotel. Am nächsten Tag hatte jener Freund endlich meine wiederholten Nachrichten auf seinem Anrufbeantworter abgehört und fuhr los, um Mark im Hotel abzuholen.

Ich hatte unglaubliche Schuldgefühle. Dafür war ich mit meiner Arbeit fertig geworden – termingerecht.

Wenn Ihr Mann im Krankenhaus liegt, lassen Sie alles stehen und liegen und fahren Sie zu ihm. Auch wenn er sagt, es sei nicht nötig. Er braucht Sie. Er will es nur nicht zeigen. Er will stark erscheinen. Ein harter Kerl sein.

Mark musste das Bein einen Monat lang hochlegen. Danach konnte er auf Krücken humpeln, sollte aber drei bis vier Monate lang das rechte Bein nicht belasten, da er sonst riskierte, dass sich die Schrauben im Bein verschoben.

Und so hatte ich einen Invaliden zu Hause. Eins muss ich an dieser Stelle klarstellen: Als wir heirateten, habe ich natürlich gelobt, auch in schlechten Zeiten für ihn da zu sein, sprich, wenn er krank war. Nur habe ich damals geglaubt, dass das Kranksein erst mit dem Alter und nach der Pensionierung kommt. Ich war nicht darauf eingestellt, meinen Mann mit Mitte dreißig pflegen zu müssen, zumal meine Arbeitswoche nach wie vor mehr als vierzig Stunden hatte.

Aber nun gut, ich tat es. Ich tat es sogar mit einem Lächeln und erzählte Freunden und Familie, wie prima alles lief. Ja, so bin ich.

Ich arbeitete, kochte, putzte, machte den Garten, fuhr Mark zum Orthopäden und zur Krankengymnastik und gab mein Bestes.

Aber er machte es mir nicht leicht. Kaum hatte ich mich in meine Schreiberei vertieft, rief er durchs ganze Haus: »Kannst du mir einen Kaffee bringen?« Also ging ich nach unten, setzte ihm seinen Kaffee auf, brachte ihn ihm, ging wieder nach oben, schrieb ein paar Zeilen weiter, nur um ihn gleich wieder rufen zu hören: »Bin fertig. Kannst du die Tasse gleich ins Spülbecken stellen?«

Eines Tages kam ich vom Einkaufen nach Hause und mein Blick fiel auf eine Kaffeetasse neben seinem angestammten Platz auf dem Sofa.

»Wie bist du denn an den Kaffee gekommen?«, fragte ich.

»Ich habe mir den Stuhl genommen und ihn auf einem Bein hüpfend vor mir her in die Küche geschoben, habe mir einen Kaffee gemacht, die Tasse auf den Stuhl gestellt und bin wieder zurückgehüpft.«

Er schien richtig stolz auf sich.

Doch anstatt ihn zu loben, wie er es zu erwarten schien, ließ ich ihn auflaufen. »Gut, dann kannst du dir deinen Kaffee von jetzt an ja selber holen, oder dein Bier, oder dein Essen, was du willst. Dann brauchst du mich nicht mehr ständig aus meiner Arbeit zu reißen.«

Zudem bestellte ich eine Putzfrau, wie ich es schon lange vorhatte, wovon Mark mich bislang aber erfolgreich abgehalten hatte. Er wolle niemanden Fremden im Haus haben, hatte er immer gesagt. In Wahrheit wollte er nur nicht, dass ihn seine Freunde noch mehr aufzogen, als sie das ohnehin schon taten. Doch nun waren mir meine Nerven wichtiger als sein Ansehen.

Gegen Ende des Sommers war Marks Bein wieder in Ordnung, und der Gips kam ab. Es war inzwischen ein Jahr her, seit wir über ein Baby gesprochen hatten. Ich hatte gerade einen Artikel über die weibliche Fruchtbarkeit geschrieben und ernüchternde Fakten recherchiert: Mit 33 lagen meine Chancen schwanger zu werden bei nur noch vierzig Prozent, sofern ich es schaffte, an meinen fruchtbaren Tagen Sex zu haben. Ab 35 schon nur noch bei dreißig Prozent. Auch meine Gynäkologin fing ständig damit an, dass ich bald zu alt wäre für eine Schwangerschaft.

Also begruben wir Vorhaben 1 (die zweiten Flitterwochen) und nahmen direkt Vorhaben 2 in Angriff (das Babykriegen). Ich kaufte ein Thermometer, um die Basaltemperatur zu messen, einen Ratgeber zum Thema, wie man die weibliche Fruchtbarkeit verlängert, und schlief alle zwei Tage mit meinem Mann. Ich trank keinen Kaffee und keinen Alkohol, aß weniger Tofu und pinkelte auf unzählige Schwangerschaftstest-Stäbchen.

Der erste Monat war vorbei. Dann der zweite. Dann der dritte. Sollte ich über Adoption nachdenken?

Anfang Dezember musste ich geschäftlich nach Phoenix. Und da meine Periode bald fällig war, packte ich auch Binden, Tampons und einen Schwangerschaftstest ein.

Der zweite Tag in Phoenix war der 27. Tag in meinem Zyklus. Eigentlich noch zu früh für einen Schwangerschaftstest, aber ich war ungeduldig. In Bruchteilen von Sekunden zeichnete sich eindeutig ein dunkles Plus-Zeichen ab.

Sofort rief ich Mark auf dem Handy an.

»Liebling, ich bin schwanger!«, sagte ich.

»Was? Woher weißt du das jetzt schon?«, fragte er.

»Urinprobe und Plus-Zeichen.«

»Kann das auch ein falsches Ergebnis sein?«

»Glaube nicht. Sobald ich zurück bin, mache ich einen Bluttest, aber ich habe nicht die geringsten Zweifel. Ich bin schwanger! Da ist ein Baby in meinem Bauch. Ich fühle es.«

»Oh, schön«, sagte er.

»Ich muss zurück in die Konferenz. Wollte nur, dass du es gleich weißt.«

»Ja, gut.«

Klingt diese Unterhaltung in Ihren Ohren nicht irgendwie verkehrt? Für mich schon. Ich hatte erwartet, dass Mark meine Schwangerschaft genauso aus dem Häuschen bringen würde wie die Nachricht, dass wir genug Geld auf dem Konto hätten, um ihm einen Snowboard-Trip nach Crested Butt zu finanzieren. Aber er klang eher resigniert. Bezwungen. Besiegt.

Oder bildete ich mir das nur ein? Vielleicht machten mich die Schwangerschaftshormone bloß schon überempfindlich.

Ich packte das Stäbchen in meinen Koffer. Wieder daheim zeigte ich es Mark stolz und glücklich.

»Du hast das Teststäbchen aufgehoben«, fragte er und hob die Brauen.

Er will das Baby. Er will das Baby. Er will das Baby.

Das ist bloß der typische Unterschied zwischen Männern und Frauen, beruhigte ich mich selbst. Nur weil er nicht jeden Millimeter des Teststäbchens inspiziert, heißt das ja nicht, dass er das Baby nicht will. Oder?

Eine Woche später war ich bei meinem Hausarzt, um den Bluttest machen zu lassen. Mark war nicht dabei. Ich weiß es nicht mehr genau, warum nicht. Eins aber weiß ich bis heute: Als die Arzthelferin sagte »Gratuliere! Sie sind schwanger!«, fehlte er mir wirklich. Wie gerne hätte ich seine Hand gehalten. Ich hätte mir gewünscht, dass er mich in den Arm nimmt und sagt: »He, das ist der Wahnsinn!«

Mark war mittlerweile mehr als ein Jahr arbeitslos. Da sollte man doch meinen, dass es langsam Zeit wurde, dass er wieder eine feste Arbeit fand.

Ich jedenfalls meinte das und bat ihn, sich nach einem Job umzusehen. Wo, war mir ganz egal. Meinetwegen auch als Koch in einer Frittenbude. Ich wollte nur, dass er mit Geld nach Hause kam, wenn das Baby da war. Ich wollte einen Mann, der arbeitete. Wie die Männer anderer Frauen auch.

Hin und wieder sah ich ihn die Stellenanzeigen durchgehen. Doch gegen Ende des ersten Drittels meiner Schwangerschaft hatte er sich noch nirgendwo beworben.

Eines Abends dann sagte er: »In der Innenstadt ist ein Geschäftsraum zu vermieten. Die perfekte Lage für einen Fahrradladen.«

Einen Fahrradladen zu eröffnen, hatte ich ihm weiß Gott wie lange vorgeschlagen. Er wäre der ideale Ladenbetreiber. Das war genau sein Ding. Ich habe es immer gewusst. Aber ausgerechnet jetzt? Wo ich schwanger war? Jetzt, wo ich hoffte, weniger arbeiten und mir mehr Auszeiten nehmen zu können?

Warum hatte er das nicht schon viel früher in Angriff genommen? Vor einem Jahr? Vor zwei Jahren? Warum ausgerechnet jetzt im so ziemlich ungünstigsten Moment?

»Warum hast du diese Idee nicht früher umgesetzt?«

»Weil es früher keinen Laden gab.«

»Es gab jede Menge.«

»Aber die waren alle nicht geeignet. Der hier ist perfekt. Er liegt an der Main Street und die Miete ist billig.«

»Und wenn das Baby kommt, hast du noch lange nichts verdient«, sagte ich.

»Ich weiß«, sagte er und legte die Hände in den Schoß.

»Wie teuer ist es, so einen Laden auf die Beine zu stellen, damit er etwas abwirft?«

»Das Umbauen kostet uns so gut wie nichts, aber für das Inventar brauchen wir rund 40 000 Dollar.«

Ich war eine Sparerin. Seit ich freiberuflich arbeitete, hatte ich mehr als zwanzig Prozent meines Einkommens gespart. Und auch gut investiert. Das Geld dafür hatten wir also. Das war nicht das Problem. Ich war nur nicht sicher, ob es reichen würde, um ihm den Laden zu finanzieren und mir mindestens sechs Wochen Mutterschaftsurlaub zu finanzieren.

»Ich will nicht zwischen dir und deinem Traum stehen. Aber der Zeitpunkt dafür ist echt schlecht. Wir müssen beide dafür einiges zurückstecken. Ist es dir wirklich ernst damit?«

»Ja.«

Und während ich nach Geburtsvorbereitungskursen suchte und Schwangerschaftsbücher las, hatte Mark Termine beim Finanzberater, Steuerberater und Anwalt. Die beiden Ersteren rieten uns, keine Aktien zu verkaufen oder Lebensversicherungen zu beleihen, sondern eine zweite Hypothek auf unser Haus aufzunehmen. Doch während ich die Papiere für die Hypothek unterschrieb, fühlte ich eine Mischung aus Vorfreude und Angst zugleich. Ich hoffte, dass wir das Richtige taten, kriegte aber den Gedanken nicht aus dem Kopf, dass wir gerade einen Riesenfehler begingen.

Mein Couch-Potato-Ehemann wandelte sich rasch zum Frühaufsteher, der noch vor Sonnenaufgang in seinem zukünftigen Laden stand. Dort werkelte er mit Freunden stundenlang, spachtelte, riss Wände ein, installierte Waschbecken, richtete eine Kaffeeecke ein und was weiß ich noch alles.

Häufig kam er erst nach Hause, wenn ich schon längst in den Federn lag. Am nächsten Morgen dann das gleiche Spiel.

Sein Baby war der Laden, mein Baby war unser Kind.

Während ich den Hausflur in unserer Wohnung strich, strich Mark die Wände in seinem Laden. Während ich Möbel rückte und ausmistete, damit aus einem der beiden Schlafzimmer ein Kinderzimmer wurde, kaufte er eine Espressomaschine für die Kaffeeecke und richtete eine Reparaturwerkstatt ein. Während ich fieberhaft nach einem Babynamen suchte, suchte er nach einem Namen für seinen Laden.

Wir waren zwei Menschen, die in zwei parallelen Welten lebten.

Auch anderweitig lebten wir uns auseinander. Ich hatte während der Schwangerschaft ständig Lust auf Sex, aber Mark ließ mich laufend abblitzen.

Liebte er mich nicht mehr? Liebte ich ihn noch? Interessierte ihn überhaupt noch irgendetwas außer seinen Rädern, seinem Laden und seinen Freunden?

Ich hatte von einem zwölfwöchigen Kurs gehört, in dem Männer lernen, wie sie ihre Frauen während einer natürlichen Geburt unterstützen können. Ich hoffte, dass dieser Kurs uns wieder näher zusammenbringen würde, und hoffte, dass Mark dabei mehr Interesse an dem Baby entwickeln würde, das in meinem Bauch heranwuchs.

»Zwölf Vormittage? Braucht es so lange, um zu lernen, wie man ein Baby kriegt?«, fragte er.

»Eine Freundin von mir schwärmt davon. Ich denke, es ist recht hilfreich.«

»Ich hab echt viel zu tun, um den Laden fertig zu bekommen. Zwölf Samstagvormittage sind eine ganze Menge.«

»Ich möchte diesen Kurs aber wirklich gerne machen.«

»Ooo-kay«, sagte er mit einem Seufzer.

Mein Mann begleitete mich zum ersten Termin. In der folgenden Woche sagte er ab. Zu beschäftigt, meinte er. Und so ging es weiter, mal kam er mit, mal nicht. In der vorletzten Stunde simulierten wir die Geburt. Mark rieb meinen Rücken, während ich einen Eiswürfel in der Hand hielt und die ganze Zeit merkte, dass Mark eigentlich gar keine Lust auf das alles hatte. Ich stellte mir vor, wie die Wehen einsetzten und ich ihn anrief, um ihm zu sagen, dass nun unser Kind käme. Was würde er machen? Würde er einen Freund bitten, mich in die Klinik zu fahren? Würde er sich überhaupt die Zeit nehmen, bei der Geburt seines eigenen Kindes dabei zu sein?

Ich bekam eine E-Mail von meinem Bruder. Er wollte wissen, ob ich jemanden kannte, der seine reinrassige Weimaraner-Hündin wollte, die ihm zu viel bellte.

»Wenn es weiter nichts ist, ich nehme sie gerne«, schrieb ich zurück. Rhodes würde sich bestimmt über eine Spielgefährtin freuen, während ich mit dem Baby beschäftigt sein würde.

»Du nimmst sie also?«, fragte er.

»Ich muss noch mit Mark darüber sprechen. Melde mich dann wieder.«

Am Abend erzählte ich Mark davon. »Sie braucht wahrscheinlich nur ein entsprechendes Training. Weißt du noch, wie ungezogen Rhodes am Anfang war? Ich kriege diese Hündin bestimmt auch gebändigt. Was meinst du?«

»Wenn du sie willst«, meinte Mark nur.

Doch wie ich bald feststellen musste, war mit Jasmine, so hieß unser Hunde-Neuzuwachs, alle Aussicht auf eine geruhsame Zeit dahin. Sie bellte unaufhörlich, tyrannisierte Rhodes in einer Tour, biss ihm grundlos in den Hintern, schnappte ihm das Essen vor der Nase weg, machte sich in seiner Kiste breit, scheuchte ihn von Stühlen, Betten und sonnigen Flecken und klaute ihm seine Beißknochen. Mit angelegten Ohren, eingekniffenem Schwanz und hängendem Kopf schlich der arme Rhodes durchs Haus.

Auch unsere Besucher terrorisierte Jasmine. Sie lag seelenruhig auf dem Boden. Aber wehe, wenn irgendwer den Fehler beging, ihr zu nahe zu kommen oder zu laut zu sein. Dann sprang sie urplötzlich auf und biss von hinten zu. Kein Tag verging, an dem ich nicht hinter ihr her sein und sie bändigen musste. Jedes Mal, wenn ich rief »Aus! Jasmine! Aus!«, spürte ich, wie sich das Baby in meinem Bauch bewegte, und machte mir Sorgen um das unruhige kleine Wesen, das ich bald auf die Welt bringen würde.

> Ein Stressfaktor ist genug. Entweder schwanger oder junger Hund oder neuer Laden. Alles auf einmal und gleichzeitig geht nicht. Garantiert nicht. Laden Sie sich nicht zu viel auf!

Im Mai kam Marks großer Tag: Er eröffnete seinen Laden. Die Öffnungszeiten waren montags bis freitags von sieben Uhr morgens bis sieben Uhr abends, samstags von acht bis vier und sonntags von neun bis zwei.

Morgens musste er allerdings schon vor sieben im Laden sein, um die Kaffeemaschine vorzuwärmen, und auch abends blieb er länger, um nach Ladenschluss zu saugen, den Müll zu entsorgen und die Buchhaltung zu machen.

Mit meiner Schwangerschaft war es noch nicht ganz so weit, aber das war ohnehin alles meine Sache.

Von Freunden bekam ich ausrangierte Babysachen – Kinderbett, Babykleidung, Babywippe. Ich kaufte Windeln, Babybettwäsche und Babycremes. Mit der Hilfe meiner Eltern nahm das Kinderzimmer langsam Gestalt an.

Ich las Babynamenbücher, machte eine Liste mit Babynamen und fragte ein paar Freunde, wie ihnen dieser oder jener Name gefiel. Auch Mark fragte ich. Aber alles, was er dazu sagte, war: »Der Name hat doch noch Zeit.«

Waren andere Väter genauso uninteressiert, was die Wahl des Namens anging? War ihm sein Laden wichtiger als ich?

Bedeutete ihm das Baby überhaupt nichts? Wollte er das Baby überhaupt? Ging meine Ehe in die Brüche?

Ich versuchte, diese Fragen zu verdrängen und mir einzureden, alles sei in bester Ordnung, doch die Zweifel und die Angst blieben. Bis zum 5. August standen zwei Dinge fest: 1. Ich würde das Kind per Kaiserschnitt zur Welt bringen, weil es sich in der Steißlage befand und sich durch nichts und niemanden dazu bewegen ließ, sich in meinem Bauch zu drehen. 2. Es würde ohne Namen geboren werden. Meine Eltern kamen, um bei der Geburt dabei zu sein. Nach dem Abendessen fragte Mark, ob es mir etwas ausmachen würde, wenn er sich anschließend mit ein paar Freunden in einer Kneipe träfe.

»Du willst dieses Baby gar nicht, oder?«

»Seit wann heißt *Freunde in der Kneipe treffen* ›Ich will dieses Baby nicht‹?«

»Das Kinderbett wartet immer noch darauf, aufgebaut zu werden. Genau wie der Stubenwagen. Und einen Namen für das Kind haben wir auch immer noch nicht. Ich habe schreckliche Angst vor dem Eingriff morgen. Und anstatt dass du zu Hause bleibst und mir hilfst, alles für das Baby vorzubereiten, hast du nichts Besseres zu tun, als dich mit Freunden zu treffen«, schluchzte ich.

»Aber du wirst doch nach der Entbindung sowieso ein paar Tage in der Klinik bleiben. Und bis du wieder nach Hause kommst, ist alles fertig. Außerdem brauchen wir das Kinderbett in der ersten Zeit sowieso nicht«, entgegnete Mark.

Ich versuchte, mich zusammenzunehmen und halbwegs erklärende Worte zu finden. »Ich wäre beruhigter, wenn alles fertig ist, bevor ich in die Klinik gehe. Kannst du mir oder uns diesen Gefallen nicht tun? Musst du dich denn unbedingt mit deinen Freunden treffen?«

»Das wird vielleicht für eine ganze Weile mein letzter freier Abend sein«, sagte er.

»Vergiss' es einfach«, sagte ich und spürte, wie die Wut in mir kochte.

»Wenn es dir so wichtig ist, dann bleibe ich eben hier«, sagte er langsam und vorsichtig, als würde ich beim nächsten falschen Wort ausrasten. »Ich meine nur, es ist noch genug Zeit. Aber wenn du darauf bestehst, dass alles jetzt sofort fertig werden soll, dann mache ich das. Okay?«

Den Stubenwagen hatte Mark in null Komma nichts zusammengebaut, für das Kinderbett brauchte er etwas länger. Es gab nämlich keine Aufbauanleitung mehr dazu, da wir es ja gebraucht bekommen hatten. Mein Vater half ihm dabei, während er immer wieder vor sich hin brummte: »Muss ja nicht heute Abend stehen. Hat noch genug Zeit.«

Gegen zehn war es geschafft. Danach ging mein Mann in die Kneipe, um seine Freunde zu treffen.

Gegen fünf am folgenden Morgen fuhr Mark mich in die Klinik. Kurz vor acht war es dann so weit, zwei Krankenschwestern schoben mich in den OP. Und um 8.11 Uhr holte der Chirurg das Baby aus meinem Bauch. Er hielt es so, dass ich es sehen konnte.

»Das ist Ihre Tochter«, sagte er.

»Ein Mädchen?« Ich war überglücklich.

»Ich liebe sie«, sagte ich und weinte dicke Freudentränen.

»Wie soll sie denn heißen?«, fragte eine Schwester.

»Ich weiß es noch nicht.«

Erst später, kurz bevor Mark seine Eltern anrief, um ihnen die Nachricht zu verkünden, einigten wir uns auf Kaarina Izabel.

Um der Gefahr einer Thrombose vorzubeugen, blieb ich während der ersten Nacht an einer Blutdruckmanschette angeschlossen und hatte an den Beinen Katheter und Druckschläuche. Ohne die Hilfe einer Krankenschwester kam ich nicht aus dem Bett. Mark ging gegen neun Uhr abends. Er wollte noch auf ein Outdoor-Festival. Meine Mutter schlief auf dem Beistellbett neben mir und stand nachts auf, um mir das Baby zum Stillen zu bringen.

Wieso Mark nicht geblieben sei, wollte sie wissen. *»Er müsste eigentlich hier bei dir sein. Was ist los mit ihm?«* Erfüllt vom ersten Mutterglück meinte ich nur, sie verstehe das nicht.

Ich blieb für zweieinhalb Tage in der Klinik. Es ging mir blendend dort. Ich hatte eine wunderschöne, gesunde Tochter geboren, ein Zimmer für mich allein und so viel Hilfe und Fürsorge, wie man es sich als frischgebackene Mama nur wünschen kann. Wenn mir der Bauch wehtat, musste ich nur einen Knopf drücken, und sogleich kam jemand, um nach mir zu sehen. Wenn ich duschen wollte, brauchte ich das Babybettchen nur in das Kinderzimmer zu rollen und hatte endlos Zeit für mich, während die Schwestern auf meine Kleine aufpassten.

Die Hebamme war einverstanden, mich einen Tag früher

als vorgesehen aus dem Krankenhaus zu entlassen, damit ich meinen Geburtstag zu Hause feiern konnte. Und so rief ich gleich früh am Morgen Mark an und bat ihn, mich abzuholen.

»Ich kann hier unmöglich weg. Die Kunden stehen Schlange. Geht es um drei?«

»Kannst du nicht früher?«

»Nein, beim besten Willen nicht.«

Und so verbrachte ich meinen Geburtstag zum größten Teil allein, bis Mark und meine Eltern schließlich kurz nach drei erschienen, um uns abzuholen.

Kaum zu Hause angekommen, gingen Mark, sein Freund Ken und mein Vater gleich wieder los – auf eine »Kundenparty« in Marks Laden. Ich hatte nichts dagegen, ermunterte die drei sogar und rief ihnen noch nach: »In einer Stunde gibt's Kuchen. Seid dann bitte wieder da.« Ich blieb mit Kens Frau Gail und meiner Mutter zurück.

Kurz darauf schoss meine Milch ein. Aus heiterem Himmel.

Meine Brüste, normalerweise Körbchengröße B, schwollen auf Doppel-D an. Pamela Andersons künstlicher Atombusen war nichts dagegen. Sie waren riesig, schwer, hart wie Blei und taten höllisch weh.

Zum Glück hatte Kaarina gerade Hunger, sodass ich sie gleich anlegen konnte. Ich zwängte ihr die Brustwarze in den Mund, wobei mich ein brennender Schmerz durchfuhr, als hätte ich gerade einen Stromschlag bekommen. Trotz der Schmerzen versuchte ich mich zu entspannen, so wie ich es im Vorbereitungskurs gelernt hatte, was sich jedoch alles andere als einfach gestaltete. Kaarina spuckte meine Brustwarze immer wieder aus und schrie, saugte nur kurz und spuckte sie wieder aus, während ich schier verging vor Schmerz. Irgendwann kamen Ken und mein Vater nach Hause. »Wo ist Mark?«, stieß ich schmerzgequält hervor. »Noch auf der Party«, kam die Antwort.

»Was? Das darf nicht wahr sein.«

Ken und Gail wollten bleiben, bis Mark nach Hause kam, damit wir alle zusammen noch ein bisschen feiern und den Kuchen essen konnten. Meine Mutter wärmte Waschlappen an und legte sie mir auf die Brüste. Kaarina wimmerte und schrie in einem fort.

Mühsam erhob ich mich vom Stuhl, ging aus dem Zimmer und rief Mark an. »Beweg deinen Arsch nach Hause«, knirschte ich derart giftig in die Leitung, dass ich vor mir selbst erschrak.

Er kam.

Nach dem Kaffeetrinken waren Ken und Gail gegangen. Schwerfällig bewegte ich mich die Treppe ins obere Stockwerk hinauf. Im Schlafzimmer fiel mein Blick auf Plastikschnipsel und Plastikschnüre, die quer über den Teppich verstreut lagen. Jasmine, ganz klar. Rhodes machte so etwas nicht. Nicht mehr. Es dauerte ein bisschen, bis ich kapierte, was Jasmine da in Kleinteile gekaut hatte, und ich hätte heulen können: Ein Video über Säuglingspflege, das ich mir noch nicht angeschaut hatte, samt einem Paar handgestrickter Babyschühchen, die meine Mom mir aus Italien mitgebracht hatte.

Das Stillen bereitete mir nach wie vor Probleme. Meine

Brüste waren übervoll mit Milch. Und so saß ich im Schaukelstuhl in unserem Schlafzimmer, während mein Mann die eine Brust mit einer Milchpumpe traktierte, und meine Mutter die andere mit einem warmen Waschlappen belegte, damit die Milch abfloss. Kaarina schrie vor Hunger.

Normalerweise gebe ich nicht so schnell auf. Aber das hier war zu viel für mich.

»Was soll ich machen?«, fragte Mark. »Sag es mir. Was kann ich für dich tun?«

»Geh irgendetwas aus der Apotheke holen«, weinte ich vor Schmerz. »Ersatzmilch oder etwas. Ich halt es nicht mehr aus.«

Mark machte sich auf den Weg und fand um zwei Uhr nachts eine offene Apotheke. Er kaufte Ersatzmilch, Fläschchen und Sauger, kam wieder, kochte alles aus und machte Kaarina ein Fläschchen. Sie trank es bis zum letzten Tropfen und schlief mit dem Sauger im Mund ein.

Na, bitte. Was war er doch für ein toller Vater! Er liebte mich. Und er liebte unsere Tochter.

Am folgenden Morgen ging Mark um Viertel vor sieben aus dem Haus zur Arbeit. Ich stillte Kaarina und meine Mutter legte mir immer wieder warme Kompressen auf die Brust, um meine wunden Brustwarzen zu beruhigen. Bis Mark wieder nach Hause kam, war es bereits nach acht am Abend. Meine Mutter schob ein Hähnchen in den Ofen. Wir aßen zusammen und schwiegen uns an.

Haben Sie vor, Ihr Baby zu stillen? Mein Rat: Machen Sie vor der Geburt einen Stillkurs und informieren Sie sich. Stillen ist eine Wissenschaft für sich! Die meisten stillenden Mütter brauchen professionelle Unterstützung.

Mehrmals in der Nacht musste ich raus, stillte gut eine halbe Stunde, wechselte die Windel und wiegte mein Baby wieder in Schlaf. Und zwei Stunden später das gleiche Spiel. Die ersten Nächte waren die schlimmsten. Ich hörte Kaarina weinen, versuchte mich umzudrehen, stöhnte vor Schmerzen und kroch auf allen vieren aus dem Bett.

Meine Mutter hatte geplant, zwei Wochen zu bleiben. Mit jedem Tag, den sie da war, wuchs die Spannung zwischen ihr und Mark. Er ging nach wie vor morgens um Viertel vor sieben zur Arbeit und kam abends um kurz nach acht nach Hause. Ansonsten war er stundenlang auf seinem Fahrrad oder mit Freunden unterwegs. Meine Mutter erledigte die Einkäufe, kochte das Essen und ließ hin und wieder eine spitze Bemerkung los nach dem Motto – »Wäre schon ganz nett, wenn der Vater sein Baby ab und zu mal halten würde.«

Etwa eine Woche nach der Geburt, sie saß neben mir im Auto, sagte meine Mutter plötzlich: »Mist.«

»Was ist los?«

»Komisch«, sagte sie.

»Was meinst du?«

»Wo waren wir denn gerade?«

»Was?«

»Was haben wir denn gerade gemacht?«

»Wir waren beim Kinderarzt, dann einen Kaffee trinken und jetzt fahren wir heim. Sag bloß, du kannst dich nicht erinnern?«

»Nein«, sagte sie.

Zu Hause angekommen, rief ich meinen Vater an, um ihn nach der Nummer ihres behandelnden Arztes zu fragen. Es sei wahrscheinlich nichts Ernstes, meinte der, aber wir sollten zur Sicherheit ein EEG machen lassen.

»Du gehst nirgendwohin«, sagte Mark zu mir. »In Krankenhäusern wimmelt es von Bakterien. Das ist nichts für das Baby.«

»Aber wie soll meine Mutter denn hinkommen?«, fragte ich.

»Ich fahre sie«, sagte er.

Mit einem Kloß im Hals drückte ich meine Mutter und sah den beiden nach, als sie zum Auto gingen. Ich rief meinen Vater an und bat ihn, so schnell wie möglich ins Krankenhaus zu meiner Mutter zu kommen. Mark wollte bei ihr bleiben, bis mein Vater da wäre.

Schließlich kam Mark nach Hause und erzählte, wie es im Krankenhaus gelaufen sei. »Der Arzt kam ins Zimmer und gab deiner Mutter ein Glas Wasser. Dann ging er wieder hinaus, kam fünf Minuten später wieder und fragte sie, ob sie wisse, wer ihr das Wasser gegeben habe. Sie wusste es nicht.«

»Oje«, sagte ich.

Nach einer Reihe von Untersuchungen stand die Diagnose fest: Transiente Globale Amnesie, eine vorübergehende Gedächtnisstörung also. Woher das kam, war nicht klar. Meine Mutter hatte keinen Schlaganfall gehabt, keine Hirnblutung, keinen Hirninfarkt. Man ging davon aus, dass ihr Gedächtnis binnen zwanzig Stunden seit Beginn des Ausfalls zurückkehren würde und sie sich dann auch wieder an so gut wie alles erinnern könnte. Um neun Uhr abends war sie wieder ganz die Alte. Sie rief an und fragte, ob sie mir denn in dieser ersten Woche überhaupt eine Hilfe gewesen wäre und fing an zu weinen. Eine Riesenhilfe, sagte ich ihr, ohne die ich es nie und nimmer geschafft hätte. Und dann musste auch ich weinen.

Am folgenden Tag wurde meine Mutter aus dem Krankenhaus entlassen, und mein Vater nahm sie mit nach Hause. Auf der einen Seite war ich erleichtert darüber. Warum? Weil meine Mutter ihre Meinung über Mark nicht für sich behalten konnte, und ich vor lauter Übermüdung nicht imstande war, meine Eheprobleme mit ihr zu diskutieren, ohne gleich schnippisch zu werden. Auf der anderen Seite war ich natürlich auch traurig.

Dann bekam Kaarina Koliken. Das Schreien begann meist um die Abendessenszeit. Wenn Mark zu Hause war, nahmen wir sie abwechselnd auf den Arm, gingen mit ihr herum und wiegten sie bis etwa zehn oder elf, bis Mark ins Bett ging. Danach kümmerte ich mich allein um sie, meist bis Mitternacht oder auch länger, bis ich sie endlich beruhigt hatte und sie eingeschlafen war. Wenn Mark nicht zu Hause war, musste ich sie allein ununterbrochen auf dem Arm halten.

Während der schlimmsten Wochen begann sie bereits um die Mittagszeit zu schreien. Ob sie nun schrie, weil sie Koliken oder weil sie Hunger hatte, wusste ich nicht, und so gab ich ihr stundenlang die Brust. Einmal war sie fast eingeschlafen, doch just in dem Moment bellten die Hunde los und schreckten sie wieder auf. Ich war völlig am Ende.

Mark kam abends gegen acht nach Hause. Ich saß oben im Kinderzimmer und hörte ihn die Treppe heraufkommen. Die Hunde liefen ihm japsend und schwanzwedelnd entgegen. Mark drückte die Tür einen Spalt breit auf und fragte: »Hast du das Abendessen fertig? Und warum sind die Hunde hier im Flur?«

»Weil ich seit acht Stunden hier in diesem Stuhl sitze und stille«, zischte ich. »Ich bin noch nicht einmal ins Bad gekommen.«

»Dann bestelle ich uns etwas und fahre es holen«, sagte Mark mit einer sanften Stimme. Ich brach in Tränen aus, einfach so. Und mit einem Lächeln um den Mund fragte er: »Brauchst du etwas? Kann ich irgendetwas für dich tun?«

»Ich kann nicht mehr«, schluchzte ich. »Ich halte das nicht mehr aus. Ich bin eine schreckliche Mutter.«

Er kam auf mich zu, kniete sich vor mich hin und legte mir die Hand auf die Schulter.

»Das ist nicht wahr. Du bist eine fantastische Mutter. Du hattest einfach nur einen schlechten Tag.«

Er hielt mich an sich gedrückt, bis ich mich beruhigt hatte. Dann ging er etwas zu essen holen.

Überlassen Sie Ihr Baby ruhig auch mal Ihrem Mann. Lassen Sie ihn das Fläschchen geben. Es macht gar nichts, wenn er es nicht richtig hält oder er die Windel falsch herum zumacht. Auch die beste Mutter klappt einmal zusammen. Lassen Sie es erst gar nicht so weit kommen!

Tagsüber klingelte das Telefon in einem fort. Irgendwann zog ich alle Stecker und hörte auch keine Nachrichten mehr ab. Wenn sich Freunde zu Besuch anmeldeten, wimmelte ich sie ab, sagte, ich sei zu müde. Es war mir einfach zu viel. Ich brauchte meine Zeit zum Stillen, Windeln zu wechseln und Spucke wegzuwischen.

Und dann rastete ich eines Nachmittags richtig aus. Ich fuhr aus dem Schlaf, weil Jasmine mal wieder wie verrückt bellte. Ich stürzte aus dem Bett, sah einen Beißknochen auf dem Boden, hob ihn auf, und schmiss ihn nach ihr. Ich traf ihren Kopf, und sie kippte um.

In der darauffolgenden Nacht weckte mich Kaarinas Geschrei auf. Ich fühlte mich, als wäre ich gerade erst eingeschlafen.

»Was willst du denn jetzt schon wieder?«, presste ich hervor, während ich sie aus ihrem Bettchen hob. Ich fühlte einen unbändigen Drang, sie zu schütteln, sie herumzuschleudern, sie gar zu ersticken. Dann würde mein Mann vielleicht endlich begreifen, dass er mir mehr hätte helfen müssen, dass er mich mehr hätte schätzen sollen. Ich packte ihren kleinen Körper mit festem Griff. Drückte sie. Meine Augen standen voll Tränen. Ich setzte mich in den Schaukelstuhl und legte Kaarina an meine Brust. Tränen rollten mir über die Wangen und tropften auf ihren Kopf. Ich schniefte. Sie nuckelte. Ich erschrak vor mir selbst. Vor meiner Wut. Vor der Person, zu der ich langsam wurde und die mir zuwider war. Ich kannte mich selbst nicht mehr, war mir völlig fremd.

Am folgenden Tag erschien mir die Nacht wie ein böser Traum. Ich erinnerte mich zwar noch haarklein an alles, was ich getan hatte, doch das war nicht Ich gewesen. Ich, ich war eine ruhige Person. Glücklich. Nett und freundlich. Wohlwollend. Intelligent.

Mein Baby geschüttelt? Ich? Nein, niemals.

Doch mir war klar, dass ich das Mark erzählen musste. Mit zitternder Stimme erklärte ich ihm, dass ich kurz davor gewesen war, dem Baby etwas anzutun. Dass ich Kaarina am liebsten geschüttelt hätte und das möglicherweise sogar getan hatte, ein bisschen vielleicht, bevor ich dann zur Besinnung kam.

Ich solle ihn aufwecken, wann immer ich ihn brauchte, sagte er.

Das versuchte ich danach auch ein paar Mal. Eines Nachts beispielsweise spuckte Kaarina die Milch, die sie mir gerade abgezapft hatte, in hohem Bogen über den Afghan-Teppich und den Schaukelstuhl. Ich konnte sie unmöglich gleichzeitig halten und die ganze Sauerei wegwischen. Mir war kalt, ich war klatschnass und stank nach saurer Muttermilch. Ich versuchte, Mark zu wecken, sagte ihm, ich bräuchte ihn dringend.

»In einer Minute«, brummte er und schlief weiter. Ich zog mich um, stopfte alles in die Waschmaschine und wischte den Schaukelstuhl ab, während ich die ganze Zeit Kaarina auf dem Arm hielt.

Solche oder ähnliche Nächte gab es leider noch öfter. Im Nachhinein betrachtet, hätte ich es auch anders machen können. Ich hätte öfter um Hilfe bitten können, lauter und nachdrücklicher. Das habe ich aber nicht getan. War ich zu müde dazu? Vielleicht. Oder habe ich mich nicht getraut?

Vielleicht. Oder wollte ich die perfekte Mutter sein, die alles alleine schafft? Wahrscheinlich. Oder übte ich bereits für die Scheidung und meine Rolle als alleinerziehende Mutter? Gut möglich.

»Ich brauche deine Hilfe« – diese Worte deutlich zu formulieren, zeugt nicht von Schwäche. Es zeugt vielmehr von Mut und großer Stärke.

Eines Morgens legte ich Kaarina auf eine Decke auf den Boden. Jasmine kauerte sich daneben und schlief. Da ich dem Hund nicht traute, legte ich mich zwischen Hund und Baby.

Plötzlich spürte ich etwas Hartes gegen meine Wange schlagen. Ich schlug die Augen auf. Jasmine war aufgestanden. Meine Wange pochte. Ich starrte sie an.

»Das darf nicht wahr sein? Hast du mich gebissen?«

Ich nahm Kaarina hoch und ging ins Bad. Im Spiegel sah ich die Zahnspuren quer über meinem Jochbein. Die Haut war nicht aufgerissen, aber blutig gequetscht.

Ich sperrte Jasmine in ihren Verschlag und rief Mark an.

»Jasmine hat mich gebissen«, sagte ich völlig fertig. »Es ist nur eine Frage der Zeit, bis sie das Baby beißt. Ich weiß nicht, was ich machen soll.«

»Ich rufe Jim an«, sagte er.

Jim war ein Überlebenskünstler, besaß eine riesige Waffensammlung und drei leicht beißwütige Hunde. Wenig später kam er in seinem Kleintransporter vorbei, lud Jasmine in einen Käfig und fuhr davon. Ich habe sie kein Stück vermisst.

Jeder sollte einen Jim kennen!

Nur fünf Wochen nach der Geburt ging uns langsam das Geld aus. Ich hatte keine andere Wahl, als wieder zu arbeiten. Gleich zu Beginn der Schwangerschaft hatte ich uns bei einer der besten Kindertagesstätten im Ort auf die Warteliste setzen lassen. Doch wie sich herausstellte, war diese für mindestens weitere drei Monate noch ausgebucht. Ohne Eltern oder Verwandte in der Nähe und mit einem Mann, der sieben Tage die Woche von morgens bis abends arbeitete, versuchte ich mich um das Baby herum zu organisieren. Ich arbeitete, während sie schlief, was selten genug war, und wenn, dann meist nicht länger als eine halbe Stunde. Oder ich nutzte die Zeit, wenn sie friedlich in ihrer Wippe oder im Laufstall lag. Und ich arbeitete, während sie an meiner Brust hing oder ich sie auf dem Arm hatte.

Ich arbeitete und hatte Schuldgefühle. Mein Gewissen plagte mich, weil ich meine ganze Aufmerksamkeit auf Kaarina konzentrieren wollte, nicht auf die Computertastatur, weil ich fand, dass sie eine Mutter verdient hatte, die voll und ganz für sie da war und keine, von der sie ewig nur »Psst« zu hören kriegte. Meine geistige Energie war gleich null.

Ich hatte einmal gelesen, dass neugeborene Mädchen besonders gut darin sind, Gesichtszüge zu lesen, auf Lächeln reagieren und Blickkontakt suchen. Aber ich war nur noch ein Schatten meiner selbst. Mein Gesicht war ausdruckslos und spiegelte nur die leeren Gedanken in meinem Kopf. Ich hatte Angst, dieser leere Ausdruck könnte unserem Kind vermitteln, es würde nicht geliebt.

Als Kaarina achtzehn Wochen alt war, standen wir noch immer auf der Warteliste der Kindertagesstätte und es hieß, es könne noch gut ein halbes Jahr dauern, bis wir einen Platz bekämen. Ich schnappte mir die Gelben Seiten und telefonierte sämtliche Kitas der Stadt durch. Die meisten hatten lange Wartelisten. Schließlich stieß ich auf eine, die mir zumindest für zwei Mal die Woche einen Platz anbieten konnte. An einem Morgen Anfang Dezember gab ich Kaarina dort zum ersten Mal ab.

Ich ging zum Auto zurück und erwartete eigentlich erneute Schuldgefühle. Doch sie blieben aus. Im Gegenteil: Ich war erleichtert.

Drei Tage später hatte Kaarina ihre erste Erkältung, und ihre Nase lief und lief. Das ging bis Ende des Jahres so. Dauernder Schnupfen und Fieber störten immer wieder ihren Schlaf. Bis Januar wurde sie zwei Mal in der Nacht wach, später drei Mal und schließlich wachte sie wie früher alle zwei Stunden auf. Der Winter war fast vorbei, als ich eines Tages frühmorgens im Dunkeln im Auto in unserer Einfahrt saß, die Kleine im Babysitz neben mir. Wir waren beide in aller Herrgottsfrühe aufgewacht, und ich hatte beschlossen, sie in die Tagesstätte zu bringen, obwohl es erst halb sieben war. Ich saß lange völlig reglos da. Ich konnte nicht losfahren, weil ich einfach nicht mehr wusste, wie man die Scheinwerfer anstellte.

Irgendetwas stimmte nicht mit mir, mein Kopf spielte verrückt. Jeden Monat kamen unter irgendwelchen Papieren überfällige Rechnungen zum Vorschein, von denen ich hätte schwören können, sie schon bezahlt zu haben. Oder ich verabredete mich zum Mittagessen mit Freunden, was ich dann prompt wieder vergaß. Oder ich kam von der Apotheke nach Hause und wusste im nächsten Moment nicht mehr, wo ich Kaarinas eben gekaufte Augentropfen hingelegt hatte. Oder ich verlor mitten im Satz plötzlich den Faden.

Hin und wieder stellte ich mir vor, wie es wäre, mit dem Auto gegen einen Baum oder Telefonmast zu fahren. Einfach aufs Gas zu drücken und draufzuzuhalten: Ja, das wär's. Doch irgendwie hatte ich nicht den Mumm dazu.

Bis Kaarina acht Monate war, hatte ich alle Ratgeber zum Thema *Durchschlafen* gelesen. Nichts hatte geholfen. Freunde und sogar mein Kinderarzt hatten mir empfohlen, sie »einfach schreien zu lassen«, doch das brachte ich nicht fertig. Ich war verzweifelt. Ich hätte alles gegeben – Haus, Möbel, Ersparnisse, Schmuck und meinen Mann, um nur eine Nacht ungestört schlafen zu können.

Ich musste es probieren. Ich setzte mich auf den Boden vor die Tür von Kaarinas Kinderzimmer, während ihr leises Wimmern lauter und lauter wurde, bis sie ohne Pause kreischte und schrie – »Maaama!«. Sie stand in ihrem Bettchen und rüttelte an den Gitterstäben. Sie schrie so heftig, dass sie Spucke und Rotz schluckte und sich anhörte, als würde sie jeden Moment daran ersticken.

Nein. Nein. Nein. Lass sie schreien!

Mark machte zuerst die Kinderzimmertür zu, dann die Schlafzimmertür. Ich machte die Kinderzimmertür wieder auf, und es dauerte nicht lange, da ging die Schlafzimmertür wieder auf. Warum ich die Kinderzimmertür wieder aufgemacht hätte, wollte er wissen.

»Ich muss sie doch hören«, sagte ich. »Ich kann sie doch nicht ignorieren.«

»Ich kann aber nicht schlafen bei dem Geschrei«, sagte er.

»Mark, ich habe seit acht Monaten nicht geschlafen. Das geht jetzt noch drei Nächte so. Nur noch drei Nächte deines Lebens. Also, lass gefälligst die Tür auf.«

»Wieso?«, sagte er. »Ich will einfach nur schlafen. Schlafen ist das Normalste von der Welt. Jeder will nachts seine Ruhe.«

»Gut«, sagte ich völlig erschöpft und unfähig, in Worte zu fassen, was ich empfand. »Dann geh ins Bett und mach die Tür zu.«

Ich blieb im Flur sitzen, allein, zweieinhalb Stunden lang, bis Kaarina schließlich aufgehört hatte zu schreien.

Das Durchschlafen klappte langsam besser. Kaarina wachte jetzt nur noch einmal nachts auf. Dafür machte mir ihre Gesundheit Sorgen. Sie fing sich so ziemlich jeden Bazillus ein, der in der Kindertagesstätte gerade herumging, sodass ich sie alle zwei Wochen krank daheim hatte. Ich war der festen Überzeugung, dass die Betreuerinnen die Beißringe nicht richtig reinigten und auch ihre Hände nicht gründlich genug wuschen.

Ich sah mich nach einer neuen Tagesstätte um und schaute eine an, die mein Kinderarzt mir empfohlen hatte. Die Zimmer dort waren mehr als doppelt so groß. Es war ruhig. Und kein Kind schrie. Vielmehr lauschten sie Mozart-Klängen.

»Am liebsten würde ich meine Kleine sofort bringen«, sagte ich zur Leiterin.

Sie hätte im August einen freien Platz, sagte sie. Bis dahin waren es noch drei Monate.

Kurz darauf bekam Kaarina sehr hohes Fieber, das eine ganze Woche anhielt. Und kaum war das Fieber gesunken, bekam sie heftigen Durchfall. Meine Mutter schlug vor, Kaarina ganz aus der Tagesstätte zu nehmen, damit sie sich in einer bazillenfreien Umgebung erholen konnte.

»Aber ich muss arbeiten«, sagte ich, mit den Nerven am Ende.

»Dann zieht doch eine Weile zu uns. Wir kümmern uns um die Kleine, und du kannst arbeiten. Sie muss schließlich wieder gesund werden.«

»Das würdet ihr tun?«

»Klar«, sagte meine Mutter. »Liebend gerne.«

Ich fühlte mich unendlich erleichtert.

Von da an machte ich mich montags auf den Weg, fuhr die eineinhalb Stunden nach Delaware, blieb bis Freitag oder Samstag bei meinen Eltern und fuhr dann wieder nach Hause, damit auch Mark etwas von seiner Tochter hatte. Bei meinen Eltern fühlte ich mich entspannt und auch nicht mehr einsam. Ich fühlte mich glücklich und umsorgt. Mark fehlte mir kein bisschen.

Ich erwog, dauerhaft in Delaware zu bleiben.

Doch zwei Monate später zog ich erst einmal wieder zurück nach Emmaus. Meine Eltern wollten wieder mehr Zeit für sich. Mein Vater vermisste seine Radtouren und meine Mutter ihre Malerei. Die neue Tagesstätte hatte früher einen Platz für Kaarina als erwartet.

Ich könnte zahllose weitere Beispiele anführen, um ein eindrückliches Bild von dem völlig nachlässigen Ehemann und Vater zu zeichnen, der in meinem Alltag eigentlich überhaupt nicht vorkam. Aber ich bin ziemlich sicher, das ist auch so klar geworden. Ich hatte das Gefühl, ich müsste Mark jedes Mal erst einen Knüppel über den Kopf ziehen, damit er sich bewegte.

Was mich zusätzlich stresste, war, dass Mark Kaarina das Laufen beibringen wollte, kaum dass sie auf der Welt war. Diesen Plan verfolgte er eisern. Das mag Sie jetzt überraschen, wo Mark sich doch lieber auf sein Fahrrad setzt, mit Kumpeln einen heben geht oder bis in die Puppen in seinem Laden hängt. Mich überraschte das nicht. Ich kenne meinen Mann und weiß, dass er der wohl größte Wettkämpfer der Welt ist. Und wenn der größte Wettkämpfer der Welt einen Neffen hat, der mit sieben Monaten bereits laufen konnte, dann setzt dieser Wettkämpfer alles daran, dass *sein* Kind diesen Rekord bricht.

Damit sie auch ja schon mit sechs Monaten laufen würde, trainierte er regelmäßig mit Kaarina. Er hielt sie am Rücken oder an den Hüften, stellte sie aufrecht hin und versuchte, ihre kleinen Beinchen zu kräftigen, indem er das ganze Gewicht ihres wackeligen Babykörpers darauf stützte.

Monat sechs kam. Sie lief nicht. Monat sieben kam. Sie lief nicht. Mit acht Monaten begann Kaarina zu krabbeln. Und auch an ihrem ersten Geburtstag robbte sie noch auf dem Bauch. Seinen Plan, seine Tochter zur Babyweltrekordlerin im Laufenlernen zu machen, hatte Mark längst aufgegeben. Ende September erzählte mir Kaarinas Kindergärtnerin ganz freudig »Sie hat heute ihre ersten Schritte gemacht«. »Tatsächlich?«, fragte ich halb erfreut, halb traurig. Jetzt, wo sie ganztags in der Kita war, musste ich damit rechnen, dass sie natürlich dort zu laufen begann.

Ich trug Kaarina zum Auto, schnallte sie in ihren Sitz, küsste sie auf die Stirn und flüsterte leise: »Ich bin stolz auf dich.« Ich wollte mich freuen, war aber enttäuscht. Wie gerne hätte ich ihre ersten Schritte mit ihr zusammen erlebt. Ich fuhr zu Mark in den Laden, ging durch die Tür, sagte ein freundliches Hallo allerseits, kniete mich auf den Boden und stellte Kaarina vor mich hin. Ich ging ein paar Schritte zurück, streckte die Arme nach ihr aus und hoffte, dass sie mir entgegenlief. Sie hob einen Fuß, machte einen kleinen Schritt, purzelte dann hin und krabbelte das restliche Stück. »Hast du es gesehen? Hast du es gesehen?«, rief ich.

Mark, ganz damit beschäftigt, irgendwelche Waren in die Regale zu räumen, sagte nichts. Hatte er uns nicht bemerkt? »Unsere Tochter hat heute ihre ersten Schritte gemacht«, sagte ich, als er an mir vorbeiging.

Einer der Kunden beglückwünschte mich, ein anderer sagte: »Das ist ja großartig.« Mark aber sagte nichts. Ich versuchte es noch einmal. »Sie hat heute ihre ersten Schritte gemacht.«

»Ist ja gut, ich hab's gehört«, sagte er und ging weiter.

Die Kunden sahen verlegen weg. Ich hielt mich mit größter Mühe zurück und ging dann, ohne mich zu verabschieden, aus der Tür. (Etwa zwei Jahre später, kurz nachdem unser »Projekt Eheglück« zu Ende war, erwähnte ich diesen Streit einem der Kunden gegenüber, der ihn damals mitgekriegt hatte. »Klar kann ich mich noch daran erinnern«, sagte er. »Kurz bevor Sie in den Laden kamen, ist ein Kunde Ihrem Mann aufs Dach gestiegen, weil sein Fahrrad noch nicht repariert war.« Das hätte mir Mark ja mal sagen können. Hat er aber nicht, warum, weiß ich nicht.)

Während ich die Einfahrt zu unserem Haus hinauffuhr, überlegte ich, nach Delaware zu ziehen und irgendwo in der Nähe meiner Eltern oder meines älteren Bruders ein Haus zu kaufen. Ein Teil von mir fühlte sich zutiefst verletzt, doch ich pflasterte diese Wunde mit Wut und Zorn zu. Ich brauchte Mark nicht, nein. Ich konnte ihn auch verlassen. Als alleinerziehende Mutter wäre ich besser dran, als mit einem Mann verheiratet zu sein, der mich nicht liebte. Alleinerziehend war ich ja praktisch schon. Ich verdiente das ganze Geld und leistete neunzig Prozent der Erziehungsarbeit. Die restlichen zehn Prozent würde ich auch noch schaffen. Ohne ihn.

Ich stellte das Auto ab. Ein tiefes Gefühl der Ruhe überkam mich. Ich hob Kaarina aus ihrem Sitz, trug sie ins Haus und machte Abendessen nur für uns beide.

Gegen acht hörte ich Marks Auto in der Einfahrt. Dann den Fernseher. Dann das Geräusch der Fußstütze, die aus dem Lehnstuhl fuhr. Er rief irgendetwas. Ich reagierte nicht. Ich hatte ihm nichts zu sagen. Wenn ich jetzt etwas sagen würde, würde ich bloß anfangen zu heulen. Am liebsten hätte ich eine Schere genommen und ihn aus meinem Leben herausgeschnitten. Ich wollte nichts mit ihm ausdiskutieren. Ich wollte nur einfach meine Ruhe.

Ich hörte Mark noch einmal rufen, dann das knarzende

Geräusch seiner Schritte auf der Treppe. Die Tür ging auf. Sein Blick war abweisend und kalt. Seine Lippen verkniffen.

»Wieso gibst du mir keine Antwort?«

»Weil ich stinksauer auf dich bin und absolut gar keine Lust habe, mit dir zu reden.«

»Und warum?«

»Das fragst du noch, so wie du mich behandelt hast im Laden, vor allen Leuten?«

»Wovon redest du überhaupt?«

»Von Kaarinas ersten Schritten!«

»Ja, hast du erwähnt, und ich habe es auch gehört.«

»Aber nicht reagiert.«

»*Weil* ich gerade beschäftigt war«, sagte er.

»Zu viel, um mit mir zu reden? Zu viel, um mir Hallo zu sagen, mich in irgendeiner Weise zur Kenntnis zu nehmen?«

»Ich war gerade wirklich beschäftigt«, sagte er.

Nein, ich hatte es satt. Mir war speiübel.

»Unsere Ehe ist im Eimer«, sagte ich. »Kaputt. Es ist aus und vorbei mit uns.«

»Was redest du da?«

»Ich rede über unsere Ehe und darüber, dass sie vorbei ist. Die Liebe zwischen uns ist weg.«

»Ich liebe dich.«

»Nein, tust du nicht.«

»Doch, tue ich.«

»Dann zeig es mir.« Ich schluchzte laut.

Mark setzte sich neben mich und legte den Arm um mich. »Ich habe echt viel um die Ohren gehabt. Es war ein hartes Jahr. Wir sind beide erschöpft und nervlich ziemlich am

Ende. Aber deshalb ist unsere Ehe nicht kaputt. Wir lieben uns immer noch. Ich verspreche dir, künftig mehr für euch da zu sein. Was kann ich tun, um dir zu helfen?«

»Öfter zu Hause sein«, stieß ich zwischen Schluchzern hervor. »Mach Kaarina und mich zu deiner Nummer Eins. Zum Wichtigsten in deinem Leben.«

»Ihr seid mir das Wichtigste.«

»Nein, sind wir nicht. Das Wichtigste ist für dich dein Laden. Dann kommt dein Fahrrad. Dann deine Freunde. Dann wir.«

»Das ist nicht wahr«, sagte er. »Ihr kommt zuallererst.«

Die kommenden paar Monate strengte Mark sich wirklich an, und wir rückten auf seiner Prioritätenliste tatsächlich nach oben. Wenn Kaarina krank war, bot er an, für ein paar Stunden nach Hause zu kommen und auf sie aufzupassen, damit ich arbeiten konnte. Wenn ich abends erschöpft war, schlug er vor, dass ich früh schlafen gehen und er die Kleine ins Bett bringen könne.

Eine Zeit lang dachte ich wirklich, es würde wieder klappen zwischen uns. Einigen meiner engsten Freunde hatte ich erzählt, dass ich drauf und dran war, mich von Mark zu trennen, wir aber an unseren Problemen arbeiten und es inzwischen wieder viel besser funktionieren würde.

Machen Sie klare Ansagen. »Mach mich zu deiner Nummer Eins« ist keine klare Ansage. »Komm jeden Abend um sechs Uhr nach Hause« oder »Steh du heute Nacht auf, wenn das Baby weint« – das sind klare Ansagen!

Besser funktionierte es gerade mal ein halbes Jahr. Dann ließ Mark langsam aber sicher wieder nach. Er blieb immer länger im Laden, unternahm immer öfter etwas mit seinen Freunden und hatte in den so ziemlich unpassendsten Momenten nichts anderes zu tun, als Radeln zu gehen. Einmal hatten Kaarina und ich eine heftige Magen-Darm-Grippe und reiherten um die Wette, als Mark sich in seine Radsport-klamotten schwang und meinte: »Ich gehe mal eben eine Runde drehen, okay?«

Das verdammte Rad! Ich begann es zu hassen. Für mich war dieses Fahrrad seine Zweitfrau. Und der Laden sein uneheliches Kind. Seine größten Leidenschaften waren meine größten Feinde. Ich wollte, dass er die Unordnung im Haus sah. Ich wollte, dass er sah, wie geschwächt ich war. Ich wollte, dass er begriff, dass ich seine Hilfe brauchte, ohne dass ich jedes Mal erst darum bitten musste.

Das Gefühl, dass keine Liebe mehr zwischen uns war, wurde immer stärker. Und immer öfter stellte ich mir ein Leben ohne Mark vor. Mitten am Tag, etwa wenn ich mit dem Hund spazieren ging, sinnierte ich darüber, wie wir die Ersparnisse aufteilen und wer welche Möbel bekommen würde. Oder ich malte mir auf dem Weg zum Supermarkt aus, in die Nähe meiner Eltern oder meines älteren Bruders zu ziehen. Oder ich ging joggen und stellte mir vor, Mark würde einen Herzinfarkt bekommen.

Wenige Monate nach Kaarinas zweitem Geburtstag kam Mark eines Nachmittags von der Arbeit nach Hause. Ich saß draußen vor dem Haus. Kaarina schlief. »Alles klar?«, fragte er. Ich bin sicher, er hatte erwartet, dass ich sage »Ja, alles gut.« Doch stattdessen bekam er von mir zu hören: »Nein, mir geht's elend.«

»Was ist denn?«

»Mark, mir geht's einfach schlecht. Mir geht's schlecht mit dieser Ehe.«

»Kriegst du deine Tage?«

»Nein, Mark, das ist keine hormonelle Geschichte. Mir geht's einfach schlecht, und zwar jeden gottverdammten Tag. Egal, welcher Tag im Monat gerade ist.«

»Du bist einfach übermüdet«, sagte er.

»Ja, ich bin müde. Müde von unseren Streitereien. Es ist immer und immer wieder das Gleiche: Danach läuft es eine Zeit lang besser, und dann ist alles wieder beim alten Elend.«

Ich fing an zu weinen.

»Du brauchst dringend ein eigenes Leben«, entgegnete Mark.

»Was?«

»Du brauchst ein eigenes Leben. Du machst dein eigenes Glück viel zu sehr von mir abhängig.«

»Wie soll ich denn ein eigenes Leben haben, wenn ich arbeiten muss, damit wir alles bezahlen können, und obendrein morgens und abends hier die Einzige bin, die sich um Kaarina kümmert? Wie soll ich denn da ausgehen? Soll ich sie etwa hier alleine lassen?«

»Ich kann doch auf sie aufpassen«, sagte er.

»Aber das tust du ja nie«, sagte ich.

»Weil du mich nie darum bittest«, entgegnete er. »Vielleicht solltest du dir einmal in der Woche einen freien Abend nehmen und etwas ganz für dich alleine machen. Da musst du mich gar nicht erst fragen.«

»Ja, können wir gerne machen«, sagte ich.

Im Unterschied zu all den anderen Diskussionen über unsere Ehekrise endete dieser Streit nicht mit einer Umarmung. Es gab kein »Ja, du hast Recht, ich liebe dich immer noch.«

Nein, diesmal endete der Streit in einem so kühlen Ton, wie er begonnen hatte.

Ich gab es auf, meine Ehe kitten zu wollen, und begann vielmehr, mir ihr Ende auszumalen.

Zuallererst aber musste ich wieder fit und gesund werden. Und den freien Abend, den nahm ich mir natürlich. Warum auch nicht? Ich meldete mich für einen Meditationskurs an, besuchte einmal im Monat einen Bücherzirkel und ging einmal pro Woche mit einer Freundin joggen.

Aber ein freier Mami-Abend löst keine Eheprobleme. Sie wurden gar noch schlimmer. Das Leben außerhalb meines Mutterdaseins machte mich stärker, unabhängiger, selbstbewusster und weniger bedürftig. Also alles gut, möchte man meinen. Nicht unbedingt. Jetzt nämlich machte mir eine Scheidung sehr viel weniger Angst. Im Gegenteil: Ich sehnte sie geradezu herbei. Bei einer Scheidung und dem üblichen geteilten Sorgerecht würden für mich statt einem freien Abend pro Woche gleich zwei Abende herausspringen und jedes zweite Wochenende.

Mein freier Abend gab außerdem Zündstoff für den nächsten Ehekrach, weil Mark immer wieder versuchte, ihn mir streitig zu machen. Ich zog mich gerade an, um zum Meditationskurs zu gehen, da kam er und sagte beiläufig: »Oh, ich habe ganz vergessen dir zu sagen, dass ich mich mit den Jungs heute zu einer Nachtradtour verabredet habe. Das kann ich unmöglich absagen. Tut mir leid, aber du musst deinen Kurs ausfallen lassen.« Meine Reaktion darauf? Nun, die Worte, die hier an dieser Stelle einmal standen, fand mein Herausgeber nicht druckreif. Jedenfalls setzte ich mich ins Auto und fuhr zu meinem Kurs. Sollte Mark doch zusehen, wie er aus der Nummer bei seinen Freunden wieder herauskam!

Wir schacherten und stritten um unsere (freie) Zeit wie um ein knappes, kostbares Gut.

Und schließlich stritten wir uns um so ziemlich alles.

Eines Abends fuhren wir zu dritt zum Supermarkt, um einzukaufen. Im Gang mit den Müslipackungen riss Kaarina sich plötzlich los. Ich hinterher. Doch kaum hatte ich sie zu packen gekriegt, nahm sie wieder Reißaus.

Ich fing sie schließlich ein, setzte sie in den Einkaufswagen und fand Mark bei der Geflügel-Truhe. Seine Miene war angespannt.

»Was ist?«, fragte ich.

»Während ihr beide euch hier amüsiert und Fangen spielt, versuche ich hier zu entscheiden, was wir zu essen brauchen.«

»Sprich nicht in diesem Ton mit mir.«

Den Rest des Einkaufs erledigten wir, ohne ein Wort zu wechseln. Er warf irgendwelche Sachen in den Wagen. Und ich ebenso. Schweigend fuhren wir nach Hause. Ich machte

Kaarina bettfertig, setzte mich neben sie auf den Bettrand, hielt ihr Händchen und dachte: »Jetzt ist mir klar, warum manche Frauen ihren Mann umbringen.«

Und dann hatte ich plötzlich eine glorreiche Idee: Das wäre ein prima Stoff für einen Roman. Ich könnte eine Geschichte darüber schreiben, wie ein ansonsten guter Mensch dazu kommt, solch eine schreckliche Tat zu begehen.

Als Kaarina eingeschlafen war, ging ich in mein Arbeitszimmer, fuhr den Computer hoch und begann zu schreiben. Die Worte flossen nur so aus mir heraus. Zum ersten Mal seit langem fühlte ich mich glücklich. Jeden Tag schrieb ich ein Stück weiter. Der Roman entspannte mich. Er war mein Refugium. Wenn ich daran arbeitete, vertiefte ich mich so sehr in die Handlung, dass ich mein eigenes Elend völlig vergaß.

Aber wenn ich nicht an meinem Roman saß, ging es mir noch immer elend mit meinem häuslichen Dasein. Ich fühlte mich wie gefangen – in meiner Ehe, in meiner Mutterrolle, sogar in meinem eigenen Haus. Das Haus war für mich wie ein Gefängnis, was wohl daran lag, dass ich zu viel Zeit mit einem quengeligen Hosenmatz Dauerrotznase darin zubrachte. Zu viel Zeit, um über unnötige Dinge nachzudenken wie zu kleine Zimmer, einen fehlenden Garten und Ungeziefer. Es schien, als würde unser Haus allmonatlich von einem anderen Getier befallen. Mal krabbelten überall an der Wand Marienkäfer, mal war der Boden voller Ameisen. Meine Scheidungsfantasien sahen so aus: Ich schaue mich nach einem neuen, parasitenfreien und erschwinglichen Haus mit Garten um. Im alten Haus bleiben wir noch so lange wohnen, bis wir in das neue einziehen können. Kaum umgezogen, geraten Mark und ich in Streit. Ich schmeiße ihn raus. Er zieht wieder ins alte Haus ein und kauft mir meine Hälfte der verwanzten Hütte ab. Unsere Anlagen teilen wir halbe-halbe. Ebenso das Sorgerecht. Und meine Familie, vor allem meine Mutter, kommt mich wieder gerne besuchen. Alles perfekt!

Und so spazierten wir eines schönen Tages im Februar durch ein Haus nach dem anderen. Doch keines schien in Frage zu kommen. Das eine hatte keinen Garten. Das nächste keine Garage. Das perfekte Haus für unseren Geldbeutel schien es nicht zu geben. Musste ich mich mit einem weniger perfekten Haus zufriedengeben, genauso wie mit einer weniger perfekten Ehe?

Der Tag war fast vorbei und ein Haus stand noch auf der Liste der Besichtigungstour – mit 50 Quadratmetern Glasveranda, Parkettboden und einem walnussgetäfelten Arbeitszimmer. Ein Traum!

Wir hatten uns entschieden. In vier Wochen wollten wir einziehen und unser altes Haus bis dahin zum Verkauf inserieren. Damit hätte ich einen ganzen Monat Zeit, um mir darüber klar zu werden, ob ich nun verheiratet bleiben wollte oder nicht.

Zwei Tage, nachdem der Kauf des neuen Hauses unter Dach und Fach gebracht war, kam einer von Marks Kunden vorbei, um sich unser altes Haus anzusehen. Noch am gleichen Tag machte er uns ein Kaufangebot. Wir nahmen es an. Meine Scheidungsfantasien hatten sich damit erledigt.

Kaum ins neue Haus eingezogen, fingen wir an, über jede Kleinigkeit zu streiten. Er wollte auf dem Waschtisch im Badezimmer absolut nichts herumstehen haben; mir war das egal. Er war der Meinung, dass ich die Wäsche nicht richtig wusch, und mir gefiel nicht, wie er sie zusammenlegte. Wenn wir mal nicht stritten, hatten wir uns nichts zu sagen. Wir gingen abends essen, stierten auf unsere Teller und schwiegen uns an. Es fing an mich zu nerven, wenn Mark zu Hause war. In seinem kalten Blick und seiner verkniffenen Miene las ich, dass er mich hasste. Weil ich ihn in die Vaterrolle gedrängt und damit sein Leben zerstört hatte.

Zugleich fühlte ich mich endlich wieder ausgeschlafen und ausgeruht. In meinem Job lief ich zu Hochform auf. Ich machte Sport und wurde topfit. Ich fühlte mich sexy, zog Männerblicke auf mich. Ich begann, mir meinen Seelenpartner auszumalen, der irgendwo da draußen auf mich wartete. Mark hatte sich als Fehlgriff erwiesen. Ich habe ihn geheiratet, weil er gerade gelegen kam. Aber jetzt war es aus.

5. KAPITEL

Ist meine Ehe noch zu retten?

»Alle Ehen sind Fehler,
die sich danach nur schwer wieder beheben lassen.«

SALVADOR MINUCHIN

Ich hatte meiner Freundin Deb versprochen, dass ich *alles* tun würde (außer meinem Mann ein Ultimatum zu setzen), um unsere Ehe zu retten. Tatsächlich aber habe ich *nichts* versucht.

An einem späten Nachmittag dann gerieten Mark und ich heftig aneinander. Ich warf ihm vor, er habe Kaarina viel zu spät aus der Kita abgeholt. Er meinte, er wäre überpünktlich da gewesen.

Ein Streit, der Ihnen halb so wild vorkommen mag, der gleich wieder vorbei und spätestens am nächsten Morgen ganz vergessen sein wird. Nicht für mich. Für mich war er alles andere als halb so wild und gleich vergessen. Ich nahm ihn als weiteren Beweis dafür, dass unsere Ehe nicht mehr zu kitten war.

Ich saß draußen vor dem Haus im Dunkeln und fühlte mich leer, missverstanden und mutterseelenallein. »Wieso musste ich Deb bloß von meinen Eheproblemen erzählen?«, dachte ich bei mir. Nun wartet sie auf eine Mail von mir mit dem Bericht zur neuesten Lage.

Sollte sie doch warten! Mark und ich würden nicht zur Paartherapie gehen. Ich dachte gar nicht daran. Wozu auch? Die Scheidung war unausweichlich. Wozu das Ganze unnötig in die Länge ziehen? Wie sollte ich mit so einem Mann länger verheiratet bleiben? Unmöglich.

Minutenlang saß ich da. Eine halbe Stunde. Eine Stunde. Die Grillen zirpten, und während ich ihnen lauschte, klangen mir Debs Worte im Ohr: »Hast du alles probiert? Habt ihr es mal mit einer Paartherapie versucht?«

Schuldete ich Deb, es zu versuchen? Oder meiner Tochter? Oder mir selbst? Konnten wir nicht einfach ein paar Bücher lesen und gut? Ich war kein Fan von Eheberatung und Paartherapie. Aus vielerlei Gründen nicht. Als Teenager hatte ich das komplette Programm bei meinen Eltern miterlebt – Besinnungswochenenden, Einzeltherapien, Paartherapien, ewige Gespräche über »Ich-Botschaften«, »Sprecher-Zuhörer-Methoden«, Ehetagebuch und dergleichen mehr.

Sie stritten unentwegt. Wenn ich im Sommer in der Einfahrt vor dem Haus spielte, konnte ich sie durch das offene Fenster schreien hören. Wie weit die Schallwellen wohl wanderten? Bis zur Haustür der Nachbarn? Bekam meine beste Freundin es mit, die auf der anderen Straßenseite zwei Häuser weiter die Straße runter wohnte?

Meine Eltern hatten sich am Ende zusammengerauft. Eines schönen Tages vertrugen sie sich wieder und meine Mutter schlief fortan wieder im Ehebett. Ich war erleichtert und dankbar dafür. Aber ob das wirklich all diesen Therapien zu verdanken war? Erst als meine Mutter aufgehört hatte, aus meinem Vater einen geselligen, redseligen und charismatischen Mann machen zu wollen und versuchte, ihn als den schweigsamen Familienmenschen anzunehmen, der er war, hatte sich ihre Ehe wieder eingerenkt. Ihre Versöhnung gab mir Hoffnung für meine eigene Ehe, aber nicht den Glauben daran, dass Ehe- und Paarberatung die Lösung seien.

Meine Aversion gegen eine Paartherapie gründete auch auf den Sitzungen im Vorfeld unserer Heirat. Mark hatte sie nie richtig ernst genommen und das auch offen gezeigt. Auf die Frage der Therapeutin, worin er den größten Unterschied zwischen uns beiden sähe, hatte er nur kurzweg geantwortet: »In der Größe.« (Er ist gut zwanzig Zentimeter größer als ich.)

Jedes Mal, wenn ich kurz davor war, nun doch einen Termin für eine Eheberatung zu vereinbaren, malte ich mir die erste Sitzung aus:

»Wo hakt es in Ihrer Ehe?«, fragt der Berater.

»Nirgendwo«, antwortet Mark.

»Warum kommen Sie dann zu mir?«

»Weil meine Frau es will.«

»Stört Sie das?«

»Nein, wenn sie das glücklich macht, soll es mir recht sein.«

»Worin sehen Sie die Probleme in Ihrer Ehe?«

»Keine Ahnung. Fragen Sie meine Frau. Sie ist diejenige, die ein Problem hat.«

Mark zeigt keine Gefühle. Ich habe ihn nie traurig, deprimiert, begeistert oder wütend erlebt. Bis auf ein einziges Mal, und zwar an dem Tag, bevor ihm ein verdächtiger Leberfleck entfernt werden sollte.

Ansonsten schien er nur ein Gefühl zu kennen, und das war immer gleich. Er war die Ruhe in Person. Tagaus, tagein.

Wie kam ich bloß auf die Idee, ausgerechnet *ihn* zu einer Gesprächstherapie mitzuschleifen? Er und reden? Ich könnte ihn auf einer einsamen Insel aussetzen, ihn einen Monat später wieder abholen und fragen: »Wie war's?«, und er würde einfach nur antworten: »Schön.«

Der »Eheflüsterer«, der Mark dazu bringt, offen über unsere Probleme und seine Gefühle zu sprechen, müsste wohl erst noch geboren werden. Mein Motto war schon immer Hilfe zur Selbsthilfe, und wenn ich in meinem Leben bisher ein Problem gehabt hatte, las ich mich so ziemlich durch alle Lebenshilfe-Bücher, die ich für mein Problem finden konnte, bis ich am Ende selbst zu schreiben begann und einen Beruf daraus machte. Bücher zur Selbsthilfe begleiteten mein ganzes Leben. Ich nutzte sie, um Rhodes zu trainieren. Um schwanger zu werden. Um richtig zu stillen. Um Kaarina zum Durchschlafen zu bringen. Aber konnte ich mit einem Selbsthilferatgeber auch meine Ehe retten? Mich durch entsprechende Literatur zu lesen, schien leichter, als eine vollkommen fremde Person um Hilfe zu bitten.

Also fing ich an, einen Plan zur Verbesserung unserer Ehe zu erstellen. Punkt Eins: Unser Sexleben aufpeppen. Punkt zwei: Verzeihen lernen. Ich trug so viele Wunden mit mir herum, die ich so dick zugepflastert hatte, dass ich meine Gefühle kaum mehr spüren konnte, ob positive oder negative. Punkt Drei: Romantik. Wenn ich über andere Männer fantasierte, dann dachte ich nicht an Sex, sondern an Romantik – ich wollte hören, dass ich liebenswert und begehrenswert bin, wollte berührt und gestreichelt werden. Ja, ich träumte davon, verliebt zu sein. Hatte mein eigener Mann überhaupt noch eine Chance? Könnte er mein Herz noch einmal im Sturm erobern?

Ein weiteres großes Problem war die Kommunikation. Wir schafften es nicht einmal, uns über banale alltägliche Dinge auszutauschen wie etwa, dass Zahnpasta oder Milch alle waren. Zudem war unser Umgang miteinander derart unterkühlt, dass ich sogar jeglichen Blickkontakt mit Mark vermied.

Die Schlüssel für unser Eheglück waren also: Sex, Verzeihen, Romantik, Kommunikation und emotionale Nähe. Ich beschloss, sie der Reihe nach anzugehen. Sobald es in einem Bereich aufwärtsging, würden wir uns dem nächsten widmen.

Außerdem mussten wir uns Fristen setzen, sonst würde es nicht klappen. Die Ratgeber würden sich ungelesen in der Ecke stapeln. Und mit unserer Ehe würde es gehen wie damals mit unserem Wohnzimmerfußboden, der ewig unverfugt geblieben war.

Ich legte zwei Fristen fest: Die erste Frist sollte zwei Monate später um sein. Mark hatte vor, an diesem Tag nach New York zu einer Radsportveranstaltung zu reisen. Ich beschloss, ihn zu begleiten und meine Eltern als Babysitter für Kaarina einzuspannen. Seit zweieinhalb Jahren hatten Mark und ich keine Nacht mehr für uns allein gehabt. Wahrscheinlich bräuchten wir eine ganze Woche, aber eine Nacht wäre zumindest mal ein Anfang. Wir könnten uns ganz auf uns selbst konzentrieren und eine symbolische Wiedergeburt unseres ehelichen Sexlebens starten. Und, was ganz wichtig war, wir hätten ein Datum, das wir uns im Kalender anstreichen könnten, das uns vielleicht motivieren würde, die gesammelten Ratgeber zu lesen und die Tipps darin auch wirklich in die Praxis umzusetzen.

Frist Nummer Zwei legte ich auf einen Tag vier Monate später, an dem wir nach unserer Versuchsphase Bilanz ziehen würden. Sollten wir bis dahin irgendwelche ehelichen Fortschritte machen – egal welche –, dann würde ich weiterhin alles daran setzen, unsere Ehe zu retten. Wenn nicht, oder wenn Mark einfach nicht mitzog, würde ich konkret über Scheidung nachdenken.

Legen Sie einen Zeitraum fest, in dem Sie Ihrer Ehe Ihre volle Aufmerksamkeit schenken. Versuchen Sie alles. Stellt sich eine Verbesserung ein, dann bleiben Sie am Ball. Wenn nicht, dann denken Sie über Scheidung nach.

6. KAPITEL

Die Kunst des Verzeihens

»*In der Bibel wird Jesus gefragt, wie viele Male man vergeben solle. Und Jesus sagt: Nicht bis sieben Mal, sondern bis siebzig Mal sieben Mal! Nun, Sie alle sollen wissen, dass ich Buch darüber führe.*«

HILLARY RODHAM CLINTON

In dem ersten Ratgeber, den ich zur Hand nahm, ging es um das Thema Verzeihen. Darin las ich, dass Menschen sich in der Regel einen emotional ähnlich »tickenden« Partner suchen. »So ein Quatsch«, murmelte ich vor mich hin. »Ich habe mich definitiv *nicht* mit einem emotional gleichgesinnten Partner zusammengesellt. Ich habe einen emotionalen Volltrottel geheiratet.«

Doch die Autoren konterten sogleich damit, dass viele Menschen davon überzeugt seien, dass ihr Lebenspartner emotional erheblich unterentwickelter sei als sie selbst.

»In meinem Fall stimmt das ja auch«, dachte ich.

Ich las weiter und sollte mir doch nun allen Ernstes die Frage stellen: »Was habe ich selbst zum Scheitern meiner Ehe beigetragen?«

Ich? *Ich?* ICH?

»Alles Blödsinn! Meine Ehe ist den Bach runter wegen *ihm,* nicht wegen *mir.* Es ist nicht *meine* Schuld, es ist *seine. Er* hat mir den Kleiderschrank nicht frei geräumt, als ich eingezogen bin. *Er* hat mich mit dem Baby alleine gelassen. *Er* hat mich im Stich gelassen. Ich bin schuldlos. Ich arbeite fleißig und unermüdlich. Ich bin bloß leider die, die auf unerfindliche Weise an den größten Faulenzer der Welt geraten ist!«

Paare, die emotional nicht auf der gleichen Welle sind, so schrieben die Autoren weiter, überstünden die verliebte Anfangsphase nicht.

»Wissen die beiden überhaupt, wovon sie reden? Hab ich irgendetwas zum Scheitern meiner Ehe beigetragen, nur das kleinste bisschen?«, fragte ich mich.

Das Buch berichtete von Menschen, die entweder zu unabhängig oder zu abhängig waren, wobei das eine nicht weniger problematisch war als das andere.

Ich dachte: »Was soll denn an Unabhängigkeit so verkehrt sein? Ich bin unabhängig. Mark ist unabhängig.«

Und dann sah ich die beiden Autoren vor meinem geistigen Auge, wie sie mir zuzwinkerten und nickten, als ich dachte: »Mark und ich, wir haben keinen Draht mehr zueinander. Wir sind beide viel zu unabhängig.«

Warum aber legte ich so viel Wert auf Unabhängigkeit? Ich musste an meine Mutter denken. Sie war so unglücklich in ihrer Ehe, dass sie ein Jahr lang lieber im Keller schlief als in ihrem Ehebett. Sie verdiente nicht genug eigenes Geld, um sich eine eigene kleine Wohnung leisten zu können. Sie konnte kein Wochenende alleine verbringen, ohne von Panikattacken befallen zu werden. Sie träumte von einem Leben ohne meinen Vater, aber sie blieb, weil sie zu unselbstständig war, um ihn zu verlassen.

Ich war wütend auf meine Mutter, weil sie meinen Vater verlassen wollte; gleichzeitig bedauerte ich sie, weil sie nicht den Mumm hatte, es wirklich zu tun. Um mich davor zu bewahren, jemals derart unselbstständig zu werden, bat ich meinen Vater, mir beizubringen, wie man Öl, Ölfilter und

Zündkerzen austauscht. Er brachte mir bei, wie man einen platten Reifen wechselt, eine Leitung im Unterputz findet und einen Nagel in die Wand schlägt. Er brachte mir auch bei, mit Gangschaltung zu fahren. Er brachte mir bei, wie man mit Aktien handelt und wie Geldmärkte, Wertpapiere, Sparkonten und andere Anlagemöglichkeiten funktionieren. Und er brachte mir bei, wie ich meine Steuererklärung mache und einen Straßenatlas lese.

Als ich Mark kennenlernte, imponierte mir seine Unabhängigkeit. Er wollte mich nicht gleich einwickeln. Wir verbrachten Zeit miteinander und Zeit ohneeinander. Er war immer ein klein bisschen unabhängiger als ich. Er verbrachte mehr Zeit auf seinem Rad als ich mit Joggen, Lesen oder Arbeiten. Doch diese Unabhängigkeit ging nur solange gut, bis sich die Umstände änderten. Er verlor seinen Job und wurde finanziell abhängig von mir. Und das wiederum ging nur solange gut, bis unser Baby kam und ich emotional und körperlich abhängig von Mark wurde.

Sosehr ich auch unabhängig sein wollte, ich konnte es nicht. Nicht, solange ich in der Elternrolle war. Ich brauchte Marks Hilfe. Doch ich hasste es, seine Hilfe zu brauchen.

»Wenn ich ihn schon brauche«, dachte ich, »dann soll er von selbst darauf kommen.« Ich wollte schließlich nicht schwach erscheinen. Ich wollte, dass er mir half, ohne dass ich ihn erst um seine Hilfe bitten musste.

Ich konnte die Autoren förmlich vor mir sehen, wie sie den Kopf schüttelten und darauf warteten, dass ich endlich zur Vernunft komme. »Schon klar«, antwortete ich ihnen in Gedanken, »Mark kann meine Gedanken nicht lesen. Ich weiß. Aber ich will, dass er es kann! Gut, ihr habt ja Recht. Ich muss lernen, mich mit meiner Abhängigkeit zu arrangieren, ihr eine gute Seite abzugewinnen. Ich muss lernen, meine Bedürfnisse zu äußern, ohne mich dabei schuldig zu fühlen. Wenn ich überlastet und müde bin, und Mark Rad fahren oder sich mit seinen Freunden treffen will, muss ich lernen, Nein zu sagen und nicht klein beizugeben. Wenn es mich überfordert, den ganzen Samstag mit Kaarina allein zu sein, muss ich lernen, Mark anzurufen, damit er nach Hause kommt, Arbeit hin oder her.

Okay, ich habe es kapiert. Ich bin nicht bloß Teil des Problems, ich habe das Problem. Ich bin nicht glücklich, und nur ich allein kann dafür sorgen, wieder glücklich zu werden.«

So weit meine Erkenntnis aus der Therapiesitzung mit meinem ersten Ratgeber.

Ich wollte Mark ja verzeihen. Wie oft schon hatte ich es versucht. Damals, nach dem großen Streit um Kaarinas ersten Geburtstag herum. Und auch nach dem um ihren zweiten Geburtstag herum. Und auch nach dem um Muttertag herum.

Doch ich kam nicht weiter. Wann immer Mark einen meiner neuralgischen Punkte traf – wenn er zum Beispiel entnervt mit den Augen rollte, den Abwasch einfach im Spülbecken stehen ließ oder zur vereinbarten Zeit nicht zu Hause war –, fiel mir sofort jede einzelne Kränkung in den zehn Jahren ein, die wir uns kannten. Und alle guten Eigenschaften, die Mark hatte, waren vergessen.

Bei Google gab ich das Wort »Verzeihung« ein. Die meisten Seiten behandelten das Thema allgemein. Nirgendwo stand etwas darüber, wie man einem Gefühlstrottel von Ehemann verzeiht. Doch schließlich fand ich eine ganz brauchbare Seite. Echte Verzeihung, so hieß es da, bedarf mehr als nur der Bereitschaft, verzeihen zu wollen: Zuallererst muss ich mich meinem eigenen Schmerz stellen, dem eigenen Groll, der eigenen Enttäuschung. Danach muss ich diese Gefühle mit Mark in Beziehung setzen. Mark wiederum muss einsehen, dass sein Verhalten zu ebendiesen Gefühlen geführt hat. Und am Ende muss ich drei überaus wichtige Worte aus seinem Mund hören: »Tut mir leid.«

Ich schrieb eine Liste mit all den Erlebnissen, die derlei negative Gefühle in mir ausgelöst hatten – *Kleiderschrank, Rad, Laden* – und spürte erneut den Schmerz, die Wut und die Enttäuschung. Meine Liste füllte zum Schluss eine ganze Seite.

Mark saß vor dem Fernseher, schaute sich die Tour de France an und behielt sie gleichzeitig auch live im Internet im Blick. Ich fragte ihn etwas. Keine Reaktion. Ich gab es auf, ging ins Badezimmer, putzte mir die Zähne und wusch mir das Gesicht.

Ich schrieb meinen Plan zur Rettung meiner Ehe ab, und stempelte Mark gedanklich zu meinem Ex.

Doch da hörte ich wieder die Ratgeberautoren, die mir ins Ohr flüsterten und mich rügten, wieder in meine alte Gewohnheit zu fallen. Ich müsse mir nur mehr Mühe geben. Da kam Mark ins Badezimmer, um Pinkelpause zu machen. Die Gelegenheit, ihn anzusprechen. Jetzt konnte er ja nicht weglaufen.

»Ich muss mit dir reden. Kommst du mit auf die Veranda? Kannst du mir kurz zuhören?«

»Klar.«

Er kam mir nach auf die Veranda.

»Wenn ich wütend auf dich bin, dann nicht wegen einer einzigen Sache an einem einzigen Tag. Ich bin sauer wegen einhundert-x Sachen, die du gemacht hast, seit wir uns kennen. Und ich blende deshalb alle positiven Dinge aus, die du in den vergangenen zehn Jahren getan hast.«

Er lachte.

»Ich muss lernen, mich von der Vergangenheit zu lösen. Also habe ich heute ein paar Recherchen angestellt«, sagte ich und wedelte mit meiner Liste vor ihm herum. »Um meine Wut loszuwerden, muss ich etwas tun. Ich weiß nicht, ob es etwas bringen wird, aber ich will es versuchen. Es mag dir jetzt blöd vorkommen, aber hör mir einfach nur zu. Ich möchte dir alles aufzählen, was noch immer in mir brodelt, und ich will, dass du mir sagst, dass es dir leidtut.«

»*Ooooo...kay*«, sagte er. Den leichten Sarkasmus in seinem Tonfall beschloss ich zu ignorieren.

»Tut es dir leid, dass du auf die Party gegangen bist an dem Tag, an dem ich mit unserem Baby vom Krankenhaus heimgekommen bin?«

»Ja, tut mir leid. Ich hätte bei dir bleiben sollen.«

»Tut es dir leid, dass du unser zusammengespartes Neuseeland-Geld für deinen Skiurlaub verjubelt hast?«

»Nicht alles. Für Neuseeland hätte es noch gereicht.«

»Doch, alles. Und nein, für Neuseeland hätte es nie und nimmer gereicht.«

»Okay, tut mir leid. Hätte ich nicht tun sollen.«

»Tut es dir leid, dass du mir den Kleiderschrank nicht frei geräumt hast, als ich bei dir eingezogen bin?«

»Habe ich das nicht?«

»Nein, hast du nicht.«

»Tut mir leid. Hätte ich machen sollen.«

Ich erwartete, dass er Streit mit mir anfing. Dass er mir sein Verhalten erklärte. Dass er mir vorwarf, überempfindlich zu sein.

»Tut es dir leid, dass du keinen Sex mit mir wolltest, als ich schwanger war, weil ich eine fette Kuh für dich war?«

»Du warst doch keine fette Kuh für mich.«

»Also?«, fragte ich.

Er schwieg.

»Wenn ich keine fette Kuh für dich war, woran lag es dann? Du wolltest definitiv keinen Sex mit mir.«

»Es war eben komisch.«

»Was verstehst du unter komisch?«

»Na ja, komisch eben.«

Geduld war nicht gerade meine Stärke. Und wenn ich sehe, wie jemand nach den richtigen Worten ringt, dann warte ich nicht ab. Ich lege ihm die Worte in den Mund.

»Komisch, weil ich ein Baby im Bauch hatte?«

»Ja, genau«, sagte er mit einem erleichterten Lächeln.

Ob das seine ehrliche Antwort darauf war? Mist. Hätte ich doch bloß gewartet, was er selbst gesagt hätte.

»Aber dem Baby hätte das doch gar nichts ausgemacht«, sagte ich.

»Woher willst du das wissen?«

»Weil ich es weiß. Jeder Arzt hätte dir das bestätigt.«

»Tut mir leid, dass ich keinen Sex mit dir wollte, als du schwanger warst.«

»Tut es dir leid, dass du nie da warst, wenn ich dich gebraucht habe?«

»Ich wusste nicht, dass du mich gebraucht hast.«

Wie konnte er so etwas sagen? Ich war überrascht und fassungslos zugleich. Da war ich eines Nachts nahe dran, unser Kind umzubringen; fuhr bei jeder Gelegenheit aus der Haut; verlor jede Menge Haare, die bei jedem Duschen (sofern ich mal dazu kam) den Abfluss verstopften. Ich mutierte zu einem elenden Zornigel, der geistig und körperlich nicht mehr beisammen war, während mein Mann meinem Zerfall nur seelenruhig zusah. Ich schrie ihn an, den Hund, das Kind, die ganze Welt; hatte dunkle Ringe unter den Augen; war matt und erschöpft. Wenn das Telefon klingelte, ging ich manchmal gar nicht ran, weil ich mich nicht dazu aufraffen konnte; und beim kleinsten Laut zuckte ich zusammen.

Hatte er all das nicht mitbekommen?

»Erinnerst du dich nicht, wie ich im Auto saß und nicht mehr wusste, wie ich den Scheinwerfer einschalte?«

»Ja, aber ich dachte, das liegt an deiner Übermüdung. Was hätte ich denn machen sollen?«

»Du hättest für mich da sein können. Ich hätte dich gebraucht. Kaarina hätte ihren Vater gebraucht und ich hätte meinen Mann gebraucht.«

Ich spürte, wie mein Schmerz, meine Wut und meine Enttäuschung langsam wichen, während ich mir den angestauten Frust von der Seele redete.

»Tut mir leid. Ich will mein Bestes tun, um künftig für dich da zu sein«, sagte Mark mit einem liebevollen Blick.

»Noch etwas?«, fragte er.

»Ich glaube nicht. Aber ich sage es dir, sobald ich mal wieder einen Hals auf dich habe.«

»Klingt wie ein fester Vorsatz.«

Ich küsste ihn auf die Stirn.

Machen Sie eine »Frust«-Liste. Sprechen Sie alle Punkte darauf mit Ihrem Partner an. Reden Sie über all die alten Wunden, damit sie heilen können.

Wir machten Fortschritte, aber ich war nicht sicher, ob das ausreichen würde. Zu sagen, dass es ihm leidtue, war eine Sache. Eine ganz andere war es, ein besserer Ehemann, ein besserer Vater, ein besserer Mensch zu werden. Es würde einige Zeit dauern, bis ich wieder Vertrauen fassen könnte.

Ich machte eine Meditationsübung, die ich aus dem Yoga kannte. Dabei setzte ich mich mit dem Rücken zur Wand, schloss die Augen und entspannte meinen Körper. Ich lenkte meine Konzentration nach innen auf meine Atmung und auf das, was ich dort in mir spüren konnte. Mein Herz fühlte sich gedrückt an, so, als hielte es jemand fest in der Faust, und ich fragte mich, ob es sich jemals wieder normal anfühlen würde.

Ich ließ eine Person nach der anderen vor meinem geistigen Auge vorüberziehen. Zuerst mich selbst. Dann Kaarina. Dann eine Freundin. Und jedem einzelnen dieser Menschen sagte ich: »Ich biete dir mein liebendes Herz. Ich wünsche dir das Allerbeste. Ich schenke dir meine bedingungslose Lie-be.« Ich stellte mir vor, wie ich jedem von ihnen friedvolle, weiße Lichtenergie zusandte, die sie dann umfing.

Mein Mann kam zum Schluss an die Reihe. Sein Gesicht konnte ich kaum sehen. Nur bruchstückhaft. Auch ihm schickte ich meine bedingungslose Liebe und umhüllte ihn mit Licht und positiver Energie.

Dann konzentrierte ich mich wieder auf mein Herz. Es fühlte sich jetzt schon nicht mehr so gedrückt an.

Als wir uns an jenem Abend schlafen legten, hielt ich Marks Hand. Sie war groß und warm. In seiner Hand konn-te ich spüren, dass unsere Ehe zu heilen begann. Ich konnte spüren, dass die Verbindung zwischen uns langsam wieder stärker wurde. Und ich dachte: »Vielleicht, aber nur viel-leicht, werde ich diesen Mann ja wieder lieben können.«

Eine Woche später wollten wir für einen dreitägigen Kurz-urlaub nach Cape May in New Jersey fahren. Es war Sonn-tag, und Mark wollte vormittags noch im Laden arbeiten. Bevor er ging, bat er mich, nach dem Ladegerät für die Digi-talkamera zu suchen.

Ich suchte im Wandschrank im Flur. Dann im Schlafzim-mer.

Blieb nur noch eine Möglichkeit: der begehbare Kleider-schrank im Keller. Doch eigentlich war der allein Marks Re-vier. Es war sein Schrank. Absolutes Männerreich.

Darin etwas finden zu wollen, war ein Ding der Un-möglichkeit. Ich öffnete die Tür. An der Kleiderstange hin-gen Anzugjacken, Anzughosen, Krawatten, Hosenträger, ein Sortiment von Ski-, Motorrad- und Fahrradklamotten. Auf dem Schrankboden stapelte sich eine ganze Galerie von Schuhen: Skistiefel, Motorradstiefel, Radschuhe, Turnschuhe, Wanderstiefel, Taucherflossen. Daneben Schachteln, Papierstapel, Plaketten, Helme, Kletterseile, Schienbeinschützer, Trophäen, Aktentaschen und stapelweise eingerahmte Fotos. Schließlich entdeckte ich eine Schachtel mit der Aufschrift »Olympus«.

Aha, das Ladegerät!

Aber was war denn das in der Ecke dort? Ein Stapel Grußpostkarten. Ich griff danach. Die Karten hatte ich Mark geschrieben und sie reichten zurück bis zu dem Jahr, in dem wir uns kennengelernt hatten.

Hat er etwa jede Karte von mir aufgehoben?

Auf einer Karte stand, »Herrliches Winterwetter heute für eine gemeinsame Schlittenfahrt …«. Ich klappte die Karte auf und las, »Korrigiere mich, wenn ich falsch liege, aber soweit ich weiß, haben wir es noch nie in einem Schlitten getan …« Musste ich ausgerechnet diese Karte herausziehen? Das sollte ich geschrieben haben? Habe ich wirklich einmal *so* für Mark empfunden? Ich seufzte. Ja, genau *so* sollte es wieder werden. Ich wollte, dass ich wieder die gleichen romantischen Gefühle, das gleiche sexuelle Verlangen empfand. War das möglich?

Auf der nächsten Karte waren zwei Zebras abgebildet, die Köpfe zärtlich aneinandergeschmiegt. Auf die Innenseite hatte ich geschrieben, »Danke, dass du das vergangene halbe Jahr mit mir geteilt hast. Und für deine Geduld mit mir. Du hast mich sehr glücklich gemacht.«

Dann fand ich einen Zettel, auf den mit Tinte ein Gesicht gemalt war. Auf Augen, Nase und Mund war jeweils eine Münze geklebt. »Weil ich nicht bei dir sein kann, hier ein Bild von mir. Ich bin so glücklich, dass ich dich habe. Die Münzen in den Augen sollen meine Gedanken sein, die auf der Nase meine Umarmungen, und die auf dem Mund meine Küsse. Ich weiß, das ist nur ein schwacher Trost, bis wir uns wiedersehen und das alles haben können.«

Ich konnte mich absolut nicht daran erinnern, eine solche Karte gebastelt zu haben. War ich einmal so vernarrt in ihn gewesen?

Die letzte Karte im Stapel war recht kitschig. »Einen Mann wie dich zu lieben, bedeutet …«, stand da. Auf diese Karte hatte ich geschrieben: »Es bedeutet, jemanden zu haben, zu dem ich aufschauen kann, jemanden, der klassische Musik mit mir hört, auch wenn er klassische Musik gar nicht mag. Es bedeutet, dass er sich neben mich kuschelt und mich erträgt, auch wenn ich krank bin und aussehe wie drei Tage Elend. Es bedeutet, dass ich unendlich froh, glücklich und dankbar bin, dass du in mein Leben getreten bist.« Ich nahm die Karten mit nach oben und legte sie auf meinen Schreibtisch. Ja, sie erinnerten mich an eine Frau, die ich einmal gekannt habe. Vielleicht würde ich wieder zu dieser Frau werden, wenn ich mir diese Karten nur immer und immer wieder zu Gemüte führte.

Wir fuhren los Richtung Cape May. Auf dem Weg sinnierte ich noch immer über die Postkarten und über die Frau, die sie einmal verschickt hatte. Warum hatte ich mich damals in

Mark verliebt? Und war es ihm nun einfach zu viel, am Ende bei mir gelandet zu sein?

»Warum bist du noch verliebt in mich?«, wollte ich wissen.

Eigentlich hatte ich ein »Weiß nicht« erwartet.

Stattdessen kam: »Kann ich dir leicht sagen.«

»Wirklich?«

»Ja«, sagte er und zählte die Gründe an den Fingern ab. »Erstens: Du bist ein heißer Feger.«

Ich wurde rot. Ich selbst hatte ein ganz anderes Bild von mir und hatte mich mit meinem Aussehen und meiner Figur schon immer schwergetan. Mein Gesicht fand ich zu eckig, meine Brüste zu klein, meine Schenkel zu dick und meine Augenbrauen zu buschig.

Seit der Geburt unserer Tochter war auch mein Bauch etwas zu speckig. Und erschrocken beäugte ich die feinen Linien um meine Lippen und Augen, die sich über Nacht zu vervielfachen schienen. Und die Vorstellung, mich im Badeanzug zu zeigen, war mir ein Graus wegen meiner Cellulite. Ich, ein heißer Feger? Nie und nimmer. Ich war eine 36 Jahre alte Mama, die eine Familienkutsche fuhr und Baumwollunterwäsche trug. Mamas waren keine heißen Feger, und in meinem speziellen Fall schon gar nicht, zumal mein eigener Gatte mir jahrelang in keiner Weise vermittelt hatte, Lust auf mich zu haben. Fand er mich tatsächlich noch attraktiv mit Falten, Cellulite und Kaiserschnittnarbe?

Ich brannte förmlich darauf, dass Mark mir noch einmal sagte, wie heiß er mich fand. Ich wollte, dass er mich sexuell begehrenswert fand. Und ich wollte wieder zu einer begehrenswerten Frau werden.

»Sagst du das jetzt nur, damit ich mich freue?«, fragte ich.

»Nein, du bist wirklich heiß.«

Ich setzte mich aufrechter hin.

»Was noch?«

»Du bist gescheit.«

»Was noch?«

»Du bist hübsch.«

»Was noch?«

»Du bist sportlich.«

»Meinst du, du könntest das alles für mich aufschreiben?«, fragte ich. »Würdest du mir einen Liebesbrief schreiben? Ich schreibe dir einen und du mir. Schreib einfach auf, warum du mich liebst.«

»Bis wann?«

»Bis wir zusammen nach New York fahren.«

»Gut, mach ich.«

Ich schaute aus dem Fenster, sah die Landschaft vorbeiziehen und lauschte der Musik. Dann betrachtete ich Mark und sagte schließlich: »Ich muss dir etwas sagen.«

»Was?«

»Weißt du noch, als wir im Supermarkt einkaufen waren und Kaarina uns ständig davonlief? Als wir dann vor der Geflügeltruhe standen, hast du mich richtig angepflaumt.«

»Kann sein«, sagte er.

»Ich hatte eine derartige Wut auf dich, dass ich dich am liebsten umgebracht hätte. Stattdessen habe ich angefangen, einen Roman zu schreiben, in dem eine verzweifelte Frau den Mord an ihrem Gatten plant.«

»Willst du mich jetzt immer noch umbringen?«

»Nein, keine Sorge. Ich wollte dir nur von meinem Roman erzählen, weil ich das die ganze Zeit für mich behalten habe. Ich wollte schon immer Schriftstellerin werden, schon als Kind. Es bedeutet mir eine Menge. Und dass ich dich nicht eingeweiht habe, ist ein Zeichen dafür, wie schlimm es steht zwischen uns.«

»Freut mich für dich, dass du deinen Roman schreibst«, sagte er. »Doch, wirklich.«

Warum haben Sie Ihren Mann geheiratet? Denken Sie nach. Es gab einmal einen Grund. Viele Gründe. Schreiben Sie alle auf, und verraten Sie sie Ihrem Mann. Fragen Sie ihn auch, was ihm besonders an Ihnen gefällt.

In Cape May schlug Mark vor, dass ich mir jeden Morgen ein paar Stunden für mich nehme, um joggen oder einkaufen zu gehen, an meinem Roman zu schreiben oder zu lesen. Nachmittags ging er dafür Radfahren, während Kaarina und ich ein wenig schliefen. Am Strand lag ich mit einem Buch im Liegestuhl, während er mit Kaarina eine Sandburg nach der anderen baute. Und wenn wir im Restaurant saßen, gab er ihr Buntstifte und malte mit ihr. Er hielt ihre Eiswaffel, während sie daran leckte und ihm das geschmolzene Eis über die Hand lief. Er setzte unsere Tochter sogar aufs Töpfchen, was normalerweise immer meine Aufgabe war.

Eines Abends entdeckte ich bei einem Bummel durch die Einkaufsmeile von Cape May ein Dessous-Geschäft. »Oh, da will Mami mal gerne rein«, sagte ich zu Mark und Kaarina, während Mark die Schaufensterpuppen betrachtete. »Gut,

nimm dir Zeit. Ich bin derweil mit Kaarina im Laden neben-
an«, sagte er.

Ich schaute mich in dem Geschäft um. Welche Slips meinen Hintern wohl vorteilhaft betonen würden und welche
nicht? Ich hatte keine Ahnung. Ich wusste nicht, in welchen
Modellen ich mich selbstbewusst oder erotisch fühlen würde. Ich war schon kurz davor aufzugeben. Da kamen Mark
und Kaarina herein.

»Ich weiß nicht, was ich nehmen soll«, sagte ich.

»Das hier«, meinte Mark und griff nach einem engen,
schwarzen Body, der in der Taille ein Seidenband hatte.

»Warum diesen Body?«

»Weil du eine super Taille hast, Mama«, sagte er. »Und der
hier bringt sie zur Geltung.«

»Ich, eine super Taille?«

»Klar.«

Kaarina rannte aus dem Laden.

»Ich muss hinterher«, sagte er. »Lass dir Zeit.«

Ich probierte noch ein paar andere Modelle, fummelte mit
Haken und Verschlüssen herum, quälte mich, so gut es ging,
in verschiedene Mieder und fragte mich, wie ich am besten
wieder herauskam, ohne sie zu zerreißen.

Schließlich entschied ich mich für einen figurbetonten
Body und einen Slip, der meinen Hintern knackig aussehen
ließ. Immerhin war mein Hintern der Teil meines Körpers,
der meinem Mann vor vielen Jahren den Kopf verdreht hatte.

Wenn es mit Ihrer Ehe wieder klappen soll, dann konzentrieren Sie sich auf die kleinen positiven Veränderungen –

ein Lächeln, ein Kompliment, eine ausgeräumte Geschirr-
spülmaschine, eine Umarmung. Sehen Sie das, was sich
zum Besseren entwickelt, und nicht nur das, was noch im
Argen liegt.

Die paar Tage in Cape May hatten unserer Beziehung gutge-
tan, sie war wieder stärker, wärmer und glücklicher. Aber ich
wusste, dass dieses Nachglühen rasch verglimmen würde,
wenn wir nicht weiterhin am Ball blieben. Meine angestaute
Wut hatte ich zwar halbwegs ablassen können, aber es gab
noch immer jede Menge aufzuarbeiten.

Darin war ich mir, wie ich feststellte, mit dem bekannten Paarpsychologen John Gottman einig. Er ist vor allem
dafür bekannt, dass er die Scheidungswahrscheinlichkeit
von Paaren mit über 90-prozentiger Sicherheit vorhersagen
kann, nachdem er ihnen nur fünf Minuten zugehört hat. Ich
war neugierig, wie er das machte und was er wohl zu meiner Ehe sagen würde, und so las ich sein Buch. Darin zählt
er sieben sichere Zeichen auf, die auf eine Scheidung hin-
deuten. Bei Nummer sechs stockte ich: »... Paare, die sich
in einer negativen Sicht ihres Partners und ihrer Ehe fest-
gefahren haben, schreiben die Vergangenheit oft um. Auch
wenn Sie sich nur schwer an Ihre gemeinsame Vergangenheit erinnern können, ist dies ein schlechtes Zeichen: Sie ist
für Sie so unwichtig oder schmerzhaft geworden, dass Sie
sie verdrängen.«

Mit anderen Worten, diese Paare haben vergessen, was sie
einmal im anderen gesehen haben. Ich musste an die Ratschläge der langjährig verheirateten Paare auf meiner Hoch-

zeit denken: *nie böse miteinander abends schlafen gehen* und *nie vergessen, warum man sich ineinander verliebt hat.*

Ich hatte es vergessen.

Hatte ich mich wirklich einmal in Mark verliebt?

Muss wohl so gewesen sein. Wir hatten nicht jung geheiratet. Auch nicht aus Torschlusspanik. Und Geld oder gesellschaftlicher Status spielten ebenfalls keine Rolle. In irgendetwas an ihm musste ich mich doch verliebt haben.

Ich durchforstete ein paar *Internetseiten zum Thema Partnerschaft* und suchte nach erhellenden Informationen darüber, was die Anziehungskraft zwischen zwei Menschen aus Sicht der Wissenschaft ausmacht. Vielleicht war ich danach schlauer und es fiel mir wieder ein, was mich einmal an Mark gereizt hatte. Ich erfuhr, dass alle Frauen auf die gleichen Eigenschaften anspringen: Wir alle bevorzugen verlässliche, warmherzige, gesunde, gescheite und gebildete Partner. Männer fühlen sich vor allem zu Jugend und Schönheit hingezogen, Frauen hingegen zu Männern mit viel Geld und Einfluss.

Stimmt. Als ich Mark kennenlernte, erschien er mir verlässlich, warmherzig und gescheit. Er war gebildet, hatte einen guten Job und eine eigene Wohnung. Aber deshalb habe ich mich nicht in ihn verliebt. Ich kenne eine ganze Reihe von Männern mit den gleichen Eigenschaften. Und die habe ich schließlich nicht geheiratet.

Wie heißt es in einem Sprichwort so schön? *Gleich und gleich gesellt sich gern.* Also worin sind wir uns ähnlich? Er ist tolerant, sieht gerne James-Bond-Filme und liebt seine Unabhängigkeit. All das gefiel mir an ihm. Und beide mögen wir gutes Essen und Reisen.

Dann fiel mir ein anderes Sprichwort ein: *Gegensätze ziehen sich an.* Und worin unterscheiden wir uns? Mark ist ruhig. Selbstsicher. Kein Workaholic. Das gefiel mir an ihm.

Doch das alles erklärte längst nicht, warum ich meinen Mann geheiratet habe. Warum ausgerechnet Mark und keinen anderen?

Auch auf diese Frage fand ich nur eine Antwort: *keine Ahnung.* Weil er mir gerade gelegen kam? Weil mir kein Grund einfiel, der dagegen gesprochen hätte?

Schließlich fand ich tief in meinem Herzen einen stillen Ort, wo vergraben die Antwort ruhte: Ich fühlte mich zu Mark hingezogen, weil er mich bedingungslos liebte. Er liebte alles an mir. Er liebte mich, egal mit welcher Frisur, mit welchem Make-up, ob in hochhackigen oder flachen Schuhen, verschwitzt oder frisch geduscht. Er liebte mich, auch wenn ich krank war, wenn ich fröhlich oder wütend war. Er liebte mich so, wie ich war.

Bis auf einmal, als er mich gebeten hatte, mein fleckiges T-Shirt gegen ein sauberes zu tauschen, bevor wir seine Eltern besuchen gingen.

Vielleicht sind das nicht die Gründe, die Sie an einem Mann anziehen oder Sie überzeugt hätten, ihn zu heiraten. Ich bin sicher, dass jede Frau ganz eigene Vorstellungen und Anforderungen an einen Partner hat. Für eine meiner Freundinnen beispielsweise kommen nur Männer in Frage, die zwischen 38 und 50 sind, größer als 1,70 Meter, sportlich, dichtes Haar haben und begeisterte Romanleser sind.

Dagegen waren meine Anforderungen an einen Partner recht bescheiden: Ich wollte vor allem angehimmelt werden.

Ich wollte geliebt werden um meiner selbst willen. Ich wollte einen Partner, der an mich glaubte.

Als ich mit vierzehn meine Jungfräulichkeit verlor, habe ich mich danach so geschämt, dass ich niemandem davon erzählte. Und diese Scham trug ich noch immer mit mir herum, als ich Mark damals im *Farmhouse* kennenlernte. Er hat trotzdem um mich geworben, und hat diese Scham als Teil von mir angenommen. Er hat alles an mir angenommen. Mir zugehört. Mich nie verurteilt. Nie von mir verlangt, etwas zu sein, das ich nicht war. Er hat mir meine Träume gelassen. Mich bedingungslos geliebt. Und deshalb habe ich ihn geheiratet.

Gegensätze gab es zwischen Mark und mir in vielerlei Hinsicht, und damit genug Reibungspunkte, die mich immer wieder auf die Palme brachten. Etwa wenn ich herumliegende Socken entdeckte, die er gar nicht zu sehen schien, geschweige denn mich wahrnahm, die ich mich genötigt sah, hinter ihm herzuräumen. Ich wurde stinksauer, wenn er seine leeren Bierflaschen oder Joghurtbecher herumstehen oder Bananenschalen irgendwo vor sich hin gammeln ließ, anstatt dass er sie gleich in die entsprechende Mülltonne warf. Und es ärgerte mich kolossal, dass ihm der Geburtstag seiner Mutter offenbar immer erst einen Tag vorher einfiel und er mich dann brauchte, um noch auf den letzten Drücker ein passendes Geschenk zu besorgen. Und weil ich ihr den Tag nicht verderben wollte, spielte ich dieses Spielchen jedes Jahr mit. Außerdem nervte mich, dass ich nachts in null Komma nichts wach war, wenn Kaarina schrie, Mark sie hingegen einfach nicht hörte.

Doch was mich heute auf die Palme brachte, nämlich genau diese Gegensätze, hatte mich vor Jahren einmal an Mark fasziniert. Sein ruhiges Naturell zum Beispiel, das ein guter Ausgleich war zu meiner eigenen inneren Unruhe. Ich dachte an einige Situationen zurück, als Kaarina gerade geboren war. Und wenn ich ehrlich bin, muss ich zugeben, dass mich seine ausgeglichene Ruhe im Lot gehalten und mich davor bewahrt hatte, nicht völlig durchzudrehen. Auch Marks bestimmte Art gefiel mir sehr. Und er wusste, wie man Spaß hat und brachte mich dazu, nicht immer so bierernst zu sein und auch mal zu lachen und mich zu amüsieren.

Ja, ich wusste jetzt wieder, warum ich Mark geheiratet hatte. Es gab einen Grund. Viele Gründe sogar. Und so machte ich mich an meinen Liebesbrief an ihn.

Warum ich dich liebe

- *Ich liebe deine Augen, die mal grau sind und mal grünbraun, als ob sie sich einfach nicht entscheiden können.*

- *Ich liebe dich dafür, dass du gerne Auto fährst und es dir nichts ausmacht, wenn ich die ganze Fahrt über schlafe.*

- *Ich liebe dich mit Dreitagebart.*

- *Ich liebe dich dafür, dass du auch in schwierigen Situationen die Ruhe selbst bist. Und dafür, dass du Verständnis dafür hast, dass ich in schwierigen Situationen nie ruhig und beherrscht bin.*

- *Ich liebe dich dafür, dass du mit Autohändlern so gut feilschen kannst.*

- *Ich liebe dich dafür, dass du bestimmt (aber nicht unhöflich) den Chef verlangst, wenn wir in einem Restaurant schlecht bedient werden, und es damit immer irgendwie schaffst, dass wir Rabatt oder ein kostenloses Essen bekommen.*

- *Ich liebe dich dafür, dass du mit leichtem Gepäck reist.*

- *Ich liebe dich dafür, dass du es schaffst, eine ganze Garage voller Zeug im Auto zu verstauen.*

- *Ich liebe dich dafür, dass du Burritos magst, Sushi, indische Küche, Hummus, Tintenfisch und Butternusskürbissuppe.*

- *Ich liebe dich dafür, dass du genauso gerne verreist wie ich.*

- *Ich liebe dich dafür, dass du nichts von Prügel als erzieherischer Maßnahme hältst.*

- *Ich liebe dich dafür, dass du die Mäuse und Ratten im Haus tötest und mir die Einzelheiten dieses Massakers ersparst.*

- *Ich liebe dich dafür, dass du die Reifen an meinem Auto wechselst.*

- *Ich liebe dich dafür, dass du dich »autotechnisch« artikulieren kannst.*

- *Ich liebe deine Nase.*

- *Ich liebe deine Hände.*

- *Ich liebe dich dafür, dass du all meine Liebesbriefe aufhebst.*

- *Ich liebe dich dafür, dass du weißt, wie man alle möglichen Krawattenknoten bindet, während ich nur meine Schuhe gebunden kriege.*

- *Ich liebe dich dafür, dass du nie laut wirst.*

- *Ich liebe dich dafür, dass du weißt, wie alles funktioniert, vor allem Kameras und Handys.*

- *Ich liebe dich dafür, dass du immer eine Antwort parat hast, zum Beispiel, wenn ich mich darüber wundere, wieso aus einer Klimaanlage kalte Luft kommt.*

- *Ich liebe dich dafür, dass du endlos Sandburgen für Kaarina baust, die sie dann alle wieder kaputtmacht.*

- *Ich liebe dich dafür, dass du weißt, wie man Regale aufbaut, Nägel in die Wände klopft und welchen Bohraufsatz man gerade braucht.*

- *Ich liebe dich dafür, dass du nie die Geduld verlierst.*

- *Ich liebe dich dafür, dass du mir immer wieder erklärt hast, wie man den Schnellspanner am Gartenschlauch löst, bis ich es schließlich kapiert hatte.*

- *Ich liebe dich dafür, dass du mir die Schultern massierst oder mir etwas zu trinken bringst, wenn ich einen harten Tag oder einen schwierigen Kunden hatte.*

- *Ich liebe dich dafür, dass du dir gerne den Film »Der Grinch« ansiehst.*

- *Ich liebe dich dafür, dass, wenn etwas kaputt geht, Kaarina sagt »Daddy macht das wieder ganz«.*

- *Ich liebe dich dafür, dass du dir die orangefarbene Crocs gekauft hast, um im Partnerlook mit unserer Tochter zu gehen.*

- *Ich liebe dich dafür, dass du mir nie sagst, wie kaputt und müde ich aussehe, auch wenn dem so ist.*

- *Ich liebe dich dafür, dass du alles aus den oberen Regalen im Küchenschrank holen kannst, ohne dafür auf einen Stuhl steigen zu müssen.*

- *Ich liebe dich dafür, dass du deinen Nachtisch mit mir teilst.*

- *Ich liebe dich dafür, dass du vor nichts Angst hast, außer vor Schlangen.*

- *Ich liebe dich dafür, dass du nie von mir verlangst, den Rasen zu mähen.*

- *Ich liebe deine Narben.*

- *Ich liebe dich dafür, dass du jedes Glas aufkriegst.*

- *Ich liebe dich dafür, dass du weißt, wie man ein verstauchtes Sprunggelenk oder eine Schramme verarztet.*

- *Ich liebe dich dafür, dass du kein Jammerlappen bist und dir nie anmerken lässt, wie weh es tut, wenn du vom Rad gestürzt bist.*

- *Ich liebe dich dafür, dass du zu allem etwas zu sagen hast, auch wenn du keine Ahnung hast, wovon du redest.*

- *Ich liebe dich dafür, dass du mich liebst.*

7. KAPITEL

Liebe, Lust und Leidenschaft

*Für Frauen gehört zum Vorspiel alles,
was 24 Stunden vor dem Beischlaf passiert. Für
Männer dauert es gerade mal drei Minuten.*

LOUANN BRIZENDINE, DAS WEIBLICHE GEHIRN

Mark war nie mein Casanova. Selbst während der ersten Zeit unserer Beziehung war ich nicht völlig berauscht oder trunken vor Leidenschaft. Anders bei Steve. Von ihm konnte ich nicht die Hände lassen. Ich verzehrte mich förmlich nach ihm. War heiß auf ihn. Aber bei Mark? Na ja, ich stand auf ihn – *so einigermaßen* eben.

So einigermaßen war aber durchaus in Ordnung. Damit konnte ich gut leben. Mark brachte mich zwar nicht sonderlich in Wallung, dafür würde er mir aber auch niemals wehtun. Er war fürsorglich, verliebt in mich, verantwortungsbewusst, sensibel, intelligent und nett. Mark hatte alles, was einen guten Ehemann und Vater ausmachte. Steve und Todd konnten damit definitiv nicht punkten.

Es kam mir nie in den Sinn, dass Mark eines Tages im Bett keine Lust mehr auf mich haben könnte. Oder ich umgekehrt keine Lust mehr auf ihn, nicht den kleinsten Funken. Aber genau das passierte.

Meine Lust auf ihn nahm stetig ab – aus mehrmals pro Woche wurde einmal pro Woche, zweimal pro Monat, einmal pro Monat, alle paar Monate, und schließlich war sie ganz verpufft. Marks Lust auf Sex hingegen war ungebrochen, weshalb er ständig die Initiative ergriff. Ich fühlte mich schuldig und unbehaglich, wenn er sich im Bett von hinten an mich drängte und seinen Ständer an meinem Hinterteil rieb. Das machte mich zunehmend angespannt und genervt. Merkte er nicht, dass ich keine Lust hatte? Hätte ich sonst ein schlabbriges altes T-Shirt und Liebestöter an? Nach der Geburt von Kaarina war mein sexuelles Verlangen endgültig erloschen. Ich bekam kaum Schlaf, dafür aber eine vorübergehende Menopause mit Hitzewallungen und allem, was dazugehört. Meine Östrogen- und Testosteronwerte waren im Keller, was meine Scheide trocken machte. Ich wehrte Marks Annäherungen derart rigoros ab, dass er es irgendwann gar nicht mehr versuchte.

Für mich war das völlig in Ordnung. Es ging mir gut damit, obwohl ich ein schlechtes Gewissen deshalb hatte.

Das wird schon wieder, dachte ich. Vielleicht nach der Stillzeit. Kaarina war nach sechzehn Monaten entwöhnt, doch von sexueller Lust keine Spur. Vielleicht musste ich einfach nur wieder mehr Schlaf bekommen. Nein. Auch das änderte nichts.

Ich sah Eltern mit zwei Kindern und fragte mich, ob die wohl noch Sex hatten. Woran hakte es bei uns? Woran hakte es bei mir?

Als sich meine Lust wieder meldete, ich war inzwischen 36, traf mich das wie aus heiterem Himmel. Zum ersten Mal seit Jahren hatte ich sexuelle Fantasien und wurde an allen möglichen und unmöglichen Orten richtig geil. Manchmal dachte ich zehn- bis fünfzehn Mal am Tag an Sex, doch Mark kam in diesen Fantasien nie vor. Ob ich Mark jemals in meine erotischen Tagträume würde einbinden können?

Oder würde ich nun für den Rest meines Lebens irgendwelche Fantasiemänner begehren?

Offenbar war all dies erschreckend normal. Laut einer Studie des *Kinsey Institute* erging es rund drei Prozent aller verheirateten Paare genauso wie uns: Es herrschte buchstäblich tote Hose! Weitere 13 Prozent hatten wenige Male im Jahr Sex, knapp die Hälfte der befragten verheirateten Paare weniger als ein Mal pro Woche, ungefähr ein Drittel zwei bis drei Mal pro Woche, und nur sieben Prozent fast jeden Tag. Ich hatte nicht den Ehrgeiz, es bis in die Reihe dieser Spitzenreiter zu schaffen. Das sind, so reimte ich mir zusammen, irgendwelche jungen Leute, die eine Blitzhochzeit in Las Vegas veranstalten, kaum dass sie sich ein paar Stunden kennen, es ein paar Monate lang mehrmals täglich treiben und dann die Kirche ersuchen, ihre Ehe zu annullieren.

Nein, ich hatte keinerlei Ambitionen, zu diesem oberen Drittel zu gehören. Nach sechs Monaten Leerlauf erschien mir die Vorstellung, es zwei bis drei Mal die Woche zu tun, absolut grauenhaft.

Ein paar Mal im Monat vielleicht? Ja, damit könnte ich mich schon eher anfreunden. Könnten wir das schaffen? Von mir aus gerne. Ich war sogar richtig scharf darauf. Aber wahrscheinlich war ich schärfer darauf, dieses Ziel zu erreichen, als auf meinen Mann selbst. Und vielleicht, aber nur vielleicht, könnte das Feuer der Lust auch in Mark wieder entbrennen.

Laut meinen schlauen Büchern haben Männer zehn bis hundert Mal mehr Testosteron im Blut als Frauen und müssen sich daher regelmäßig Erleichterung verschaffen, um ihr bestes Stück bei Laune zu halten. Frauen hingegen weisen lediglich in der zweiten Zykluswoche, kurz vor dem Eisprung, erhöhte Testosteronwerte auf. Irgendetwas passt hier nicht ganz zusammen, wie ich finde. Sind wir Frauen gestraft, nur wegen der Geschichte mit dem Apfel im Paradies?

Nur noch wenige Wochen, dann würden wir nach New York fahren. Was hatte ich mir eigentlich dabei gedacht, mir diese Deadline für die Wiederbelebung unserer Ehe zu setzen? Da sind wir Frauen seit dem Sündenfall im Paradies verflucht, und ich bildete mir ein, dass es ein kleiner Trip in die große Stadt schon irgendwie richten könnte und wir stundenlang Bienchen und Blümchen spielen würden? Sehr viel wahrscheinlicher war, dass Mark und ich in unserem New Yorker Hotelzimmer sitzen, nichts miteinander anzufangen und auch nichts zu sagen wissen, außer vielleicht *Mal sehen, was im Fernsehen kommt.*

Sollte New York zum Reinfall werden, wäre wohl aller Elan dahin, und wir würden uns wohl nie wieder aufraffen, unsere Ehe zu retten. Und wenn ich dann irgendwann als alte Dame meine Freundinnen über ihr Sexleben reden hörte, würde ich nur sagen – *Was? Über SO WAS macht ihr euch noch Gedanken?*

Ich hatte nicht vor, auf immer und ewig keinen Sex mehr zu haben, aber nach einer sechsmonatigen Flaute kam es auf ein paar Wochen mehr oder weniger eigentlich auch nicht an. Aber ich wollte diesen Stichtag. New York. Das markierte Datum auf dem Kalender sollte uns motivieren, unsere Hausaufgaben zu machen. Ich war wild entschlossen. In meiner Handtasche trug ich einen Sexratgeber mit mir herum. Wann immer ich einen freien Moment fand – wenn Kaarina schlief, spätabends oder wenn ich beim Friseur saß –, schmökerte ich darin.

Ich erfuhr, dass Sex in drei verschiedenen Phasen abläuft: Lust, Erregung, Orgasmus. Lust, das ist die sexuelle Fantasie, die einen zum Glühen bringt. Erregung, das ist für den Mann der Ständer und für die Frau das Feuchtwerden. Der Orgasmus schließlich ist die kurzlebige, aber intensive Muskelkontraktion, die man so außerirdisch schön erlebt. Die meisten Frauen haben keine Probleme mit der dritten Phase. Eher mit der ersten, der Lust. Ein Drittel aller Frauen ergreifen selten die Initiative, denn sie verspüren nur selten Lust.

Auch ich hatte selten ein Problem, zum Orgasmus zu kommen und ihn auszukosten, diesen himmlischen Hochgenuss, dieses Gefühl, das den ganzen Körper heiß durchströmt. Doch diese orgiastische Wonne reichte offenbar nicht, um öfter Sex haben zu wollen. Ich verglich das Glücksgefühl beim Orgasmus mit dem kulinarischen Glücksgefühl beim Vernaschen von Schokolade. Forscher haben herausgefunden, dass das Lustzentrum im weiblichen Gehirn doppelt so stark erregt wird, wenn eine Frau Schokolade isst, als wenn sie ihren Liebsten küsst. Das leuchtete mir ein. Schokolade ist hübsch verpackt, leicht zu haben, und einmal auf der Zunge ein wahrer Hochgenuss. Küssen und Vorspiel waren etwas völlig anderes und führten auch bei bester Technik nicht immer zu höchsten Wonnen. Logisch: Wenn ich den Kakaobaum und das Zuckerrohr erst selbst anbauen, die Früchte ernten, aufschlagen und mit handgemolkener Kuhmilch vermischen müsste, hätte ich auch keine Lust mehr auf Schokolade.

Ich legte das Buch beiseite und nahm mir das nächste vor. Die Autorin, eine Doktorin der Medizin und Neurobiologie, bestätigte mir, dass unser anstehendes Wochenende in New York genau das Richtige für uns wäre. Die sexuelle Lust bei Frauen stellt sich erst ein, wenn das Angstzentrum im Gehirn, die Amygdala, ausgeschaltet ist. Die Amygdala bei einer chronischen Multitaskerin wie mir ausknipsen zu wollen, ist allerdings schwierig. Zu viele Gedanken hielten sie ständig am Laufen, wie etwa *»Der Abwasch stapelt sich im Spülbecken!«*, oder *»Kaarina kann jeden Moment aufwachen!«*, oder *»Oje, jetzt habe ich dies und das und das vergessen!«*

In New York würde es keinen Abwasch geben, keinen Hund, kein Kind, keine E-Mails. Ein Wochenende Auszeit, so meinte die Autorin, sei eines der wirksamsten Aphrodisiaka.

New York war also doch keine so schlechte Idee. Mark und ich müssten nur darüber reden, was uns im Bett gefiel und was nicht, erklärte mir die Autorin des Ratgebers und gab auch gleich ein paar praktische Sätze vor, um den Einstieg in diese Art von Gespräch zu erleichtern.

Wusste ich, was ich wollte? Fantasien zu haben fiel mir leicht. Marks Hände etwa, die mich streichelten, die alle möglichen Dinge machten, die Mark nie tat, auch zu unseren besten Zeiten nicht.

Hatte er ähnliche Wünsche und Bedürfnisse, was mich betraf?

Ich tippte Mark am Arm.

»Liebling, denk mal ein paar Monate zurück, als wir noch Sex hatten. Wie hättest du es gerne gehabt? Welche Fantasien hattest du?«

»Keine Ahnung«, sagte er.

»Also ich hätte gerne gehabt, dass du mir die Augen verbindest, mich fesselst und mich so heiß machst, dass alle meine Sinne erregt sind.«

Er sah mich an. »*Das* willst du?«

»Ja, will ich. Jetzt du.«

»Ich weiß nicht.«

Hatten wir noch nie über Sex gesprochen? Doch bestimmt. Bestimmt hatten wir uns erzählt, was wir mögen und was nicht. Es konnte doch nicht angehen, dass wir jahrelang nur stumm herumprobiert hatten.

»Überleg doch mal«, sagte ich.

»Wie viel Zeit gibst du mir für meine Überlegungen?«

»Bis New York.«

Ein Mann, der nicht gerade an Erektionsstörungen leidet, so las ich, kann normalerweise immer und überall. Egal, ob seine Frau ihn gerade geärgert hatte oder sonst irgendetwas.

Wenn eine Frau einen Mann zum Sex animieren will, muss sie nur eins tun: sich ausziehen.

Wir Frauen sind da ein wenig komplizierter. Es braucht eine Menge mehr als nur einen nackten Mann, um uns anzutörnen. Im Gegenteil: Bei der Vorstellung vom eigenen nackten Göttergatten würden sich die meisten von uns am liebsten verstecken.

Frauen empfinden keine Lust, solange sie nicht das Gefühl haben, dass der Mann sie über alles liebt. Angst, Wut, Scham halten die Amygdala aktiv und töten die Lust. Glück, Freude und Wohlempfinden hingegen befeuern sie.

Kein Wunder, dass Mark und ich keinen Sex mehr hatten! Im letzten halben Jahr, wenn nicht sogar länger, war ich mindestens einmal am Tag wütend auf ihn. Wir hatten keine Zeit fürs Vorspiel, denn wir spielten permanent Krieg und Frieden.

Ich brauchte mir eigentlich gar keine Reizwäsche oder Erotikspielzeug zu kaufen. Vielmehr musste ich die Probleme angehen, die Wut, Frust, Angst und Scham bei mir erzeugten. Am Anfang unserer Beziehung war ich der wichtigste Mensch in Marks Leben. Doch das änderte sich mit der Zeit. Irgendwann war ihm sein Fahrrad wichtiger. Dann sein Laden. Ich musste wieder das Gefühl haben, dass ich ihm wichtiger war als Rad, sein Laden und seine Freunde. Und dass Kaarina ihm wichtiger war als alles zusammen.

Ich musste aus seinem Mund hören, dass mein Mann mich liebte, dass er mich wunderschön fand, dass er mich verehrte. Ich musste das Gefühl haben, dass er mein Leben leichter machte, indem er Arbeiten rund ums Haus erledigt, bei der Erziehung mithilft, mir die Schultern massiert oder das Frühstück macht. Ich musste zusehen, wie er Zeit mit seiner Tochter verbringt und jede Minute mit ihr genießt. Und am allerwichtigsten, er musste mir immer wieder beteuern, dass er der glücklichste Mann der Welt sei, weil ich in seinem Leben war. Ich musste es hören und sehen. Aber von ihm aus sagte er und tat er nichts davon. Ich musste ihn immer erst darum bitten. Da fielen mir Debs weise Worte wieder ein: »Männer können keine Gedanken lesen. Männer sind ahnungslos.«

Mark eine Ahnung zu verschaffen, was ich gerne wollte, fiel mir nicht gerade leicht. Am liebsten wäre mir gewesen, er hätte eines Tages eine göttliche Offenbarung gehabt und wäre von selbst darauf gekommen. Aber gut.

An jenem Abend brachte ich Kaarina ins Bett und fragte mich wie schon so viele Abende zuvor – *»Warum bleibt das eigentlich immer an mir hängen, während er die ganze Zeit auf dem Sofa vor dem Fernseher hockt?«* Fast hätte ich diesen Gedanken wieder verdrängt und auf den Haufen mit all den anderen Probleme gestapelt, die mir das Gefühl gaben, ausgenutzt und nicht gewürdigt zu werden. Doch als Kaarina schlief, setzte ich mich neben Mark, stellte den Fernseher auf stumm und sagte: »Ich finde es nicht sonderlich fair, dass ich immer unserer Tochter die Zähne putzen, den Schlafanzug anziehen und ihr Gutenachtgeschichten vorlesen muss, während du gemütlich fernsiehst. Möchtest du nicht mal die erste Geschichte lesen und ich die letzte, oder umgekehrt?«

»Die letzte«, willigte er ein.

Und so machten wir es künftig. So hatte ich abends mehr Zeit für mich, was mich entspannter und gesprächiger machte.

Als Nächstes mussten wir New York besprechen und einen Termin finden. Kein Ding für eine Nacht, möchte man meinen. Falsch. Mit der Rettung unserer Ehe befanden wir uns schließlich noch im Anfangsstadium, was bedeutete, dass noch gar nichts in trockenen Tüchern war.

Fast wäre die New York-Reise geplatzt, weil sich Marks Radsport wieder einmal zwischen unsere gemeinsamen Pläne drängte. Ein paar Tage vorher fiel Mark plötzlich ein, dass genau an diesem Tag ein ganz wichtiges Radrennen stattfand, zu dem er unbedingt fahren wollte.

Ich starrte ihn an. War ihm dieses Radrennen so wichtig? Konnte er es nicht einfach sausen lassen und mit mir nach New York fahren? War unsere Ehe nicht wichtiger als sein Hobby? Die Stimme versagte mir, so enttäuscht war ich. Es war ihm wohl alles egal – Sex, Liebe, Ehe. Nur sein verdammtes Fahrrad, das war ihm offenbar nicht egal.

Mark muss meine Enttäuschung gespürt haben, denn er sagte nach kurzem Nachdenken: »Dann pfeife ich eben auf das Radrennen und wir machen unser romantisches Wochenende wie geplant. Was hältst du davon?«, fragte er.

War das schon das Vorspiel? Ich glaube, ja.

Am Freitag vor der Reise war ich im Kosmetikstudio, wo ich einen Termin bei Carmen hatte. Carmen, so wusste ich von einer Freundin, machte supersexy Bikiniwaxing. Selbige Freundin schlug vor, mich mit Carmen über das sogenannte »Martiniglas« zu unterhalten. Dafür wird das Schamhaar an den äußeren Schamlippen bis auf feine Linien entfernt, sodass sie dem Glasstiel ähneln. Das Haar am Venushügel wird in die Form eines umgedrehten Dreieckes, den Glaskelch, gebracht.

Ich war etwas zu früh da und schaute mich bei den Hautpflegeprodukten um. Dann hörte ich meinen Namen und sah Carmen. Alles an ihr – von den langen Wimpern und den vollen Lippen über ihre schlanken Hüften bis hinunter zu den hochhackigen Stiefeln – war pure Sinnlichkeit. Sie führte mich in einen Raum, in dem ein mit einem weißen Bettlaken bedeckter Tisch stand.

»Du hättest gerne den Martini?«

»Ja«, sagte ich.

Sie sah mich an, als wartete sie darauf, dass ich irgendetwas tat.

»Du musst mir sagen, was ich jetzt tun soll. Ich hatte noch nie ein Waxing.«

»Zieh einfach deine Hose aus und leg dich auf den Tisch.«

Während ich meine Hose aufknöpfte, hätte ich eigentlich gerne ein wenig Privatsphäre gehabt – so wie ich das aus der Praxis meiner Gynäkologin gewohnt war. Carmen wartete mit verschränkten Armen. Ich holte tief Luft, ließ meine Hose hinunter, schlüpfte aus meiner Unterhose und kletterte auf den Tisch.

»Jetzt die Beine breit«, sagte sie. Ich tat wie befohlen. Carmen kam um den Tisch herum und musterte mich von allen Seiten. Dabei wuschelte sie immer wieder durch mein Schamhaar.

»Willst du einen ganz dünnen Stiel oder einen breiten?«, fragte sie.

»Ich weiß nicht. Ich habe so etwas noch nie gemacht. Ich habe ein bisschen Angst, dass es wehtut. Also vielleicht eher einen breiten Stiel.«

»Gut«, sagte sie und sah mich an. »Du bist *ziemlich* haarig.«

Als ob ich das nicht selbst wüsste! Mein Vater stammte von haarlosen Engländern und Deutschen ab. Doch ich schlug eher nach meinem russischen Großvater mütterlicherseits, der Brusthaare wie ein Pudel hatte.

Carmen zog einen Spatel hervor, tauchte ihn in heißes Wachs, legte ihn auf der linken Seite an, um den Stiel zu formen, drückte dann ein Tuch darüber und zog schnell und fest. »So schlimm ist es gar nicht«, sagte ich erleichtert. Dann machte Carmen sich an die rechte Seite, und ich sprang fast vom Tisch. »Diese Seite ist sehr viel empfindlicher.«

»Eine Seite ist immer empfindlicher«, sagte sie nur.

Dann riss sie die Haare um meine Kaiserschnittnarbe aus. Ich zuckte zurück. »Aha, du bist Mama«, sagte sie, während sie mit dem Zeigefinger über die Narbe strich.

»Ja.«

»Wie alt?«

»Sie ist drei.«

»Nein, wie alt bist du?«

»In ein paar Wochen 37.«

»37 und Mama? Du siehst großartig aus«, sagte sie und zeigte auf meinen Bauch.

Dass sie mich als »*ziemlich* haarig« bezeichnet hatte, war damit verziehen.

Sie wachste und zog, während sie mich immer wieder anwies, wie ich die Beine zu halten hatte. Schließlich hatte Carmen ihr Kunstwerk vollbracht: »Ah, sehr schön«, sagte sie zufrieden. Sie hatte ein hässliches Entlein in einen Schwan verwandelt. Ich stieg vom Tisch und zog mich an.

Zu Hause betrachtete ich mich gleich im Spiegel. Zum ersten Mal in meinem post-pubertären Leben gefiel mir, was ich sah.

Ich duschte und rieb das restliche Wachs ab. Ich spürte, wie das Wasser an mir hinunterlief, überall kitzelte und prickelte. Und plötzlich war sie da, die lang vergessene Lust. »Den Martini behalte ich«, sagte ich mir. »Auf jeden Fall.«

Wem Wachsen zu teuer oder zu schmerzhaft ist, kann auch zu einem sanften elektrischen Rasiergerät greifen. Auch damit lässt sich alles Mögliche zaubern. Später kann man auch Rasiercreme und einen 3-Klingen-Rasierer nehmen. Eine tägliche Rasur verhindert das schnelle Nachwachsen der Schamhaare und das damit verbundene Jucken.

Zwei Tage vor der Abreise entdeckte ich einen Pickel an meiner Nase. Dann noch einen auf meiner Stirn. Ich warf einen Blick auf den Kalender.

Mein monatlicher »Besuch« war überfällig.

Und ich war deprimiert. Seit Monaten hatte ich mit meinem Mann keinen Sex gehabt, und ausgerechnet jetzt, wo wir wieder damit anfangen wollten, musste ich meine Periode bekommen. Das wäre der Lust ja nicht gerade förderlich. Ausgerechnet jetzt.

Der Dienstag kam und ging. Nichts. Nein, sie würde nicht kommen, sagte ich mir, als ich Dienstagabend ins Bett ging.

Mittwochmorgen war sie da. Ich war am Boden zerstört. Als Mark sich auf den Weg zur Arbeit machte, sagte ich es ihm.

»Tut mir leid«, sagte er. »Wir werden trotzdem eine schöne Zeit haben.«

Er hatte Recht. Was sollte es. Bis dahin hatte ich New York als den perfekten One-Night-Stand betrachtet, nicht als einen Neustart für uns als Paar.

»He, das ist nicht das einzige Mal, dass ich Sex mit meinem Mann haben werde«, sagte ich mir. New York würde hoffentlich der Beginn zahlloser wunderbarer Erlebnisse sein. Und es musste nicht perfekt sein. Hauptsache, wir waren zusammen.

Am Morgen vor unserer Abreise kreisten meine Gedanken um den »Martini«. Ich stellte mir vor, wie Mark mich langsam auspackte, mir erst die Kleider auszog, dann die Dessous und schließlich völlig überrascht und neugierig sein Geschenk erblickte. Aber da ich ja meine Periode hatte, würde daraus vielleicht nichts werden. Und so griff ich der Überraschung vor. »Ich habe mir ein Bikiniwaxing machen lassen, die sich ›Martiniglas‹ nennt«, sagte ich zu Mark. Er drehte sich zu mir um und zog die Brauen hoch. »Klingt, als wollte ich mir das mal ansehen. Wann hast du das denn machen lassen?«

»Freitag.«

»Hat es wehgetan?«

»Ja, aber nicht so arg, dass ich es nicht noch mal tun würde.«

»Du lässt es also nicht rauswachsen?«

»Nein, ich werde es behalten. Vielleicht probiere ich auch mal andere Formen aus.«

»Wie wäre es mit einer Landebahn?«, fragte er grinsend.

»Auch eine Möglichkeit«, sagte ich, »aber willst du nicht erst einmal den ›Martini‹ sehen?«

Wir schwiegen eine Weile, bis ich ihn fragte, ob er inzwischen schon wisse, wie er es beim Sex gerne hätte.

»Nein, noch nicht«, antwortete Mark.

»Seit wann stellst du dich so an, wenn wir über Sex sprechen?«, fragte ich.

»Was meinst du?«

»Früher haben wir oft darüber gesprochen. Damals, als wir frisch verliebt waren, habe ich dir von meinen wilden Sexfantasien erzählt.«

»Wirklich?«

»Sag bloß, du weißt es nicht mehr?«

»Nein«, sagte er, sah mich aber gespannt an, als wolle er mehr über meine Sexfantasien hören.

»Also, warum stellst du dich so an? Weil ich jetzt Mutter bin?«

»Kann sein. Wir sind Eltern. Es ist anders jetzt.«

»Muss es aber nicht sein. Gegen Sex ist nichts einzuwenden. Wenn du mir nicht sagst, was dir gefällt, dann muss ich eben raten.«

Mittags waren wir in New York. Im Hotel fragte ich Mark: »Möchtest du irgendwo eine Kleinigkeit essen oder was trinken gehen?«

»Klingt gut«, sagte er.

Wir saßen draußen in einem Café. Neben uns ein Mann, der alleine aß, und ein sehr verliebtes, sehr junges Paar, das sich eng aneinandergeschmiegt tief in die Augen schaute.

Mark und ich saßen in einigem Abstand aufrecht mit dem Rücken gegen die Stuhllehne. Wir sprachen ungefähr so viel miteinander wie der Mann, der alleine aß. Ach ja, mal wieder so sein wie das junge Paar, das wäre schön. Könnte ich Mark je wieder so verliebt in die Augen schauen und mich in ihnen verlieren?

Ich bestellte Tomate-Mozzarella, Mark Ravioli. Das Essen kam, und wir teilten uns beide Gerichte.

Dann zog ich meinen Liebesbrief an Mark aus meiner Handtasche – ganze drei Seiten hatte ich getippt – und reichte ihn ihm.

»Ich bin nicht gut im Schreiben«, sagte er, als mein Blick

auf seinen Block fiel, auf den er seinen Brief an mich in Groß-buchstaben geschrieben hatte.

»Habe ich auch nicht erwartet«, sagte ich. »Ich will nur wissen, warum du mich liebst, und dir sagen, warum ich dich liebe.«

Ich begann, seinen Brief zu lesen:

Warum ich dich liebe

- *Du bist mein bester Freund.*

- *Du hast ein tolles Lächeln.*

- *Du bist gescheit.*

- *Du hast eine Menge Herz.*

- *Du hast eine Engelsgeduld.*

- *Du magst keine Katzen.*

- *Du machst deine Sache mit Kaari und Rhodes einfach großartig.*

- *Du bist wunderschön.*

- *Du bist sportlich.*

- *Du läufst Marathons.*

- *Du hast eine wunderschöne, schlaue Tochter geboren.*

- *Du kannst gut organisieren.*

- *Du hast einen tollen Hintern.*

- *Du kannst gut zuhören.*

- *Du bist keine Republikanerin.*

- *Du machst dir nichts aus der Kirche (jedenfalls nicht so viel).*

- *Du liest viele Bücher.*

- *Du kümmerst dich um Rechnungen und unseren Finanz-kram.*

- *Du ernährst dich gesund.*

- *Du bist eine gute Geschäftsfrau.*

- *Du bist eine tierisch erfolgreiche Autorin.*

- *Du bist nicht materialistisch.*

Ich sah auf und lächelte. Auch Mark lächelte, als er seinen Brief gelesen hatte.

»Das war schön«, sagte er.

»Ich wusste gar nicht, dass du mein Lächeln magst.«

»Und ich wusste nicht, dass dir mein Dreitagebart gefällt.«

»Wieso hast du denn das mit der Kirche geschrieben? Immerhin habe ich Bibelstunden gegeben, als wir uns kennenlernten.«

»Deshalb habe ich ja ›nicht so viel‹ hinzugefügt.«

»Es gefällt dir also, dass ich dich nicht zwinge, zur Kirche zu gehen?«

»Ich habe kaum eine freie Minute, und es wäre in meinen Augen eine echte Zeitverschwendung, den Sonntagmorgen auch noch für die Kirche zu verplanen. Da setze ich mich lieber aufs Rad.«

»Ich weiß.«

Wir unterhielten uns noch über diesen oder jenen Punkt und kamen uns näher, in jeder Hinsicht. Wir plauderten zwar nicht ganz so angeregt wie das junge Liebespärchen neben uns, doch dafür sprach auch unser Schweigen tausend Worte.

Wir zahlten und gingen. Ich legte meine Hand an seinen Nacken, kraulte ihn, drehte seinen Kopf leicht in meine Richtung und küsste ihn sanft auf den Mund. »Das musste jetzt sein«, sagte ich ihm. »Ich wünsche mir, dass du mich berührst und aus heiterem Himmel küsst, einfach so.«

Er kniff mich in den Hintern.

»Ja, genauso«, sagte ich und lachte.

»Wann willst du es eigentlich tun? Schließlich sind wir dafür hergekommen.«

»Morgen früh. Morgens hast du es am liebsten, richtig?«

»Ich denke mal, ja«, sagte ich.

Schreiben Sie sich gegenseitig Liebesbriefe, mindestens einmal im Jahr. Am Valentinstag, an Ihrem Jahrestag oder an sonst einem für Sie symbolischen Tag.

Hand in Hand spazierten wir die 57. Straße hinunter und kamen zu einem Laden mit Namen »Eve's Garden«, einem

Erotikshop für Frauen. Eine große, gertenschlanke Frau mit langem pechschwarzen Haar und großen Augen begrüßte uns. Der kleine Laden verkaufte Erotik-DVDs, ein breites Sortiment an Vibratoren und Dildos, Bücher über verschiedene Sexpraktiken, Peitschen, Aromaöle, Liebeskugeln und jede Menge mehr. Ich sah mir die Bücher an. Es gab eine ganze Reihe zum Thema Masturbation. Wie kann man darüber nur so viel schreiben, fragte ich mich.

Dann fiel mein Blick auf ein vertrautes Exemplar, für das ich ein paar Kapitel geschrieben hatte, als ich damals eine Festanstellung im Verlag hatte. Ich zog es heraus, blätterte es durch, bis ich die Seite mit den Danksagungen gefunden hatte und zeigte Mark meinen Namen. Ich war richtig stolz auf mich. Da stand tatsächlich ein Buch von mir im Sexshop!

Wir kauften eine Erotik-DVD, ein Buch über Erotik, ein Aromaöl und ein Buch mit dem Titel *Der perfekte Liebhaber.* »Wenn er das gelesen hat, wird er Sie überglücklich machen«, sagte mir die Verkäuferin, als wir aus dem Laden gingen. Hoffentlich hatte sie Recht!

Im Hotel machten wir uns fertig zum Abendessen. Nach der Dusche schlüpfte ich in meine neuen Sachen, die ich mir extra für diese Reise gekauft hatte: Dessous, Kleid und Schuhe. Ich cremte meine Beine ein und ruhte mich etwas auf dem Bett aus, während Mark unter der Dusche stand. Es gab keinen Bereich an meinem Körper, den ich nicht für diese eine Nacht in New York verschönert hatte. Eigentlich hätte ich mich fantastisch fühlen müssen, aber ich fühlte mich nur schlapp und müde. Wenn ich daheim gewesen wäre, hätte ich mich jetzt in Schlabberklamotten auf ein Nickerchen hingelegt.

Da kam Mark aus der Dusche.

»Schön siehst du aus«, sagte er.

»Danke«, sagte ich und spürte einen Anflug von Schmetterlingsgefühlen, wie ich sie aus der Anfangszeit unserer Beziehung kannte. Ich wusste, dass er mich schön fand, aber manchmal, so wie jetzt, musste ich es von ihm hören.

»Fertig?«

»Fertig.«

Wir hielten ein Taxi an und fuhren zum Restaurant. Im Unterschied zu all den unzähligen Malen, die wir in den letzten Jahren zusammen aus gewesen waren und schweigend beim Essen gesessen hatten, plauderten wir jetzt in einem fort. Über das Interieur des Restaurants. Über die Menü-Auswahl. Über die Leute. Über die weißen Hosen der Kellner. Über dies und das.

Mitten in der Nacht wachte ich mit heftigen Kopfschmerzen auf. Dazu hatte ich einen staubtrockenen Mund und das Gefühl, mich jeden Moment übergeben zu müssen. Ich stand auf, ging ins Badezimmer, nahm einen Schluck Wasser und kroch wieder zurück ins Bett. Ein paar Stunden später das gleiche Spiel. Es ging mir kaum besser. Ich hätte mir in den Hintern beißen können, dass ich zu viel getrunken und damit unseren bevorstehenden Sex am Morgen ruiniert hatte.

Gegen acht wurde ich von Türengeklapper auf dem Hotelflur wach. Mark hatte Hunger, während ich noch vom Abend zuvor pappsatt war. Doch ich wusste, dass Mark ziemlich schnell ziemlich unleidlich werden konnte, wenn er nicht bald etwas in den Magen bekam. Diese Unleidlichkeit konnte derart ausarten, dass wir sogar einen eigenen Namen dafür hatten: den »Hungernotfall«. Also sagte ich nichts. Wir zogen uns an, gingen los, fanden auch bald etwas zu essen und schlenderten anschließend noch ein wenig durch die Straßen. Ich sah auf die Uhr. Um halb eins ging unser Bus nach Hause.

»Haben wir noch genug Zeit?«, fragte ich.

»Mehr als genug«, sagte Mark.

Zurück im Hotel fühlte ich mich noch immer elend. Wir duschten und stimmten uns auf unser zweites erstes Mal ein. Während Mark duschte, zog ich die Dessous an, die ich in Cape May gekauft hatte, und vertiefte mich in das erotische Buch, das ich tags zuvor im Sexshop gekauft hatte. In der Geschichte hatte eine Frau Sex mit dem Weihnachtsmann, was mit Sätzen wie »Ich träume davon, dass er mit seiner großen roten Rute durch meinen Kamin rutscht« beschrieben war. Unter meinem Niveau, beschloss ich. Mein Kopf machte sich lustig über diesen literarischen Mist, doch den weiblichen Stellen meines Körpers schien er ziemlich zu gefallen.

»Was zum …«, murmelte ich, als ich spürte, wie ich warm und feucht wurde. »Es funktioniert.«

Ich legte das Buch weg und lehnte mich in die Kissen. Da bemerkte ich den Spiegel an der Badezimmertür. Einen Ganzkörperspiegel, den man von der linken Seite im Bett aus voll im Blick hatte.

»Na, das ist doch was«, dachte ich.

Ich stapelte die Kissen auf der linken Seite des Bettes und wartete. Ich fühlte mich sexy. Und scharf.

Die Badezimmertür ging auf. Er war nackt. Sein Haar war nass und stand in alle Richtungen. Ich bat ihn, sich mit dem Rücken gegen die Wand auf das Bett zu setzen. Dann setzte ich mich breitbeinig auf ihn und küsste ihn sanft. »Ich habe dich gefragt, wie du es gerne hättest. Aber du hast es mir nicht gesagt. Also probiere ich einfach etwas aus. Setz dich mal hierhin. Ich werde es dir jetzt besorgen. Es geht jetzt nur um dich.«

Ich küsste ihn auf den Mund, knabberte an seiner Unterlippe, küsste seinen Nacken, seine Stirn, seine Brust. Das hatte ich lange nicht mehr getan. Dann beugte ich mich zu seinem besten Stück hinunter. Das hatte ich sonst immer als Teil des Vorspiels gemacht. Und ich empfand es jedes Mal buchstäblich als ein hartes Stück Arbeit. Ich gab mir alle Mühe, ausdauernd zu bleiben und die Erregung möglichst hochzuschrauben. Bei all der Anstrengung hatte mir sonst immer der Kiefer wehgetan, doch ich machte tapfer weiter, denn der Wunsch, Mark zu erregen, war stärker als die Angst davor.

»Ah, so ist's super«, stöhnte er. »Wahnsinn.«

Kurz darauf kam er. Ich konnte es nicht glauben. Ich hatte es tatsächlich geschafft. Ich war so irrsinnig stolz auf mich, dass ich vor lauter Freude fast einen Siegestanz um das Bett veranstaltet hätte. Ich ließ ihn verschnaufen und genießen. »Gut?«, fragte ich.

»Uhh huh.« Seine Stimme klang verträumt. »Das hast du echt drauf.«

»Habe mir das ein oder andere angelesen. Du sagst mir ja nicht, wie du es gerne willst, also habe ich mein Bestes gegeben.«

»Allererste Sahne.«

»Jetzt umgekehrt. Bereit?«

»Ja.«

»Bleib einfach so sitzen. Ich setze mich mit dem Rücken zu dir und zeige dir dann, wie du es mir mit den Händen machen kannst.« Ich streifte mein Höschen ab, legte meine rechte Hand auf seine rechte Hand und schob sie dahin, wo ich sie haben wollte. Mit meinen Fingern dirigierte ich Druck und Richtung, wobei wir beide einen super Blick auf meinen »Martini« hatten.

Im Nu war ich am Höhepunkt.

»Das war fantastisch«, sagte ich. »Ich wünschte, wir hätten das schon viel früher getan.«

»Absolut«, grinste er.

Auf dem Heimweg im Bus sprachen wir über Kaarinas bevorstehenden Geburtstag. »Mittwoch nach ihrem Geburtstag bin ich geschäftlich in Jersey«, sagte Mark.

»Mittwoch nach ihrem Geburtstag ist mein Geburtstag«, sagte ich.

Wir schwiegen eine Weile. Ich hätte an meinem Geburtstag gerne romantisch gefeiert, auch, um meinen ausgefallenen Geburtstag im Jahr von Kaarinas Geburt nachzuholen. Und Mark und ich waren jetzt gerade richtig gut in Schwung gekommen. Mein Geburtstag war für mich immer ein symbolisches Ereignis. Drei Jahre zuvor stand er für das Ende unserer Ehe. In diesem Jahr wollte ich ihn zum Symbol für den Neubeginn unserer Ehe machen. »Tut mir leid«, sagte er. »Wir können deinen Geburtstag doch am Freitag nachfeiern.«

»Nein, ich will ihn dann feiern, wann er ist. Kannst du nicht zu Hause bleiben?«

»Das geht nicht. Ich kann in Jersey nicht fehlen.«

»Lass uns noch mal darüber reden. Wir müssen eine Lösung finden«, sagte ich.

Noch wenige Wochen zuvor hätte ich mich nach einer solchen Unterhaltung in meine Schmollecke verzogen und Mark zu meinem Ex erklärt. Ich hätte mir überlegt, wie ich ihn am besten um die Ecke bringe, und seine Beerdigung geplant. Doch jetzt im Bus nach Hause dachte ich weder an das eine noch an das andere. Gewiss, ich war enttäuscht. Das ja. Aber ich wusste auch, dass wir es wieder hinkriegen würden. Ich wollte Mark inzwischen wieder lieber lebendig als tot. Ich liebte ihn. Von ganzem Herzen.

Nur weil er Ihren Geburtstag oder den gemeinsamen Jahrestag vergisst, heißt das nicht, dass er Sie nicht liebt. Es heißt lediglich, dass er vergesslich ist. Helfen Sie ihm. Schreiben Sie Geburtstag, Jahrestag oder andere wichtige Daten in seinen Kalender.

Wir versprachen einander, so ein Wochenende zu zweit in Zukunft regelmäßig zu machen, beim nächsten Mal vielleicht in Philadelphia oder Washington D.C.

Gute Idee eigentlich. Aber wir konnten nicht jedes Mal wegfahren, wenn wir Sex haben wollten. Ich musste einen Weg finden, meine Amygdala auch zu Hause auszuschalten. Andernfalls bliebe es bei unserer mageren Erfolgsbilanz von ein bis zwei Mal Sex pro Jahr. Wir waren beide wild entschlossen, diese Bilanz auf ein Mal pro Woche oder wenigstens ein Mal pro Monat zu heben.

In einem meiner Ratgeber las ich ein Kapitel über Attraktivität. Männer mit viel Geld, so hieß es da, seien für Frauen äußerst attraktiv, eine Tatsache, die im weiblichen Gehirn fest verankert ist. Wir bilden uns vielleicht ein, über diesen Dingen zu stehen, tun wir aber nicht.

»Habe ich mich entliebt, als Mark seinen Job verloren hat? Und habe ich damit auch meine Attraktivität verloren?«

Meine Rolle als Brötchenverdiener setzte mich enorm unter Druck. Fast immer machte ich mir Sorgen, ob ich genug Geld verdienen würde, um die Hypothek zu bezahlen, Rücklagen zu bilden und unseren Lebensstandard zu halten. Ob diese Sorgen meine Amygdala ständig in Aktion hielten? Aber was ist an einer unkonventionellen Beziehung verkehrt? Ich kann doch auch als Frau Geld verdienen und mich noch immer zu ihm hingezogen fühlen?

Ich überlegte. Von morgens früh bis abends spät war ich beschäftigt mit Kochen, Putzen, Arbeiten, Einkaufen, Post erledigen, Müll rausbringen, Rechnungen bezahlen, Steuern bezahlen, Hundekot entsorgen, Krallen schneiden, Kaarinas Hintern wischen, Vorlesen, beim Malen helfen, Aufräumen und dergleichen mehr.

Nachts schlief ich alles andere als gut. Entspannung fand ich so gut wie nie, und wenn, hatte ich sofort ein schlechtes Gewissen.

Wenn das keine Lustkiller waren.

Ich musste lernen, weniger zu tun, aber ich wusste nicht, wie. Ich arbeitete, lebte und schlief – mitten im alltäglichen

Chaos. Wenn es im Haus unordentlich war, herrschte auch in meinem Kopf Chaos. Ich musste lernen, mich wohlzufühlen trotz offener Rechnungen oder haufenweise Abwasch. Gleichzeitig musste ich Mark mehr einspannen. Er musste sich mehr um Kaarina kümmern, beim Saubermachen helfen und bei den vielen anderen Dingen.

»He, Liebling, hast du mal eine Minute?«, fragte ich. Er kannte diese Frage mittlerweile und sah mich argwöhnisch an.

»Was ist?«

»Ich lese *gerade ein sehr interessantes Buch.*«

»Oje«, seufzte er und griff nach der Fernbedienung.

»Ich weiß jetzt, warum wir keinen Sex mehr haben.«

Plötzlich war er ganz Ohr.

»Die Autorin hat eine Menge recherchiert in Sachen Evolution des weiblichen Gehirns. Sie hat herausgefunden, dass Frauen von Natur aus Männer attraktiv finden, die mehr Geld verdienen als sie selbst. Zuerst wollte ich das nicht glauben. Doch nachdem ich eine Weile darüber nachgedacht habe, erschien es mir einleuchtend.«

»Und was willst du jetzt von mir? Soll ich einen zweiten Job annehmen?«, fragte er.

»Nein, das sage ich gar nicht.« Das Gespräch lief in die falsche Richtung. Irgendwie hatte ich den Faden nicht gefunden. »Ich habe keine Antwort«, fuhr ich fort. »Aber das Buch hilft uns immerhin, unser Problem zu verstehen oder zumindest einen Teil davon.«

Damit hatte ich Marks Aufmerksamkeit endgültig verloren. Er stierte an die Wand und wartete darauf, dass ich Ruhe gab.

»Ich meine doch nur, dass ich deine Hilfe brauche«, sagte ich.

»Wie soll ich dir denn dabei helfen?«, fragte er angefressen.

»Ich weiß nicht«, sagte ich und gab es auf.

Er stellte den Fernseher an. Und damit war der Faden endgültig ab und das Gespräch erledigt.

Warum stellt er sich immer so an, dachte ich bei mir. Wieso konnte er sich nicht einfach mal einbringen, wenn wir Probleme hatten?

Ich stand auf, schnappte mir einen Roman und ging ins Schlafzimmer, um zu lesen. Doch ich las immer die gleichen Zeilen, ohne ihren Sinn zu erfassen, legte das Buch schließlich weg und starrte an die Decke. Zeitweise schien alles so einfach. Dann wieder gar nicht. Müsste ich mich einfach damit abfinden? Mit diesem Frust mit der Lust?

Mark kam ins Bett, und ich drehte mich weg. Sollte er jetzt einfach einschlafen – was er garantiert tun würde, wenn ich keinen Ton mehr von mir geben würde –, dann wollte ich unten im Gästezimmer schlafen.

»Liebling, es tut mir leid, wenn ich dich vorhin getroffen habe«, sagte ich. »Das wollte ich nicht. Ich wollte es eigentlich anders formulieren. Ich will einfach nur öfter Sex haben. Besseren Sex. Ich muss entspannen und Stress abbauen, und ich denke nicht, dass mir das ohne deine Hilfe gelingen wird.«

Er rutschte zu mir rüber, umfasste mich mit den Beinen und legte sich auf mich.

»Ich helfe dir«, sagte er und küsste mich zärtlich auf den Mund. »Sag mir einfach, was ich machen soll.«

Und das klappte mit der Zeit ganz gut. Zum Beispiel erhob er sich sonntags von seinem angestammten Lieblingsplatz auf dem Sofa, wenn Kaarina Mittagsschlaf hielt, nahm den Abwasch in Angriff, saugte mein Auto aus, machte den Hundedreck im Garten weg, werkelte auf der Veranda oder kümmerte sich um die Wäsche. Oder er nahm Kaarina nach Feierabend mit ins Velodrom, damit ich daheim in Ruhe an meinem Roman schreiben konnte. Und wenn die beiden dann fröhlich und ausgelassen zurückkamen, frotzelte Mark: »Na, wie hast du mich diesmal ermordet?«

Es klappte, weil ich ihm meine Bedürfnisse klar mitteilte, ihm sagte, wenn ich müde war oder Zeit für mich brauchte und er mit Kaarina etwas außer Haus unternehmen sollte.

Mark hörte mir zu und nahm mir einiges ab, und so fühlte ich mich meinem Mann mit jedem Tag näher. Ich sah ihn mit ganz anderen Augen. Und eines Tages ertappte ich mich dabei, dass *ER* in meinen sexuellen Fantasien tatsächlich eine Rolle spielte.

8. KAPITEL

Sie werden seine Göttin sein

»Manche Leute behaupten,
dass die Ehe die Romanze stört.
Darüber besteht kein Zweifel.
Jedes Mal, wenn Sie eine Romanze haben,
stört Ihre Gattin garantiert.«

GROUCHO MARX

Märchen waren Teil meiner Kindheit. Ich liebte die Geschichten von wunderschönen Heldinnen, die von unwiderstehlichen Männern errettet werden aus Armut, Trostlosigkeit oder dem Kerker. Als junges Mädchen träumte ich davon, irgendwann einmal meinem eigenen Märchenprinzen zu begegnen. Er würde abends von der Arbeit nach Hause kommen, mich in seine starken Arme nehmen, mich mit Zärtlichkeiten überschütten und mich glücklich machen bis ans Ende meiner Tage.

Etwa fünfzehn Jahre später heiratete ich.

Und kurz darauf waren alle Illusionen dahin.

Ich verfluchte diese Märchenschreiber. Warum haben sie mir absichtlich vorgegaukelt, dass es solche Männer tatsächlich gibt? Solche Männer gab es nicht!

Oder doch?

Konnte ich meinen Ehemann zu meinem Märchenprinzen machen? Konnte ich ihn lehren, wie er mir romantisch den Hof macht? Und wenn ja, wie? Und was genau sollte mein Märchenprinz dann tun? Was erwartete ich von meinem Helden? Wollte ich galantes Betragen? Blumen? Dass er mir die Tür aufhält? Dass er mich am Arm geleitet und mir sagt, wie wunderschön ich sei? Dass er an meinen Geburtstag denkt?

Ja, ich wollte, dass er an meinen Geburtstag denkt.

Um herauszufinden, was es mit dem Begriff der Romantik auf sich hat, warf ich einen Blick ins Wörterbuch. Es gab eine Reihe von Definitionen, in denen die immer gleichen Wörter vorkamen: abenteuerlich, heldenhaft, geheimnisvoll. Dass ein Abenteuer wie ein Segeltörn um die Kanarischen Inseln wildromantisch sein könnte, konnte ich mir gut vorstellen. Ebenso wie ich eine heldenhafte Tat romantisch finden könnte, etwa, wenn Mark mich in letzter Sekunde vor einem herannahenden Auto von der Straße reißt.

Aber das reichte mir nicht. Und so begann ich, in Erinnerungen über romantische Geschichten aus dem wirklichen Leben zu schwelgen.

Ich dachte daran, wie mein älterer Bruder Andy seiner Frau Pam einen Heiratsantrag gemacht hatte. Er hatte eine Limousine gemietet, um sich zusammen mit ihr zu einem romantischen Abendessen chauffieren zu lassen. Während die beiden auswärts dinierten, hatte eine von Pams Freundinnen bei Pam zu Hause Blumen verteilt und den Verlobungsring auf einen Kuchen mit den zuckergegossenen Worten »Willst du mich heiraten?« gelegt. Als Pam und Andy dann nach dem Abendessen zu Hause ankamen, ging Andy neben dem Kuchen vor ihr auf die Knie. Ich dachte an meine Freundin Jennifer, und wie ihr heutiger Ehemann ihr in Italien einen Antrag gemacht hatte. Nach ihrer ersten gemeinsamen Nacht ging Bob mit ihr die Via Dante Alighieri hinunter bis an die Kirche, wo Dante seine große Liebe Beatrice zum ersten Mal gesehen hatte. Bob rezitierte einige Zeilen aus Dante, ging vor ihr auf die Knie, hielt ihre Hand und fragte sie auf Italienisch, ob sie seine Frau werden wolle. Als Jennifer mir diese Geschichte erzählte, dachte ich, was für ein Glückspilz sie doch ist, an einen Mann wie Bob geraten zu sein. Vor allem, wo Bob kein Italiener war und sich eigens ein paar Brocken Italienisch angeeignet hatte, damit es für den Heiratsantrag reichte. Nie und nimmer würde Mark so etwas für mich tun, auch nicht, wenn Bob ihm das fertige Skript in die Hand drücken würde, das er nur noch abzulesen bräuchte.

Natürlich war Mark nicht Bob, und natürlich konnte ich ihn nicht umkrempeln. Er würde vor mir nicht auf die Knie gehen und Dante rezitieren, doch dafür polierte er mir das Auto und wechselte die Bremsbeläge.

Romantik war nicht zu kopieren. Jeder Mann hat eine andere romantische Ader, und jede Frau verliebt sich in einen anders gestrickten Mann.

Ich verliebte mich in einen, der ölige Fingernägel hatte, Narben an Knien und Schulterblättern und dessen Klo-Lektüre Radsportmagazine waren. Ich verliebte mich in einen, der eben schnell mal mit einer Gartenschere hinauslief und irgendwelche Blumen schnitt, die er zu einem kleinen Strauß für mich zusammenband. Ich verliebte mich in einen, der mit dem Joggen anfing, obwohl seine Knie dabei schmerzten, damit er auf meinen längeren Trainingsrunden mit mir mitlaufen konnte.

Und das war doch was!

Trotzdem sehnte ich mich danach, dass mein Mann auch noch einen anderen Weg fand mir zu sagen, dass er mich liebt. Ich sehnte mich deshalb so sehr danach, weil mich öfter Zweifel plagten. Wenn Mark beispielsweise bis spät in die Nacht mit Freunden feierte, oder ganze Wochenenden im Laden oder mit dem Rad unterwegs war, dann war ich stocksauer und dachte mir, dass es wohl nicht weit her sein kann mit seiner Liebe zu mir, wenn er Rad und Freunden den Vorzug gibt.

Wenn er mich überzeugen könnte, dass ich in jeder Hinsicht das Nonplusultra für ihn bin, dann würden sich meine Eifersucht und meine Angst vielleicht legen.

Es gibt viele Arten, »Ich liebe dich« zu sagen. Welche würde Sie glücklich machen? Überlegen Sie und sagen Sie es ihm!

Dass Mark an meinem Geburtstag in New Jersey sein wollte, gab mir nicht gerade das Gefühl, dass ich für ihn das Wichtigste auf der Welt war. Vielmehr kam ich mir wie das Schlusslicht auf seiner Liste der wichtigen Menschen in seinem Leben vor (sofern er mich überhaupt auf dem Zettel hatte), zumal er gar nicht daran gedacht hatte, dass der Achte mein Geburtstag war.

Auch in den vergangenen drei Jahren hatte er schon meinen Geburtstag vergessen. Meinen 34. verbummelte er auf der Grillparty in seinem Laden. An meinem 35. machte ich mit meinen Eltern Urlaub in Neufundland. Und an meinem 36. bat ich ihn, mir Kaarina abzunehmen, damit ich den Tag für mich zum Schlafen, Ausspannen und Lesen hatte. Das tat er genau eine Stunde lang, dann gab er auf.

Dass nun auch mein 37. Geburtstag nicht stattfinden sollte, dazu hatte ich schlicht und einfach keine Lust.

Glückliche Paare, so hatte ich gelesen, streiten sich nicht über Dinge wie »was ich für mich will und was du für dich willst«. Glücklich verheiratete Paare suchen nach einer Lösung, die für beide Partner akzeptabel ist. Mit anderen Worten, es darf bei einem Streit nicht nur um mein eigenes Glück gehen, sondern es muss in gleichem Maße immer auch um das Glück des Partners gehen. Ich sinnierte darüber, wie sich dieser Ratschlag auf meinen Geburtstag anwenden ließ: *Wenn ich meinem Mann die Reise nach New Jersey gönne, damit er sein Glück hat, bin ich nicht glücklich. Und darin genau liegt eines unserer Probleme. Die Glücksbilanz fällt immer zugunsten meines Mannes aus.* Ich grübelte weiter: *Mal angenommen, er muss unbedingt nach Jersey. Seine Anwesenheit ist für seine Geschäfte unabdingbar. Was dann? Dann könnte ich mir doch einen Babysitter organisieren und irgendetwas für mich unternehmen. Vielleicht mit ein paar Freundinnen essen gehen.*

Wir brachten Kaarina ins Bett. Ich fragte Mark, ob wir kurz reden könnten.

»Was gibt es denn so Wichtiges?«

»Meinen Geburtstag«, sagte ich.

»Was ist damit?«

»Nun, in dem Jahr, als Kaarina geboren wurde, hatte ich den miesesten Geburtstag, den man haben kann. Für mich ist er zu einem Symbol für so ziemlich alles, was in unserer Ehe im Argen liegt, geworden. Diesen Geburtstag möchte ich gerne zum Symbol für alles, was in unserer Ehe toll ist, machen.«

»Ich muss nicht nach Jersey. Ich kann auch daheimbleiben.«

»Sicher?«, fragte ich. Er sah mich sanft an. Er war sicher. Er wollte, dass unsere Ehe wieder klappt. Er wollte, dass ich glücklich bin.

Sagen Sie Ihrem Mann, was Sie wollen. Aber nehmen Sie es ihm nicht übel, wenn Sie nicht immer bekommen, was Sie wollen. Sie werden sich eher geliebt fühlen, wenn er Ihre Bedürfnisse kennt, als wenn er völlig im Dunkeln tappt und nur klein beigibt, weil er zu erschöpft ist, um sich mit Ihnen anzulegen.

Der Psychologe David Schnarch hat eine Methode der Paartherapie entwickelt, die sich »entspannte Umarmung« nennt. Sie würde unserer Beziehung eine neue Tiefe geben. Und wenn sich unsere Probleme damit lösen ließen, dann war ich voll und ganz dafür. Nach Schnarch gibt es in jeder Beziehung einen Partner, der sich zuerst aus einer Umarmung und damit auch aus anderen Umklammerungen löst. Das Wechselspiel zwischen dem, der sich löst, und dem, der klammert, läuft für gewöhnlich derart subtil ab, dass keiner der beiden Partner zu sagen vermag, wer zuerst welchen Part eingenommen hat.

Und in unserer Beziehung? Ich fragte mich oft, warum Mark und ich uns überhaupt nicht mehr in den Arm nahmen. Früher hatten wir uns jedes Mal mit einem »Ich liebe dich« fest gedrückt, wenn einer von uns aus dem Haus ging. Ich weiß noch, wie meine Mutter einmal daneben stand und meinte: »Na, er geht ja nicht für zwei Wochen weg.« Aber irgendwie schwang immer die leise Furcht mit, es könnte das letzte Mal sein, dass ich ihn sah. Aber unsere Umarmungen waren mehr als das. Sie waren gefühlvoll und klangen lange nach. Sie sagten mir: »Ich liebe dich mehr als alles sonst auf der Welt.« Ich vermisste sie schmerzlich.

Ich versuchte, mich an die letzte Umarmung zu erinnern, aber es gelang mir nicht. Sie musste ewig lange zurückliegen.

»Schatz«, sagte ich zu Mark, der vor dem Fernseher saß und sich ein Autorennen ansah. »Ich lese gerade etwas über Umarmungen. Ich möchte gerne etwas ausprobieren.«

»Was denn?«

»Kannst du mal aufstehen? Ich will dich gerne in den Arm nehmen.«

»Was?«

»Ja«, sagte ich, schaute in seine grauen Augen und hoffte, dass er mich nicht bis nach dem Autorennen vertrösten würde.

»Kein Problem«, sagte er und stand auf.

Er neigte sich zu mir hin, während ich meinen rechten Fuß etwas zurücksetzte, um seinen Körper besser halten zu können. Beim Umarmen ist es so, dass sich entweder beide zueinander hinneigen, oder sich einer hinneigt und der andere etwas zurückweicht. Das Hinneigen soll dabei ein Ausdruck für Bedürftigkeit, für das Gefühl, nicht auf eigenen Beinen stehen zu können, sein. Ich war mir nicht sicher, ob ich das glauben konnte, aber ich versuchte, unvoreingenommen zu bleiben. Ich stand ziemlich unbequem in unserer Umarmung. Mein Bein fing an zu zittern und mein Oberkörper fühlte sich unter Marks Gewicht gequetscht an. Hatte er mich immer schon so umarmt? Ich konnte mich nicht erinnern, mich je so unbehaglich dabei gefühlt zu haben.

»Kannst du dich vielleicht etwas aufrechter hinstellen, mein Schatz? Der Typ, der das Buch geschrieben hat, meint nämlich, dass das Hinneigen symbolhaft ist für eine Bedürftigkeit. Fühlst du dich bedürftig?«

»Nein, ich umarme dich gerne einfach so.«

»Ich kippe gleich nach hinten weg, wenn du so weitermachst.«

Mark verlagerte sein Gewicht, ich schlang die Arme um seine Taille, und er legte den Kopf auf meine Schulter.

In unserem Fall war ich definitiv diejenige, die sich löste. Jede Faser meines Körpers hatte genug. Diese Situation hatte etwas schmerzhaft Symbolisches: Ich war diejenige, die die Ehe um ein Haar beendet hätte. Ich war diejenige, die uns fast schon aufgegeben hatte. Mark neigte sich zu mir. Er wollte mich. Er brauchte mich. Das hatte er vielleicht noch nie in Worte gefasst, aber das sprach aus seiner Umarmung.

Doch angeblich kann man den Fluchtdrang, den man in der Umarmung empfindet, überwinden. Wenn ich nur lange genug ausharrte, würde ich mich schließlich entspannt in die Arme meines Partners sinken lassen und »tiefe Ruhe« empfinden und die Verbindung zu ihm durch die Verbindung zu mir selbst spüren. Also hielt ich Mark in meinen Armen und harrte aus.

Der Drang, mich von ihm zu lösen, war so stark, dass ich in einem fort plapperte:. »Es soll einen Moment geben, wo man sich unwohl fühlt und sich am liebsten aus der Umarmung lösen möchte. Diesen Moment müssen wir überwinden und in die Entspannung finden«, sagte ich zu Mark, als wäre er derjenige, der sich lösen wollte.

Er drückte mich fester. Ich glaube, er hätte die ganze Nacht so dastehen können.

Ich versuchte, mich zu entspannen, konzentrierte mich auf meine Atmung.

Ich überwand tatsächlich mein unangenehmes Gefühl und erreichte einen Zustand tödlicher Langeweile. War das ein weiterer unheilvoller Ausdruck unserer kaputten Ehe?

Wir hielten uns noch immer umarmt. Langeweile pur.

Ich wartete.

Und wartete.

Und wartete.

»Ich bin sicher, das war lange genug«, sagte ich und löste mich aus seinen Armen.

Waren wir damit gescheitert? Wenn ich mich in den Armen meines eigenen Mannes nicht wohl fühlen konnte, hatte unsere Ehe dann überhaupt noch eine Chance?

Am folgenden Abend versuchte ich es erneut.

»Schatz, können wir das mit dem Umarmen nochmal üben?«

»Klar, meine Süße«, sagte er.

Er stand auf und schlang die Arme um mich, neigte sich zu mir und sagte: »Ich kann länger als du.«

»Ist das ein Wettbewerb?«, fragte ich.

Er gab keine Antwort, neigte sich weiter zu mir vor und schob mir sein ganzes Gewicht entgegen.

»Ich kann dich nicht halten. Du bist schwerer als ich. Das ist nicht fair«, lachte ich.

Ich stemmte meine ganzen sechzig Kilo gegen seine neunzig, als müsste ich einen umkippenden Kleiderschrank abstützen. Langweilig war das nicht. Und unwohl fühlte ich mich auch nicht dabei. Auch wenn ich keine »tiefe Ruhe« empfand, es machte einen Heidenspaß.

So ging das hin und her. Er vor, ich zurück. Bis ich ihm irgendwann in die Brust biss.

»He! Autsch!« Er ließ mich los.

»Du hast zuerst losgelassen. Gewonnen«, lachte ich und vollführte ein kleines Siegertänzchen.

»Das war nicht fair!« Er grinste.

»Du hast es so gewollt«, sagte ich und küsste ihn sanft auf den Mund.

Das war sicher nicht im Sinne des Erfinders der »entspannten Umarmung«, aber unsere Version gefiel mir allemal besser.

Eine falsche Umarmung gibt es nicht. Es gibt nur einen Fehler: einander nicht zu berühren.

Mein Geburtstag kam, wie das Geburtstage so an sich haben, nur einmal im Jahr. Dazwischen lagen 364 Tage, in denen ich das dringende Bedürfnis nach Romantik verspürte. Was tun? Ihn einfach fragen, ob er nicht öfter mal romantisch sein könnte? Das war für meinen Mann nicht konkret genug formuliert. Er bräuchte ein *Handbuch für romantische Stunden zu zweit*. Aber was könnte darin stehen?

Um das herauszufinden, was genau ich dort am besten reinschreiben könnte, fragte ich meine Freundinnen Jennifer,

Deb und Eileen per E-Mail, was sie an ihren Männern romantisch finden. Die drei repräsentierten einen guten Querschnitt der verheirateten, weiblichen Bevölkerung: Jennifer war Anfang dreißig, Deb Mitte vierzig und Eileen bald sechzig.

Deb antwortete mir als Erste. Sie war seit siebzehn Jahren mit Keith verheiratet und liebte ihn über alles. Er war in vielen Dingen das genaue Gegenteil von ihr, so wie Mark von mir. Ich hatte Keith noch nie gestresst erlebt. Er hatte eine sehr romantische Ader und schaffte es, Deb auf sehr sanfte Weise von ihrem Computer wegzulocken, damit sie die schönen Dinge des Lebens nicht ganz vergaß (wie etwa ein Abendessen, das er eigens für sie gekocht hatte). Und Keith ist Schotte. Allein sein Akzent reichte aus, jede halbwegs vernünftige Frau davon zu überzeugen, dass Deb die glücklichste Frau auf diesem Planeten sein muss. Aber da war noch etwas. Keith hatte eine Art, Deb anzusehen, die sagte: *»Du hast mich zum glücklichsten Mann der Welt gemacht.«* Und das hat Deb geschrieben:

- *Er bringt mir jeden Morgen Kaffee ans Bett, der genau nach meinem Geschmack ist, und weckt mich.*

- *Er macht die Wäsche und weiß genau, welches Kleidungsstück in welchen Schrank von welchem Kind gehört.*

- *Er hört sich meine Sorgen über noch so dummes Zeug an und wirft mir das nie vor.*

- *Er zieht mich liebevoll damit auf, dass ich immer irgend-etwas verschütte, dass ich mir bei jedem noch so kleinen Stoß blaue Flecken hole, und dass ich ein Workaholic bin.*

- *Er hat Verständnis für mein nachmittägliches Nickerchen.*

- *Wenn ich arbeite, steht er plötzlich hinter mir und küsst sanft meinen Nacken.*

- *Jede E-Mail von ihm endet mit »In Liebe«, und auf jede kleine Notiz an mich (»bin mit den Jungs beim Angeln«) malt er ein Herz.*

- *Dass er sich fit und in Form hält, radelt und mit mir ins Fitnessstudio geht, finde ich persönlich sehr romantisch.*

- *Er geht oft mit mir spazieren. Dabei halten wir zwar nicht Händchen, weil ich oft so schnell gehe, dass ich meist ein paar Meter voraus bin, aber zumindest verbringen wir gemeinsam eine Stunde Zeit ohne Computer, Fernseher oder andere Ablenkungen.*

- *Ganz ehrlich, einfach beisammensitzen und quatschen, ist in dieser Lebensphase sehr romantisch.*

- *Und wir essen jeden Tag bei Kerzenschein gemeinsam zu Abend.*

Dann kam Jennifers Mail. Jennifer kannte ich seit etwa sieben Jahren, und durch sie war ich zu meinem »Martini« gekommen. Sie war sehr belesen und konnte bestimmt mühelos einige Zeilen aus Shakespeare zitieren. Sie war ausgebildete Konzertpianistin, Gourmet-Köchin und schon immer ganz wild auf Vampirfilme gewesen (wie ihr Mann Bob auch). Bob und Jennifer hatten erst zwei Jahre zuvor geheiratet, waren also praktisch noch in den Flitterwochen. Trotzdem konnte ich von ihnen lernen, was sie richtig machten.

Und das hat Jennifer geschrieben:

- *Bob und ich können die Finger nicht voneinander lassen. Nicht wie verliebte Teenager, mit denen die Hormone durchgehen. Nein, wir streichen uns einfach mal so über den Arm oder die Wange.*

- *Ganz oft sagen wir »Ich liebe dich« zueinander. Wenn wir vor dem Fernseher sitzen oder irgendwohin fahren, dann sagt er aus heiterem Nichts »Ich liebe dich, Jennifer«.*

- *Morgens führt er den Hund Gassi, damit ich ausschlafen kann.*

- *Er isst mit mir vegetarisch.*

- *Er kocht für mich.*

- *Er sagt mir, dass ich sexy und schön bin.*

- *Wenn ich nach einem schlechten Tag abends nach Hause komme, erwarten mich Kerzen und Blumen. Manchmal hat er sogar die Badewanne geputzt und mir ein Bad eingelassen, und während ich bade, kocht er uns Spaghetti.*

- *Er hört mir zu.*

- *Ich stehe bei ihm an erster Stelle.*

- *Wenn wir zum Essen ausgehen, ist er großzügig.*

Ihre Mail erinnerte mich daran, wie es bei Mark und mir war, als unsere Beziehung noch inniger war. Jeden Morgen massierte ich ihm den Rücken. Wenn einer von uns aus dem Haus ging, drückten und küssten wir uns zum Abschied. Wir hielten oft Händchen. Wir gingen zusammen spazieren, joggen oder fuhren zusammen Tandem. Wir schauten uns gemeinsam Action-Filme an. Wir reisten gerne zusammen und liebten es, die Kochkünste anderer Länder zu erkunden.

Irgendwann war dann Marks Laden da und das Baby, und aus *Zweisam*keit wurde *Einsam*keit. Wir schauten keine Filme mehr zusammen. Wir joggten nicht mehr zusammen. Wir fuhren nicht mehr Tandem zusammen. Ich massierte ihm nicht mehr den Rücken. Wir drückten uns nicht mehr. Wir berührten uns nicht mehr.

Schließlich antwortete mir Eileen. Sie war nun schon seit 21 Jahren verheiratet. Ich kannte Eileen seit meiner Zeit bei *Runner's World,* und sie war der glücklichste Mensch, den ich kannte. Sie konnte an einem schwülheißen Sommertag dreißig Kilometer rennen und dabei immer noch lächeln. Mit ihr und ihrem Mann Bob haben wir vor vielen Jahren einmal Urlaub auf Maui gemacht. Die beiden kamen uns vor wie zwei frisch vermählte Turteltauben, die förmlich miteinander verschmolzen.

Eines Tages, als ich noch mit Eileen bei *Runner's World* gearbeitet habe, wurde Bob von einer Biene gestochen und erlitt einen anaphylaktischen Schock. Bis der Rettungswagen eintraf, hatte er bereits aufgehört zu atmen. Ein Freund rief in der Redaktion an, um Eileen an die Strippe zu bekommen, die aber just in dem Moment beim Joggen war. Als sie völlig verschwitzt ankam, sah sie sofort an meiner Miene, dass etwas passiert war.

»Ist was mit Bob?«, fragte sie.

Sie sank in die Knie, brach fast zusammen. »Mein Bob! Was ist passiert mit ihm? Nein, nicht mein Bob!«

Ich legte den Arm um ihre Schulter. Ein weiterer Freund kam hinzu, und wir mussten Eileen stützen, während wir zum Auto gingen, um ins Krankenhaus zu fahren. Als wir dort ankamen, war Bob wieder bei Bewusstsein. Man hatte ihm Adrenalin gespritzt und so sein Leben gerettet. Ich fragte mich, ob ich auch zusammenbrechen würde, wenn ich erfahren würde, dass Mark etwas passiert sei. Liebte sie Bob mehr als ich Mark?

Mark und ich konnten eine Menge von Eileen und Bob lernen.

Und das hat Eileen geschrieben:

- *Bob sagt mir jeden Tag auf liebe und aufrichtige Weise, dass er mich liebt. Er schaut mich aus heiterem Himmel an, streichelt mir das Gesicht, küsst meinen Hals und sagt mir, wie schön ich sei.*

- *Er verwöhnt mich mit Dingen, die ich mag. Zum Beispiel habe ich im Sommer gerne lackierte Fußnägel. Bob lackiert sie dann für mich und gibt mir das Gefühl, es gerne zu tun. Ich genieße es, wenn er das macht.*

- *Geht zusammen spazieren, Hand in Hand. Bleibt hin und wieder stehen, küsst euch und sagt »Ich liebe dich«.*

- *Seid ein Team, bestärkt einander. Das tut der Ehe und der Beziehung insgesamt gut. Zum Beispiel: Wir kochen am Abend gemeinsam, trinken ein Glas Wein und reden. Das finden wir beide sehr romantisch. Und vor dem Essen stoßen wir auf den Tag an.*

- *Zu guter Letzt zum Sex: Nehmt euch Zeit dafür. Sex ist der beste Gradmesser, der euch sagt, ob ihr eine gute Beziehung habt.*

Eileens E-Mail verhalf mir zu der Erkenntnis, dass es nicht unbedingt die Romantik war, die ich mir wünschte. Es war vielmehr die Zweisamkeit, nach der ich mich sehnte.

Schreiben Sie für ihn ein *Handbuch für romantische Stunden zu zweit*, damit er weiß, wie er Sie verwöhnen und verführen kann.

Um herauszufinden, was der andere wirklich romantisch findet und was nicht, schrieben Mark und ich Listen mit unseren Wünschen und Ideen. Dabei fiel mir auf, dass ich viele Dinge, die andere Frauen besonders romantisch finden, gar nicht mochte und nie von meinem Mann erwarten würde. Zum Beispiel mich baden. Ich war ja schließlich nicht gelähmt. Auch gemeinsam duschen war nicht mein Ding. Zu Beginn unserer Beziehung hatten wir das ein paar Mal gemacht. Doch für mich war das nie so toll. Mir ist es lieber, ich bin für mich, wenn ich mir die Haare wasche, die Beine rasiere und so weiter.

Und ich fände es auch alles andere als schön, wenn Mark eine Überraschungsparty zu meinem Geburtstag organisiert. Gewiss, ich liebte Überraschungen und hätte die eine oder andere auch superromantisch gefunden. Aber eine Geburtstagsüberraschungsparty bestimmt nicht.

Ich wollte auch nicht, dass er mir Gedichte schreibt. Das einzige Seminar, das ich auf dem College nicht erfolgreich abgeschlossen hatte, war ein Seminar über Lyrik.

Und mit teuren Geschenken hatte ich ebenfalls nichts am Hut. Unser Geld kam von unserem gemeinsamen Bankkonto. Große Ausgaben planten und besprachen wir gemeinsam. Wenn mein Mann mit einer tausend Dollar teuren Kette ankommen würde, würde ich wahrscheinlich ausrasten und sie prompt zurückgeben.

Andere Ideen fand ich dagegen sehr romantisch: ein spontanes »Ich liebe dich« oder ein kleines, aber originelles Geschenk. Von Kaarina bekam ich solche Geschenke fast täglich – Muscheln vom Strand, Steine vom Bach oder kleine Malereien auf einem Notizzettel. Auch für ein gemeinsames Wochenende irgendwo und zweisame, ungestörte Stunden daheim, lange miteinander auszuschlafen und zusammen am Kamin zu sitzen war ich immer zu haben.

Dann tauschten wir unsere Listen aus. Ich fand Marks Antworten sehr aufschlussreich. Er fände es schön, wenn ich ihm den Rücken massieren, ihn vor anderen Leuten lobte, ihn zu kulturellen Veranstaltungen mitnehmen und ihn zum Essen ausführen würde. Romantisch sei es für ihn außerdem, wenn ich ihn mit einem Spontanurlaub oder Picknick überrasche, oder wenn wir morgens lange im Bett bleiben.

Dass mein Mann gerne zu kulturellen Veranstaltungen mit mir gehen wollte, verblüffte mich wirklich. Er, der mit ewig schwarzen Fingernägeln nach Hause kam, im Ballett oder in der Oper?

»Welche Art von kultureller Veranstaltung möchtest du denn gerne sehen?«

»Ein Fußball- oder Tennisspiel.«

»Das sind keine kulturellen Veranstaltungen. Das sind Sportveranstaltungen.«

»Nein, das ist Kultur.«

Mit den Listen hatten wir allerhand Gesprächsstoff. Sie inspirierten mich. Ich wusste jetzt, was ich wollte, und ich wusste, was ich brauchte. Und so machte ich mich daran, ein romantisches Handbuch für Mark zu schreiben:

Fass mich an. Nicht, weil du Sex willst, sondern weil du mich liebst. Streichle mir über Arme und Hals. Nimm meine Hand. Leg deine Hand sanft auf meinen Rücken.

Küss mich. Küss mich auf die Wange. Auf die Stirn. In den Nacken. Küss mich spontan auf den Mund, auch vor anderen Leuten.

Zeig mir die Welt und bring mich zum Staunen. Erinnere mich daran, wie schön es ist, einen Sonnenuntergang zu sehen. Schau mit mir in den Sternenhimmel. Lausche mit mir den Grillen.

Sei bei mir. Geh mit mir spazieren. Fahr mit mir Tandem. Sieh dir mit mir James-Bond-Filme an.

Sag mir, dass ich schön bin. Vor allem morgens, wenn ich zerzaust und verschlafen bin. Und wenn ich mich herausgeputzt habe. Wenn ich in deinen Laden komme. Einfach so. Sag mir »Ich liebe dich«. Morgens, bevor du aus dem Haus gehst. Abends, wenn du nach Hause kommst. Und vor dem Einschlafen.

Überrasch mich. Mach mir kleine Geschenke, nicht nur zum Geburtstag oder Muttertag. Pflück mir Blumen. Schick mir eine Karte, ohne besonderen Grund. Steck mir heimlich kleine Zettel in meine Tasche. Schick mir spontan eine SMS. Geh mir zur Hand. Ich brauche deine Hilfe, wenn ich kaputt bin, müde oder genervt. Frag, was du tun kannst, und wenn mir nichts einfällt, pack einfach mit an.

Begeistere mich. Ermutige mich, mich meinen Ängsten zu stellen. Wecke die Abenteuerlust in mir. Treib mich bis an

meine Grenzen und darüber hinaus. Überrede mich zu einer Achterbahnfahrt. Verbinde mir die Augen und füttere mich.
Stürze dich mit mir in Abenteuer. Bring mich an neue Orte. Entdecke die Küche fremder Länder mit mir. Erkunde die Welt mit mir.
Hör mir zu.

Ich druckte die Seiten aus und reichte sie Mark. »Sehr hilfreich«, sagte er.

Ich hatte keine saubere Unterwäsche mehr im Schrank. Aber wenn ich jetzt eine Waschmaschine anschmiss, hätte Mark bestimmt wieder etwas zu meckern – die Temperatur sei zu heiß oder zu kalt, ich würde viel zu viel Waschpulver nehmen, ich würde die Maschine viel zu voll stopfen oder halb leer laufen lassen.

Wenn es um Wäsche ging, konnte er richtig nerven. Und deshalb kümmerte ich mich so gut wie nie um die Wäsche.

Aber jetzt war der Unterwäsche-Notstand ausgebrochen. Entweder ich ging ohne oder warf eine Maschine an. Ich entschied mich für Letzteres.

Damit hatte ich zwar wieder saubere Unterwäsche, dafür aber einen Riesenkrach mit meinem Mann.

Es begann damit, dass Mark Stunden später ins Zimmer kam, die Augen verdrehte und mit einem Ton, der schärfer nicht hätte sein können, sagte: »Alisa, du hast im Keller eine halbe Überschwemmung angerichtet. Ich hatte Handtücher zum Einweichen im Waschbecken liegen. Und genau die haben den Abfluss verstopft, als die Maschine das Wasser durch den Schlauch ins Waschbecken gepumpt hat. Ich weiß schon, warum ich dir sage, du sollst die Finger von der Wäsche lassen. Genau darum.«

Ich schoss zurück. »Kann ich doch nichts dafür, wenn du die Handtücher im Waschbecken vergisst. Wie oft habe ich mir von dir anhören müssen, ja nichts im Waschbecken liegen zu lassen, aus genau diesem Grund.«

»Das ist nur deine Schuld. Schließlich mache ich immer die Wäsche. Und wenn du die Maschine nicht angestellt hättest, wäre gar nichts passiert.«

Ich hatte ihm damit immerhin Arbeit abgenommen, oder etwa nicht? Wenn er die Spülmaschine ausräumt, raunze ich ihn ja auch nicht an, selbst wenn das Geschirr danach am falschen Platz steht.

Er stand da und sah mich mit sturer Miene an, als würde er darauf warten, dass ich ihm Recht gebe und meinen Fehler eingestehe. Aber da hatte er sich geschnitten. Nein, es war nicht meine Schuld. Es war seine!

Sein Zorn stand ihm ins Gesicht geschrieben. Herrgott nochmal, mussten wir uns immer in diese dummen Machtspielchen verwickeln? Vom Zetern und Fluchen würde mein oder sein Zorn auch nicht verfliegen.

Und so fragte ich ihn: »Muss denn immer jemand schuld sein? Musst du immer irgendwem die Schuld zuschieben?«

»Tue ich doch gar nicht.«

»Doch, tust du. Du sprichst mit mir in einem absolut scharfen Ton. Und ich hasse es, wenn du so mit mir sprichst. Das tut mir weh.«

»Tut es das?«

»Ja, tut es.«

»Wie spreche ich denn mit dir?«

»So, als denkst du, ich sei doof.«

»Denk ich aber nicht. Du bist wahrscheinlich sehr viel schlauer als ich. Wie hätte ich denn mit dir sprechen sollen?«

»So, wie ich jetzt mit dir spreche. Ich sage dir lediglich, wie ich mich dabei fühle und warum.«

»Nein. Mach es vor. Hier, ich tue jetzt mal so, als wäre ich du.«

Er bewegte seine Finger so, als klapperte er auf einer imaginären Tastatur herum, schaute auf und wieder runter, so als ließe er den Blick zwischen Tastatur und Bildschirm hin und her wandern.

»Alsooo guuut«, sagte ich, dehnte jede Silbe mit einem Seufzer.

Ich spielte mit.

»Liebling«, sagte ich, »ich war gerade unten bei der Wäsche. Du konntest das nicht wissen, aber ich hatte Handtücher zum Einweichen ins Waschbecken gelegt. Und als das Wasser aus der Maschine ins Waschbecken ablief, hast du damit den halben Keller überschwemmt. Weil ich öfter mal Handtücher einweiche und dir das wahrscheinlich immer vergesse zu sagen, ist es vielleicht das Beste, wenn ausschließlich ich die Wäsche mache. Aber ich schätze es sehr, dass du versucht hast, mir Arbeit abzunehmen.«

Er sah mich sprachlos an. »Gut, dann sage ich es das nächste Mal genauso.«

»Danke schön«, erwiderte ich.

Er streckte die Arme nach mir aus, ich drückte mich an seine Brust und er hielt mich fest umschlungen.

»Tut mir leid. Natürlich halte ich dich nicht für doof.«

Denken Sie nie, Sie wüssten, was Ihr Mann denkt. Hören Sie auf, irgendwas in seinen Tonfall oder seine Körpersprache hineinzuinterpretieren. Fragen Sie besser direkt, was er Ihnen sagen will oder was er über Sie denkt.

Zu meinem Geburtstag wünschte ich mir von Mark etwas ganz Besonderes. Und das war obendrein preiswert: Ich wünschte mir, dass er meinen G-Punkt fand. Der schwer zu findende G-Punkt liegt an der Vorderwand der Scheide, unmittelbar hinter dem Schambein. Wenn es meinem Mann je gelingen sollte, ihn zu finden, dann wäre er nicht nur in der Lage, mir den besten Orgasmus meines Lebens zu bescheren, sondern auch mehrere Orgasmen hintereinander, bis ich dermaßen erschöpft wäre, dass ich ihn förmlich anflehen würde aufzuhören. Deshalb war ich so scharf darauf, dass er ihn fand. Mark war einverstanden mit meinem ungewöhnlichen Geschenkwunsch.

Um ihm die Suche zu erleichtern, gab ich ihm einen Sexratgeber in die Hand, in dem er nachlesen konnte, wo sich der G-Punkt befindet.

Mit einem Schäferstündchen am Morgen wollten wir in meinen Geburtstag starten. Mein Blick fiel auf das Buch.

Mark hatte das Kapitel über den G-Punkt nicht gelesen. Ich wusste es, ohne dass ich ihn fragte. Ich schlug das Buch auf, reichte es ihm und bat ihn, die entsprechende Stelle durchzulesen, während ich duschen ging.

Ich kam aus der Dusche, wickelte ein Handtuch um, legte mich auf das Bett und wartete, bis er zu mir kam. Ich fühlte mich unglaublich. Mein Körper veränderte sich. Unsere Beziehung veränderte sich. Alles veränderte sich.

Mark legte sich zu mir, küsste mich am ganzen Körper. Meine Lust war so stark, dass ich fürchtete, schon zum Orgasmus zu kommen, noch während er dabei war, die Innenseiten meiner Oberschenkel zu küssen. Ich schaffte es gerade so, mich zurückzuhalten, doch als er am »Martini« war, war alles zu spät.

Ich wollte ihm noch sagen, er solle nach dem G-Spot suchen, doch da kam ich schon.

»Das war fantastisch«, keuchte ich.

»Danke«, sagte er.

Wir lagen eine Weile nebeneinander, und ich fragte ihn, ob er seine Zungentechnik irgendwie geändert hätte, da ich mich nicht erinnern konnte, je so erregt gewesen zu sein. Nein, sagte er und fügte hinzu: »Liegt am Martini.«

Wie er Ihnen einen Orgasmus beschert, ist völlig egal – ob mit der Hand, mit der Zunge, durch Stimulieren des G-Punkts oder sonst wie. Was zählt, ist, dass er alles tut, um Sie im Bett glücklich zu machen.

217

Den Rest des Vormittags verbrachte ich in einem Wellness-Bad, gönnte mir eine Massage mit heißen Steinen, Maniküre und Pediküre. Am späteren Nachmittag holte ich Kaarina von der Vorschule ab. Sie wollte ihre aufblasbare Wasserrutsche ausprobieren, die sie von ihrem Daddy zum Geburtstag bekommen hatte. Ich zog ihr also die Badesachen an, drehte den Schlauch auf und freute mich an ihrem Lachen.

Kaarina nahm mir den Schlauch aus der Hand, spritzte herum, zielte auf mich und jagte mich quer durch den Garten. Jetzt war ich zwar klatschnass, aber es machte einen Heidenspaß.

Danach hieß es trocken rubbeln und anziehen, denn wir wollten uns mit Mark zum Essen treffen. Doch Kaarina weigerte sich, in Hose und Schuhe zu schlüpfen, verschränkte bockig die Arme und stampfte mit dem Fuß: »Will nicht!«, maulte sie. Ich steckte Hose und Schuhe in meine Tasche, nahm die Schlüssel und sagte ihr, dass ich jetzt ginge, ob mit ihr oder ohne sie. Das zog, und sie stürmte zum Auto, so schnell sie ihre tapsigen Füßchen trugen.

Wir holten Mark im Laden ab und gingen dann in ein nahe gelegenes Restaurant. Ich bat Mark, Kaarina nun anzuziehen, was auch für ihn ein echter Kampf war.

Wir saßen draußen auf der Gartenterrasse des Restaurants, die hübsch angelegt war mit Bäumen und einem Teich mit Springbrunnen im japanischen Stil, in dem ein paar Kois schwammen. Ich nippte an meinem Wein und überließ es Mark, sich mit dem Gequengel unserer Tochter zu befassen. Ich blieb ruhig und entspannt und genoss meinen Tag. Das Essen kam und Kaarinas Laune besserte sich mit jedem Löffel. Sie sang mir ein Geburtstagsständchen, und die Gäste am Nebentisch klatschten begeistert Beifall.

Wieder zu Hause, brachte Mark Kaarina ins Bett, wo sie einschlief, noch ehe die Gutenachtgeschichte zu Ende war.

Anschließend sahen wir zusammen fern. Das hatten wir seit Monaten nicht mehr zusammen gemacht. In einer Szene warf sich ein Paar am Bungee-Seil von der Brooklyn Bridge und schaffte es irgendwie, während des Falls in der Luft Sex zu haben.

»Etwas weit hergeholt«, meinte Mark.

»Stimmt«, sagte ich.

Wir gingen ins Bett, und ich legte meine Hand auf seine Brust. Ich spürte die Wärme seines Körpers. Ich schloss die Augen und war glücklich und dankbar.

Wenn Sie entnervt sind, weil Ihr Kind Ihnen auf der Nase herumtanzt, bitten Sie Ihren Mann um seine Unterstützung, laut und deutlich. Er kann schließlich nicht Ihre Gedanken lesen. Seien Sie möglichst konkret. »Ich brauche deine Hilfe«, ist halbwegs gut formuliert, aber »Kannst du dich um das Kind kümmern, da mir gleich die Nerven durchgehen«, ist sehr viel konkreter.

Als wir uns daran machten, das Thema Romantik anzugehen, hoffte ich, dass die Schmetterlinge in meinem Bauch wieder zu flattern beginnen würden wie damals, als wir frisch verliebt waren. Das war zwar nicht der Fall, aber ich war trotzdem zufrieden. Natürlich ist es romantisch, wenn die Funken sprühen, aber nach acht Jahren Ehe wusste ich, dass es weit mehr braucht, um die Romantik neu zu entfachen. Und diese Dinge galt es zu üben:

Berührung: Etwa einen Monat vor meiner Heirat hatte meine Mutter ihre engsten Freundinnen und ein paar Kolleginnen zusammengetrommelt. Eine nach der anderen gab mir Ratschläge für ein langwährendes Eheglück. Viele davon habe ich über die Jahre vergessen, aber einer ist mir doch im Gedächtnis geblieben: »Lebe die Liebe mit deinem Mann, vom Aufwachen bis zum Schlafengehen.« Gemeint hatte sie damit viele kleine Liebesbezeugungen den ganzen Tag über – ein liebevoller Blick, ein Lächeln, eine Berührung. Sie hatte mir ans Herz gelegt, sich immer wieder darauf zu besinnen, denn wenn man erst mal lange verheiratet sei, würde man diese kleinen Dinge vergessen. Und mit dem Vergessen höre die Berührung auf. Und mit der Berührung das Verlangen. Und mit dem Verlangen der Sex.

Ich habe gelesen, dass sich verheiratete Paare in Puerto Rico bis zu 180 Mal am Tag berühren. Franzosen bis zu 110 Mal. Und wir hierzulande lediglich zwei Mal. Als ich ein paar Freunden von dieser Statistik erzählte, meinten die nur: »Zwei Mal? Wenn überhaupt.«

Mark und ich hatten uns früher viel öfter berührt, sehr viel öfter. Vor dem Einschlafen nahmen wir uns in den Arm. Wenn er am späten Nachmittag nach Hause kam und ich am Computer saß, massierte er mir die Schultern. Wenn wir zusammen im Auto fuhren und ich meinen Gedanken nachhing, griff er nach meiner Hand und hielt sie sanft, bis ich wieder ansprechbar war. Wenn ich ihn während der Arbeit anrief, freute er sich stets, egal wie viele Kunden gerade im Laden standen. Wenn wir auf einer Party waren, hielt er sich stets in meiner Nähe, statt immerzu mit seinen Kumpels zusammenzuhocken, strich mir über den Arm oder den Rücken und schenkte mir ein Lächeln, das mehr sagte als tausend Worte.

Ich machte es nicht anders, schmiegte mich in der Öffentlichkeit an ihn, liebkoste ihn. Einmal zum Beispiel, er stand gerade an der Ladenkasse, näherte ich mich von hinten, schlang die Arme um ihn, drückte ihm einen Kuss in den Nacken und säuselte: »Hast du deine Lohnsteuer auch brav abgeführt?«

Anerkennung: In der Romantik geht es auch darum, danke zu sagen. Danke für die großen und die kleinen Dinge und die dazwischen. Es geht darum, Komplimente zu machen. Dem Partner zu sagen, dass ihm die Sonnenbrille fantastisch steht oder das Hemd seine Brust betont, oder dass es wunderschön war, dass er mich vor allen anderen Leuten zärtlich berührt hat.

Ein Mann braucht Streicheleinheiten für sein Ego, auch bei Kleinigkeiten. Und mein Mann ist da nicht anders. Ich habe mich jahrelang dagegen gesträubt. Zum Beispiel hat er vor ein paar Monaten einmal die Spülmaschine ausgeräumt und heischte förmlich nach Lob: »Schau mal, ich hab die Spülmaschine ausgeräumt!« Ich aber habe nur geantwortet: »Und? Das mache ich jeden Tag, und du brichst deshalb auch nicht in Freudengeschrei aus.« Heute weiß ich, dass solche patzigen Retourkutschen für beide verletzend sind. Sie tun nicht nur weh, vielmehr geht der Schuss auch

garantiert nach hinten los, denn so schnell wird er die Spülmaschine nun nicht mehr ausräumen oder sonstige Haus-
haltsarbeiten übernehmen.

Ein anerkennendes Wort hingegen tut keinem weh und
gibt allen ein sehr viel besseres Gefühl. Wenn er morgens
mal mit dem Hund rausgeht, quittiere ich das mit einem liebevollen Dankeschön. Zwar gehe ich jeden Morgen mit dem
Hund raus, wofür ich nie ein Dankeschön von ihm bekom-
me. Aber deshalb muss ich ihn noch lange nicht anpflau-
men, wenn er es selten genug einmal tut. Das führt zu nichts.
Und Komplimente kommen zurück – in Form von sauberer,
zusammengefalteter Wäsche, einem fürsorglichen Vater für
Kaarina oder vielen kleinen Gefälligkeiten, die mein Leben
um einiges leichter und angenehmer machen.

Zuhören: Zur Romantik gehört auch, sich Zeit zu nehmen, einander zuzuhören und einander zu erzählen, was
gerade so passiert oder was einen beschäftigt. Einfach Zuhören, ohne dem anderen ins Wort zu fallen.

Zweisamkeit: Es ist wichtig, nicht nebeneinanderher zu
leben und nicht zu oft getrennte Wege zu gehen, sondern
möglichst viel gemeinsame Zeit zu verbringen. Wir haben für
September einen Familienurlaub am Strand geplant und für
Oktober ein romantisches Wochenende zu zweit in Philadelphia. Und jeder zweite Freitagabend gehört allein uns beiden.

Kreativität: Kleine Überraschungen sind sehr romantisch. Eine SMS etwa mit der Nachricht »Deine Lippen sind
wie Zucker« oder »Ich liebe dich«, auch wenn man im gleichen Zimmer sitzt.

Abenteuer: Mark hatte gerade ein neues Auto gekauft,

kam damit nach Hause und lud mich auf eine kleine Spritztour ein. »Geht nicht. Kaarina schläft«, sagte ich.

»Ach komm, sie wacht schon nicht auf. Es wird nichts passieren«, versuchte er mich zu beruhigen. Doch mit diesem Satz hatte er in meinen Gedanken alle Schreckensnachrichten über unbeaufsichtigte Kleinkinder aufgewühlt, die ich je gehört oder selbst geschrieben hatte. Mark las mir die Gedanken vom Gesicht ab.

»Wo ist dein Handy?«

»Hier. Warum?« Ich reichte es ihm. Er wählte es mit seinem Handy an, nahm dann mein Handy und legte es neben Kaarinas Zimmertür. Dann drückte er mir sein Handy in die Hand. »Jetzt hast du quasi ein mobiles Babyphone und kriegst alles mit, was passiert.«

Mit seinem Telefon in der Hand ging ich mit ihm zum Auto. Wir drehten eine Runde durch unser Viertel, während er mit mir über alle Raffinessen seines neuen Autos plauderte. Aufregend. Abenteuerlich. Ich liebte ihn dafür.

Achtsamkeit: Die Romantik hat mich gelehrt, Mark um Hilfe zu bitten. Und ihn hat sie gelehrt, wie er mir helfen kann, auch wenn ich mal nicht ausdrücklich darum bitte. Er hat gelernt, wie er mir das Gefühl gibt, dass er mich achtet und respektiert, und ich habe gelernt, ihm das Gefühl von Kompetenz zu geben.

Ganz wichtig aber war zu erkennen, dass Romantik eine Übung ist, in der es um die Hingabe geht. Vor lauter Wäsche, die zu machen war, Abwasch, der sich stapelte, Rechnungen, die zu bezahlen waren, Gehaltsschecks, die es zu verdienen galt, Hintern, die zu putzen waren, Partys, die geplant werden wollten, Dankeskarten, die geschrieben werden mussten und Chaos, das aufzuräumen war, hat der eine den anderen gar nicht mehr wahrgenommen. Trotzdem würde ich mich lieber daran erinnern, meinen Mann in den Arm genommen zu haben, als an alles andere.

Doch auch jetzt, wo wir so eifrig an unserem romantischen Eheglück gearbeitet hatten, waren wir im Alltag noch oft abgelenkt und unachtsam. Eines Abends übernachtete Kaarina in der Schule, die einen »freien Abend für die Eltern« organisiert hatte. Wir hatten also sturmfreie Bude. Mark war mit Freunden unterwegs. Und ich war daheim am Arbeiten. Irgendwann am späteren Nachmittag fiel mir auf, dass wir etwas Wichtiges für diesen Tag vergessen hatten: Zweisamkeit.

Ich griff nach meinem Handy und schickte Mark eine SMS: »Mein Martini vermisst dich. Um 21.30 im *Farmhouse?*«

Gegen sechs bimmelte mein Handy. »Hallo, meine heiße Braut«, sagte er.

»Wie steht's?«, schnurrte ich zurück.

»Mein Telefon war aus. Hab deine Nachricht eben erst bekommen. Klar, ich freu mich, dich zu treffen«, sagte er.

Wir bestellten ein paar kleine Häppchen. Ich trank Wein. Er Bier. Wir sahen uns tief in die Augen. Es war schön und aufregend, als hätten wir uns eben kennengelernt und würden uns trotzdem schon ewig kennen. Genau wie damals. Mit einem Unterschied: Heute, nach elf Jahren, als wir uns genau hier, in genau dieser Bar, auf genau diesen Barhockern trafen, kannten wir uns wirklich. Ich spürte an jenem Abend vielleicht nicht die heißen Wogen der Begierde durch meinen Körper schießen, aber was ich spürte, das war um Klassen besser.

9. KAPITEL

Wiedergefunden: der Märchenprinz! Oder nur ein schöner Traum?

»Wenn die Frau sagt ›Wir müssen reden‹, fängt der Mann sofort an zu überlegen ›Oje, was habe ich jetzt schon wieder angestellt?‹«

BARTON GOLDSMITH

*E*s war erst gut zwei Monate her. Wir hatten wieder neuen Schwung in unser Sexleben gebracht, hatten wieder begonnen, miteinander zu scherzen und zusammen zu lachen, und eine Menge Probleme gelöst. Mark ging mir mit Kaarina zur Hand, brachte sie abends ins Bett, badete sie auch mal oder räumte die Spülmaschine aus, ohne dass ich ihn groß darum bitten musste.

Es sah ganz danach aus, als wäre alles wieder gut und Scheidung gar kein Thema mehr.

Wir hatten unsere Ehe derart rasch verbessert, dass ich schon zweifelte, ob wir überhaupt jemals Probleme gehabt hatten. War unsere Ehe wirklich am Boden gewesen? Hatte ich ernsthaft an Scheidung gedacht?

Ich war absolut stolz auf mich, auf Mark, auf uns.

Doch ich war es mittlerweile auch absolut leid, an unserer Ehe zu arbeiten. Seit zwei Monaten las ich jeden Abend irgendwelche Beziehungsratgeber oder unzählige Webseiten. Nach so viel Lesefutter hatte ich endgültig genug.

Viel lieber wollte ich wieder Romane lesen. Oder Zeitschriften. Oder mir eine stupide Show im Fernsehen ansehen.

Ich wollte mein Leben zurück.

Mein ursprünglicher Plan zur Rettung meiner Ehe sah eigentlich zwei weitere Monate und zwei weitere Themen vor: Kommunikation und Sex. Doch nun, nachdem wir das Thema Romantik gemeistert hatten, redeten wir mehr als je zuvor. Wir hatten eine Menge erreicht, und das vor allem, weil wir gut miteinander kommunizierten. Und so war ich versucht, es damit gut sein zu lassen.

Alles andere würde sich mit der Zeit bestimmt von selbst einrenken.

Hatten wir es vielleicht schon geschafft?

10. KAPITEL

Eine gemeinsame Sprache lernen

Oder doch nicht? Fortsetzung

»Wenn Menschen, die einander nicht verstehen, zumindest verstehen, dass sie sich nicht verstehen, dann verstehen sie einander besser, als wenn sie nicht verstehen, dass sie einander nicht verstehen.«

GUSTAV ICHHEISER

Wir hatten es nicht geschafft.

Ich hatte schon immer das Gefühl, dass es zwei Stimmen in mir gab. Die eine war die einer Wissenschaftlerin. Die andere die einer Zigeunerin. Die Wissenschaftlerin besah sich lediglich Daten und Fakten. Die Zigeunerin ging nach ihrem Bauchgefühl. Die Wissenschaftlerin verließ sich auf Beweise. Die Zigeunerin auf Intuition. Die Wissenschaftlerin regierte meinen Kopf, die Zigeunerin mein Herz und meinen Bauch. Ich schätzte beide, auch wenn sie mir widersprüchliche Informationen lieferten.

Und genau das war auch jetzt passiert, da ich beschlossen hatte, dass Mark und ich es geschafft hatten: Die Wissenschaftlerin hatte einen riesigen Datenspeicher angelegt mit sämtlichen Fakten über alles, was wir versucht und erreicht hatten. Doch unterdessen hatte die Zigeunerin immer wieder mit einem bangen Bauchgefühl dazwischengefunkt, das mir zuflüsterte: *Nimm das nicht für bare Münze. Ihr habt noch jede Menge Probleme. Ich mag nicht imstande sein, sie dir alle aufzulisten, wie Frau Dr. Wissenschaft es kann, aber ihr habt es alles andere als geschafft.*

Dieses Bauchgefühl rumorte etwa eine Woche lang, doch ich setzte alles daran, es zu ignorieren, räumte die Beziehungsratgeber von meinem Schreibtisch und stellte sie fein säuberlich ins Bücherregal und schickte einigen meiner engsten Freunden eine E-Mail, um sie wissen zu lassen, dass meine Ehe wieder heil sei. Ein Freund antwortete prompt und fragte: »Und das geht? In zwei Monaten eine Ehe kitten?« Ich aber dachte nur, *Was weiß der schon. Der ist auch nicht verheiratet.*

Wir feierten die Rettung unserer Ehe mit einem Abendessen in einem Lokal. Als Kaarina zur Toilette musste, stand Mark klaglos auf und ging mit ihr mit, obwohl er noch ein Stück Pizza auf dem Teller hatte. Sogleich flüsterte die Wissenschaftlerin in mir: *Siehst du, was für ein toller Mann er jetzt ist?* Und sie meldete sich auch zu Wort, als Mark Kaarina fast die ganze Zeit auf dem Schoß behielt, damit ich die Hände frei hatte, um die Hähnchenbrust in meinem Salat klein zu schneiden – *Na bitte! Er hat richtig was dazugelernt!* Auf der Heimfahrt im Auto diagnostizierte die Wissenschaftlerin in mir: *Er ist perfekt. Tipptopp. Ich erkläre die Ehe für kuriert.*

Zu Hause angekommen, ging Mark an den Computer und surfte im Internet. Ich ging in die Küche, um die Spülmaschine auszuräumen. Kaarina kam hinterher.

»Mama, darf ich einen Film anschauen?«, fragte sie.

Ich war hundemüde und wollte nur noch ins Bett. Ich sah in ihre braunen Kulleraugen. Entweder ich setzte mich noch mit ihr hin, um ein Puzzle zu machen, zu malen oder sonst etwas zu spielen, oder ich gab nach und ließ sie einen Film anschauen. Dabei kannte ich die einschlägigen Studien, wonach es bei Kindern, die zu viel fernsehen, vermehrt zu Verhaltensauffälligkeiten und Konzentrationsschwierigkeiten kommt. Und für heute hatte Kaarina ihr Fernsehkontingent bereits ausgeschöpft.

Aber ich war hundemüde.

An einem Tag mal zu viel fernsehen, wird schon nicht gleich ihr Leben ruinieren, sagte ich mir. Da sprach die Wissenschaftlerin in mir. Oder doch die Zigeunerin? Manchmal wusste ich das selbst nicht so genau.

Doch die Stimme, die sich dann zu Wort meldete, war eindeutig die der Zigeunerin: *Wenn dein Mann nicht vor dem Computer hocken würde, könnte er mit Kaarina spielen, und sie müsste nicht fernsehen.* Ich ignorierte die Stimme. Ich wollte viel lieber hören, was mir die Wissenschaftlerin sagte: Meine Ehe war kuriert. Ich hatte keine Probleme mehr mit meinem Mann. Wir badeten im Eheglück.

Doch die Zigeunerin ließ sich nicht abschütteln: *Ärgert dich das nicht?*, bohrte sie nach.

Schon verflogen, gab ich zur Antwort.

Ich hätte Mark an die Schulter tippen und ihm sagen können, wie kaputt ich mich fühlte. Ich hätte ihn bitten können, sich loszureißen von diesem Höllenlärm, der aus irgendwelchen BMW-Auspuffen aus meinem Computer dröhnte, und sich stattdessen eine Weile mit unserer Tochter zu befassen.

Aber es schien sehr viel einfacher, Kaarina einfach fernsehen zu lassen.

»Was möchtest du denn sehen, mein Schatz?«, fragte ich sie.

Sie suchte sich einen Film auf einer Videokassette aus. Damit sie ihn anschauen konnte, musste ich zuerst ein paar Kabel umstöpseln, vom DVD-Player in den Videorekorder.

Ich krabbelte also hinter den Fernseher und machte mich ans Werk. Die farbig markierten Kabel in den entsprechend gleichfarbig markierten Eingang am Videorekorder zu stecken, kann ja nicht so schwierig sein, sollte man meinen. Für mich schon. Kaum hatte ich die Kabel rausgezogen, fingen die Probleme an. War »rot« nun für »Video aus«? War »gelb« für »Audio ein«? Kommt das Kabel nun in »Audio ein« oder »Audio aus« oder beides?

»Soll ich helfen?«, hörte ich Mark fragen.

»Ja«, rief ich.

Ich reichte ihm die Kabel.

»Woher kommen die?«

»Aus dem DVD-Player.«

»Ist schon klar, aber wo hast du sie rausgezogen?«

»Weiß ich nicht mehr; das ist ja gerade das Problem.«

»Soll ich dir zeigen, wie es richtig geht?« Mark sprach langsam, als wäre ich ein Kleinkind, das gerade lernt, wie man Schuhe bindet.

»Nein, sollst du nicht. Ich möchte, dass du es machst.«

Falls ich es noch nicht erwähnt haben sollte, ich war hundemüde. Er hätte mir die beste Erklärung geben können, ich hätte sie schon wieder vergessen, sobald ich aus dem Zimmer war. Wozu mich also damit aufhalten? Nein, wirklich. Es wäre nur Zeitverschwendung. Gut, vielleicht hätte ich ihm das einfach sagen sollen, dann hätte er meine Reaktion vielleicht auch verstanden.

Mein Blick fiel auf das Telefon. Es blinkte. Irgendwer hatte wohl angerufen, als wir beim Abendessen saßen. Ich hörte den Anrufbeantworter ab. Meine Mutter. Sie erkundigte sich nach Kaarina. Kaarina war in den letzten paar Wochen ständig krank gewesen, weshalb meine Mutter darauf drängte, sie im Krankenhaus einmal gründlich durchchecken zu lassen. Ich seufzte und rief sie zurück, erklärte, dass es Kaarina schon wieder sehr viel besser ginge und sie bestimmt nicht in die Klinik müsse. Dabei hörte ich mit halbem Ohr die ganze Zeit Kaarina quengeln: »Ich will meinen Film gucken.« Und Mark gab die immer gleiche Antwort: »Gleich, sobald ich den Videorekorder so weit habe.« Das Hin und Her zwischen den beiden wurde immer lauter. »Wenn du nicht aufhörst mit dem Gequengel, kommt die Videokassette weg, und du gehst ab in dein Zimmer.«

Ich legte auf. Mark war kurz davor, aus der Haut zu fahren, ich kannte ihn gut genug.

»He, meine Süße, ich mache Popcorn. Willst du mir helfen?«

»Oh, ja«, rief Kaarina.

»Na dann komm.«

Sie rannte in die Küche, stellte sich auf einen Stuhl, ich gab ihr den Popcornbeutel, und sie legte ihn in die Mikrowelle. Mit Popcorn und Saft gingen wir zurück ins Wohnzimmer, wo Mark noch immer mit den Kabeln zugange war.

»Ich weiß nicht, was du da angestellt hast, aber es funktioniert nicht mehr«, sagte Mark mit einem herablassenden Ton in der Stimme zu mir.

Klar, ich hatte den Rekorder absichtlich geschrottet, nur um ihn zu ärgern.

Da meldete sich die Wissenschaftlerin in mir: *Das ist eine*

Ausnahme. Er spricht sonst kaum noch in diesem Ton mit dir. Er ist jetzt nur frustriert. Er meint es nicht so. Und du an seiner Stelle würdest ihm noch ganz andere Dinge an den Kopf werfen. Da hatte sie Recht. Wenn ich noch hinter dem Fernseher säße, hätte unsere Tochter mittlerweile mindestens drei neue Wörter gelernt, die sie in der Vorschule besser nicht wiederholen sollte.

Kurz darauf zog Mark die Videokassette aus dem Rekorder, die Kaarina verkehrt herum hineingesteckt hatte. Mark legte sie richtig ein, und das Problem war gelöst. Der Film lief. Kaarina saß gebannt davor, und Mark und ich gingen in die Küche.

»Hast du gemerkt, was gerade passiert ist?«, fragte ich und lächelte.

»Nein, was denn?«

»Du hast mich scharf zurechtgewiesen. Kannst du dich erinnern, dass wir uns einmal darüber unterhalten haben, wie sehr mich das kränkt?«

»Nein. Aber wo wir gerade davon sprechen, was eben passiert ist, muss ich dir sagen, dass du davongelaufen bist und mir einfach den Schlamassel überlassen hast«, konterte er.

»Ich habe dir den Schlamassel überlassen?« Ich spürte, wie ich innerlich schäumte vor Wut.

»Ja, hast du. Wenn du die Kabel nicht ausgestöpselt hättest, hätte ich gleich gewusst, was zu tun ist.«

»Warum macht er alles immer so kompliziert?«, dachte ich nur, sagte aber: »Wenn *du* nicht vor *meinem* Computer gesessen hättest, hätte ich sie gar nicht ausgestöpselt, weil *du* das dann gleich hättest machen können.« Mein Ton war etwas lauter, als es unbedingt hätte sein müssen, zumal Mark direkt vor mir stand.

»Können wir nur einfach festhalten, dass du nicht auch noch hättest telefonieren müssen?« Seine Worte waren schleppend, seine Stimme monoton, sein Blick stur wie der eines knurrenden Pit Bull.

»Können wir nur einfach festhalten, dass Kaarina die Kassette nicht verkehrt herum eingelegt hätte, wenn du nicht vor dem Computer gesessen hättest, weil dann irgendwer ein Auge auf sie gehabt hätte!«

Und so ging das eine Weile hin und her. Ich fuhr ihn an. Er fuhr mich an.

Dabei wollte ich mich gar nicht streiten. Ich wollte, dass wir wie zwei erwachsene Menschen miteinander reden, aber irgendetwas in mir gab einfach keine Ruhe. *Warum muss ich immer der Sündenbock sein? Warum kann er nicht einmal damit aufhören? Ich hasse ihn. Unsere Ehe ist am Ende. Warum habe ich ihn überhaupt geheiratet?*

Wir standen uns mit verschränkten Armen unversöhnlich gegenüber, starrten uns an und liefen dann beide davon. Mark ging in den Keller. Ich räumte mal wieder die Spülmaschine aus, schmiss das Besteck wahllos in die Schublade, Messer zu Löffeln und Löffel zu Gabeln. Der Lärm tat gut. Besser eine Menge Lärm veranstalten, als den eigenen Mann mit einem Schlachtermesser erstechen.

Danach schnappte ich mir die Hundeleine und ging mit dem Hund nach draußen. Es war inzwischen halb acht und dunkel, und es regnete. Ich verfluchte Mark mit jedem Gedanken, bis ich mich nach einigen Minuten etwas beruhigt hatte und mir bewusst machte, dass er nicht mein Ex war und dass er mich wirklich liebte, auch wenn es nicht immer so aussah. Ich nahm mir vor, etwas über Kommunikationstechniken zu lesen und diese dann mit ihm gemeinsam zu trainieren.

Allerdings war meine Wut damit nicht verpufft. Irgendwie klammerte ich mich an sie, als wäre sie eine Rettungsweste.

Als ich nach Hause kam, saß Mark vor dem Computer. Ich setzte mich neben ihn und versuchte, ihm in aller Ruhe zu erklären, wie ich mich fühlte. Wir hielten uns im Arm, doch die Spannung zwischen uns hing noch den ganzen Abend in der Luft. Als er Kaarina badete. Als ich den Hund sauber machte. Als er mich fragte, ob ich die Wäsche aus dem Trockner zusammenlegen möchte.

Später kam ich ihm ins Kinderzimmer nach. Ich hörte zu, während Mark aus einem Buch laut vorlas. Ich schloss die Augen, versuchte zu entspannen und schließlich fiel meine Mauer. Ich legte meine Hand auf seinen Rücken und spürte unsere Verbindung. Tränen liefen mir über die Wangen und spülten meine Wut weg. Ja, ich liebte ihn, auch wenn ich ihn manchmal am liebsten umbringen würde.

Danach sprachen wir noch einmal über den Vorfall mit der Videokassette. Diesmal ganz normal, wie zwei erwachsene Menschen. Wir sagten einander, dass es uns leid tue und gaben uns das Versprechen, künftig bedachter mit unseren Worten umzugehen.

Meine nächste Lektüre war also ein Ratgeber zum Thema Kommunikation in der Partnerschaft. Trotz unseres Streits, so erfuhr ich darin, kommunizierten Mark und ich ganz hervorragend, zumindest wenn man uns mit den Ehepaaren vergleicht, die der Autor des Buches normalerweise in Therapie hat. Paare, die sich mehr als zwanzig Prozent der Zeit streiten, so die These des Autors, bleiben meist nicht zusammen. Nein, so oft stritten Mark und ich nicht. Oder?

Zu einer Ehe gehöre auch mal ein ordentlicher Krach, und manch ein Streit entstünde nur, weil ein Partner oder auch beide müde, hungrig oder krank sei/en. Ich dachte noch einmal an unseren dämlichen Streit wegen dieser Videokassette. Wir hatten gar nicht wegen der Kassette an sich gestritten; wir kriegten uns in die Haare, weil wir beide grantig waren. Wir hatten beide in den Wochen zuvor zu wenig Schlaf bekommen, weil Kaarina krank gewesen war. Sie hatte uns nächtelang auf Trab gehalten, erst mit ihrer Husterei, dann mit einer Darmgrippe und dann mit einem juckenden Ausschlag.

> Wechseln Sie sich an den Wochenenden mit dem Aufstehen ab. Einer steht auf und kümmert sich um die Kinder, während der andere in den Genuss kommt, ausschlafen zu können. Auf diese Weise sind Sie beide ausgeruhter und streiten sich auch nicht so schnell wegen dämlicher Kleinigkeiten.

Ich las, dass es normal und gut sei, sich während eines eskalierenden Streits abzuwenden und zu gehen (so wie wir das gemacht haben, als Mark in den Keller und ich in die Küche stapften). Es sei unmöglich, in der Hitze des Gefechts vernünftig miteinander zu reden und daher wichtig, dass sich die Gemüter erst abkühlen.

Solange es uns gelinge, uns wieder abzuregen, das Problem zu regeln und uns für kränkende Worte zu entschuldigen, könnte es klappen mit der auf Dauer glücklichen Ehe. Mit jedem Streit lerne man dazu, sodass der nächste sehr viel schneller beendet sein kann. Gefährdet sind vielmehr die Paare, die gar nicht streiten. Wer vor Schwierigkeiten zurückweicht – sie sprichwörtlich unter den Teppich kehrt –, schafft noch größere Probleme.

Das war uns passiert, als wir Eltern wurden. Wir ignorierten ein Problem nach dem anderen und hofften, es würde sich von alleine lösen. Ich habe mir immer gesagt: »Es wird leichter, wenn Kaarina älter ist. Es wird leichter, wenn der Fahrradladen erst läuft. Es wird leichter, wenn ich mich beruflich mehr etabliert habe.« Aber es wurde nicht leichter. Es wurde immer schwerer. Ein Problem türmte sich auf das andere, bis wir vor einem riesigen Problemberg standen, der uns das nächste Problem bereitete, nämlich das, herauszufinden, wie wir den ganzen Beziehungsmüll abtragen und in echte Wertstoffe umwandeln.

Wenn Sie etwas bedrückt, dann reden Sie. Besser etwas Falsches sagen als gar nichts.

Wir mussten lernen, miteinander zu reden, ohne uns abwehrend zu verhalten. Und wir mussten lernen, die unfairen Arten von Streit sein zu lassen. Dazu gehören:

a) die stumme Anklage: *Ich habe eine Stinkwut auf dich, sage es dir aber nicht; du wirst es schon merken, wenn ich mit den*

*Türen knalle und das Besteck in die Schublade schmeiße. Und
bilde dir ja nicht ein, dass wir heute noch Sex haben. So wie
du dich aufführst, kannst du von Glück sagen, wenn es diesen
Monat überhaupt nochmal dazu kommt. Oder dieses Jahr. Und
solltest du mich fragen, was los ist, werde ich sagen »Nichts,
alles gut«.*

b) das gereizte Sticheln: *Wie, ich soll die Wäsche zusammenlegen? Das ist doch dein Job, schon vergessen?;* und

c) den anderen niedermachen: *Du bist so ein Idiot. Ich frage
mich, wie jemand mit ein bisschen Hirn dich heiraten kann. Ich
pack meine Sachen und gehe.*

Zwar hat keiner von uns beiden den anderen je niederge-
macht, aber die stumme Anklage haben wir gelegentlich
schon zum Einsatz gebracht. Abgesehen davon, dass ich
Mark damit eins auswischen und einen Liebesbeweis ein-
fordern wollte, schwang immer auch die leise Angst mit, er
könnte meine Einwände, sobald ich sie ausspreche, als un-
bedeutend abtun.

> Ihre Angst darf Sie nicht mundtot machen. Wenn Sie stumm
> bleiben, wird sich nie etwas ändern. Und Sie wollen ja, dass
> sich etwas ändert. Sonst würden Sie dieses Buch nicht lesen.
> Ändern Sie etwas. Und machen Sie den Mund auf!

Was Mark mit seinen stummen Anklagen bezwecken wollte,
weiß ich nicht so genau, aber auch er hat dieses Mittel ein-

gesetzt. Er versicherte mir immer wieder, dass er nichts an mir auszusetzen hätte und unsere Ehe für ihn rundum perfekt sei. Das konnte er doch unmöglich ernsthaft meinen. Das nahm ich ihm nicht ab.

Unser größtes Kommunikationsproblem aber war das Schwarze-Peter-Spiel. Der eine gab dem anderen die Schuld, und der fühlte sich dann angegriffen und schoss prompt zurück. Es ging dabei meist um banale Dinge, etwa so:

»Du hast die letzte Portion Eis genommen.«

»Na und? Dafür hast du die ganzen Waffeln gegessen.«

»Wenigstens gehe ich ab und zu zum Supermarkt, um einzukaufen.«

»Ich auch.«

»Ich aber öfter.«

»…«

»…«

Im Rückblick hat dieses Schwarze-Peter-Spiel etwas geradezu Komisches. Doch im Eifer des Gefechts war es verletzend und bitterernst.

Um dieses Spiel zu durchbrechen, soll man sich selbst Fragen stellen wie: *Was will ich eigentlich? Bin ich Teil des Problems? Versuche ich, die Schuld auf den anderen abzuwälzen? Sind es olle Kamellen, die ich ausgrabe, um den Streit anzufachen? Wie hat das Ganze angefangen? Geht es mir nur darum, den Streit zu gewinnen?* Ich war nicht sicher, ob derlei Fragen uns weiterbringen würden. Verstehen Sie mich nicht falsch. Ich hätte liebend gerne einen Weg gefunden, mitten im Streit über diese Fragen nachzudenken. Aber da fiel mir meist nicht mehr ein als meine beiden Lieblingsschimpfwörter.

Die Kommunikationsregel der Ich-Botschaften und die Sprecher-Zuhörer-Methoden kamen mir dagegen sehr sinnvoll und in der Hitze des Gefechts auch schon eher praktikabel vor. Das waren auch genau die Kommunikationsregeln, die meine Eltern schon vor über zwanzig Jahren in ihrer Paartherapie erlernt hatten.

Es macht einen Unterschied, ob ich sage »Ich fühle mich verletzt« oder »Du verletzt mich«. Ebenso wie im Fall von »Ich hätte jetzt wirklich Lust gehabt auf ein Eis, aber es ist keins mehr da« oder »Du hast das letzte Eis aufgegessen. Wirklich rücksichtslos von dir«. Durch Ich-Botschaften würde der andere sich weniger angegriffen fühlen und nicht gleich zurückschießen. Das leuchtete mir ein.

Auch die Sprecher-Zuhörer-Methode hatte meiner Meinung nach einen praktischen Nutzen im Ehealltag: Der eine spricht über ein Problem, der andere hört zu. Wenn der Sprecher fertig ist, umschreibt der Zuhörer mit seinen eigenen Worten, was der Sprecher gesagt hat. Dann werden die Rollen getauscht. Mit dieser Methode hätten wir wohl den Streit um die Videokassette umgehen können. Wäre ich in der Lage gewesen, mich zurückzunehmen und meinem Mann zuzuhören, anstatt seine Worte zu ignorieren und nur darüber nachzudenken, was ich ihm als Nächstes an den Kopf werfen könnte, dann wäre die ganze Geschichte ruckzuck erledigt gewesen. Und ich hätte auch nicht das Besteck in die Schubladen knallen müssen.

Gut, wir konnten es ja mal versuchen.

Abends erklärte ich Mark, was es mit Ich-Botschaften und der Sprecher-Zuhörer-Methode auf sich hatte, und gab ihm ein Beispiel: »Also, anstatt zu sagen ›Du hast die Videokassette geschrottet‹, sagt man ›Ich bin sauer, weil …‹«

»… du die Videokassette geschrottet hast«, führte er den Satz zu Ende.

Wir lachten. »Nein, nicht so«, sagte ich mit einem Lächeln. »Du sagst ›Ich bin sauer, weil ich die Kassette nicht mehr reparieren kann‹.«

Wir witzelten noch eine Weile, und ich fragte dann: »Hast du ein Problem, über das du reden möchtest? Dann könnten wir die Methode gleich mal ausprobieren.«

»Nein, ich glaube nicht«, sagte er.

Wenn Ihr erster Versuch schiefgeht, dann werfen Sie nicht gleich das Handtuch. Versuchen Sie es noch einmal. Es ist noch kein Meister vom Himmel gefallen. Es braucht Übung. Je mehr Sie üben, desto besser wird es klappen.

Dass Mark überhaupt nichts hatte, was ihn störte, nahm ich ihm nicht ab. Zum Beispiel schien er jedes Mal genervt, wenn ich auch nur in die Nähe der Waschmaschine kam. War das etwa kein Problem? Die Zigeunerin in mir gab keine Ruhe. *Da ist was,* flüsterte sie. *Los, finde es heraus.*

Also vertiefte ich mich mal wieder in meine Bücher und las alles über Machtkämpfe. Die meisten Paare hatten sie. In einem der Bücher fand ich sogar eine Liste ihrer typischen Auswüchse:

1. *Wir verbringen zu viel Zeit zusammen* versus *Wir verbringen zu viel Zeit getrennt.*

2. *Du kommst immer zu spät* versus *Du bist immer überpünkt-lich.*

3. *Das gehört nicht in den Kleiderschrank, sondern in den Keller* versus *Das gehört nicht in den Keller, sondern in den Kleiderschrank.*

4. *Der Abwasch muss gleich nach dem Essen gemacht werden* versus *Der Abwasch kann bis morgen warten.*

5. *Wir sollten über unsere Gefühle sprechen* versus *Damit kann ich nichts anfangen.*

6. *Ich möchte zum Essen X* versus *Ich möchte zum Essen Y.* Oder alternativ: *Ich möchte im Fernsehen X sehen* versus *Ich möchte im Fernsehen Y sehen.*

7. *Den Klodeckel oben lassen ist okay* versus *Den Klodeckel oben lassen ist nicht okay.*

8. *Die Wäsche muss man gleich zusammenlegen, wenn sie aus dem Trockner kommt* versus *Die Wäsche kann im Trockner liegenbleiben, bis man den Trockner wieder braucht.*

Den letzten Punkt habe *ich* hinzugefügt.

Im Grunde geht es bei den Machtkämpfen in Ehen gar nicht um Macht. Es geht um das eigene Ich, darum, der Sieger zu sein. Wenn ich nachgebe, fühle ich mich als Verlierer. Wenn Mark nachgibt, fühlt er sich als Verlierer. Wenn keiner von uns nachgibt, streiten wir endlos, und auch ein »Ich habe letztes Mal nachgegeben, jetzt bist du an der Reihe« würde da nichts nützen.

In unserem Falle jedoch ging es bei den Machtkämpfen auch um Macht. Im häufigsten Machtkampf zwischen uns ging es um die Wäsche – das war Marks Streitthema Nummer Eins, und meist hatte Mark weniger Macht als ich. Ich war der Boss in unserer Ehe und im Haushalt. Das gab er auch zu, witzelte sogar darüber, nannte mich vor seinen Freunden auch mal »der Präsident« und brachte unserer Tochter bei, dass Mami Nummer Eins, Daddy Nummer Zwei, Kaari Nummer Drei und Rhodes Nummer Vier sei. Will heißen: Jeder muss Mami gehorchen. Kaari und Rhodes müssen Daddy gehorchen. Rhodes muss jedem gehorchen.

Ich habe nicht um diese Macht gebeten, wollte sie gar nicht unbedingt. Doch sie kam mit meiner Rolle als Brötchenverdiener, Finanzmanager und Familienorganisator. Mark hätte mit mir eigentlich über Geld und Entscheidungen streiten müssen, stattdessen aber stritt er mit mir um die Wäsche.

Eines Morgens beschloss ich, ihn ein wenig damit zu provozieren.

»Kannst du mir erklären, warum du nicht willst, dass ich die Wäsche mache?«

»Du kannst die Wäsche doch machen, wenn du willst«, sagte der gleiche Mann, der mir vor Wochen noch gepredigt hatte, ich solle bis in alle Ewigkeit die Finger von der Waschmaschine lassen.

»Ich dachte, du willst nicht, dass ich mich um die Wäsche kümmere.«

»Kannst du aber, wenn du willst. Tu dir keinen Zwang an.«

»Ich dachte, ich mache es verkehrt. Willst du mir nicht zeigen, wie ich die Wäsche machen soll?«

»Nein. Tu, was du nicht lassen kannst.«

Aus meinen Büchern wusste ich, dass Männer den Konflikt

mehr scheuen als Frauen. Wenn sie dichtmachen und nichts sagen, so nehmen sie an, würde es gar nicht erst zum Streit kommen. Das verwunderte mich, da mein Mann sich sehr gut mit anderen streiten konnte. Warum fiel es ihm dann so schwer, sich mir gegenüber zu behaupten?

Ich kam nicht weiter. Ich wusste nicht, wie ich das verflixte Wäschethema vom Tisch kriegen sollte. Was, wenn er es genauso meinte, wie er es sagte? Wenn es ihm nach einem plötzlichen Sinneswandel nun völlig egal war, ob ich die Wäsche machte oder nicht?

11. KAPITEL

Die Offenbarung der Seelen

»Wir haben Angst, man würde uns nicht lieben,
wenn man uns wirklich kennen würde. Und wir
haben Angst, uns zu offenbaren, weil wir fürchten,
zurückgewiesen zu werden. Doch nur wenn wir unser
Innerstes offenbaren, eröffnen wir uns die Chance,
wahrhaft geliebt zu werden.«

MATTHEW KELLY

Wir brauchten etwas, über das wir uns austauschen konnten, um unsere neu erlernten Kommunikationstechniken zu erproben. Ich beschloss, sie auszuprobieren, während wir unsere intime Nähe vertieften.

Bei Intimität denken die meisten an Sex. Aber Sex ist nur eine Form von Intimität. Es gibt auch emotionale, intellektuelle und spirituelle Intimität. Allen gemeinsam ist das gegenseitige *Kennen*.

Ich habe gelesen, dass alle Menschen sich danach sehnen, gekannt zu werden. Gleichzeitig aber fürchten sie sich davor. Ohne gekannt zu werden, wäre das Leben eine unglaublich einsame Erfahrung. Auf der anderen Seite werden wir verletzlich, wenn wir anderen einen Blick in unsere Seele gewähren und unsere Gedanken, Gefühle, Träume und geheimsten Wünsche offenbaren. Wir müssen den Mut haben, er*kenn*bar und echt zu sein.

In einem anderen Buch stieß ich auf eine Reihe von Fragen, die genau dazu ermutigen sollten.

Ich kopierte sie und fragte dann Mark, ob er Zeit hätte, einige der Fragen zu beantworten.

»Klar, aber ich wollte mich gleich noch mit Dave im *Farmhouse* treffen. Braucht das lange?«

»Nein, glaube ich nicht.«

»Okay, schieß los.«

»Was ist der Sinn des Lebens?«, fragte ich.

»Bier«, antwortete er.

»Komm schon«, sagte ich. »Gib eine richtige Antwort.«

»Das ist eine richtige Antwort.«

»Du alberst herum, das weißt du ganz genau«, sagte ich.

»Gut, dann ändere ich meine Antwort und sage ›Ich weiß es nicht‹.«

Ich ging zur nächsten Frage.

»Denkst du, dass die Ehe für immer ist? Bis dass der Tod uns scheidet?«

»Ja«, sagte er.

»Was würde dich dazu bewegen, mich in den Wind zu schießen? Fällt dir irgendetwas ein?«

»Wenn du eine Affäre hättest.«

»Kann ich verstehen.«

»Obwohl, vielleicht auch nicht.«

»Willst du wissen, wie ich darüber denke?«

»Klar.«

»Wenn du eine Affäre hättest, wäre es aus und vorbei mit unserer Ehe.«

Er rutschte bis auf die Stuhlkante und trommelte mit den Fingern nervös auf seine Schenkel.

»Hast du es eilig?«, fragte ich.

»Nein.«

»Sieht aber so aus.«

»Ich war bloß heute Abend nicht auf Fragerei eingestellt«, entgegnete er. »Du verhörst mich ja regelrecht.«

»Ich versuche nur, dich besser kennenzulernen. Um mich vertrauter mit dir zu fühlen.«

»Du verhörst mich.«

»Ich will lediglich an unserer Ehe arbeiten, weil ich möchte, dass sie besser läuft«, sagte ich.

»Will ich auch«, sagte er.

»Warum versuchst du es dann nicht?«, wollte ich wissen.

»Ich versuche es ja. Ich war nur nicht auf heute Abend eingestellt.« Da sah ich Kaarina. Sie stand in der Tür zwischen Küche und Veranda.

»Mami, bringst du mich wieder ins Bett?«, fragte sie.

»Natürlich, Süße«, sagte ich, brachte sie in ihr Zimmer, kuschelte sie in ihre Decke, küsste sie auf die Stirn und ging aus dem Zimmer. Im Flur hielt ich inne und überlegte. Sollte ich die Unterhaltung mit Mark wieder aufnehmen? Ich war frustriert und enttäuscht. Waren diese Kommunikationsmethoden doch im Grunde sinn- und zwecklos? Kein Wunder, dass so viele Paare damit nicht weiterkamen. Hatten all diese Therapeuten nichts Besseres zu bieten?

Mark war es offensichtlich leid, an unserer Ehe zu arbeiten. Und um ehrlich zu sein, ich auch. Dass ich heute Abend damit anfing, lag lediglich daran, dass das Buch, das ich gerade las, mich dazu angeregt hatte. Aber ob es uns tatsächlich näher zusammenbringen würde? Ich wollte Mark nicht dazu zwingen, hierzubleiben und über den Sinn des Lebens und der Ehe zu diskutieren, wo er eigentlich ausgehen wollte.

Da fiel mir ein kluger Satz eines Therapeuten-Paares ein: *Jeder mit gesundem Herz und Verstand weiß, dass er den an-*

deren nicht in eine Beziehung zwingen kann, die tiefer geht, als der andere einzugehen bereit ist.

Vielleicht ist es gut so, wie es ist – dachte ich bei mir.

Ich ging auf die Veranda, wo Mark sich offenbar gerade ebenfalls Gedanken machte.

»Willst du immer noch reden?«, fragte er mit weicher Stimme.

»Nicht, wenn du lieber ausgehen möchtest«, sagte ich.

»Können wir das Gespräch verschieben?«, fragte er.

»Ja«, sagte ich. »Aber ich will, dass du die Fragen auch ernst nimmst. Es ist nämlich kein Witz.«

»Werde ich. Wie wäre es mit Montagabend?«

»Klingt prima«, antwortete ich.

Er drückte mich, lange und zärtlich, hob mich dann hoch und küsste mich.

»Ich liebe dich«, sagte er.

»Ich dich auch.«

Wenn Sie Ihrem Mann sagen, dass alles in bester Ordnung ist, dann glaubt er das auch. Wenn Sie aber sagen ›Wir müssen reden‹, dann denkt er, dass er etwas falsch gemacht hat, auch wenn Sie wirklich bloß reden wollen.

Am Montagabend setzten wir uns auf der Veranda zusammen, um unser Beziehungsgespräch zu starten.

»Bist du bereit?«, fragte ich.

»Ja.«

»Was ist der Sinn des Lebens?«, fragte ich ihn.

»Spaß haben.«

»Meinst du das ernst, oder machst du Witze?«

»Nein, ich meine das ernst. Es geht um Spaß haben im Leben.«

»Willst du wissen, was für mich der Sinn des Lebens ist?«

»Was?«

»Mein ganzes Potenzial zu entfalten. Die beste Mutter, die beste Ehefrau und die beste Autorin zu sein, die ich sein kann. Mich ständig anzutreiben, immer besser zu werden.«

Schweigen.

Seine Miene verriet mit keinem Deut, ob er mir überhaupt zugehört hatte. Sie war geradezu stoisch.

»Bist du bei der Sache?«

»Ja, natürlich.«

»Was habe ich gerade gesagt?«

»Dass du die Beste sein willst, die du sein kannst.«

»Und was denkst du darüber?«

»Klingt gut. Könnte ich unterschreiben«, sagte er.

Dann sprachen wir davon, was es bedeutet, verantwortungsvoll zu sein. Und was es bedeutet, respektvoll zu sein.

»Was meinst du, was mit uns passiert, wenn wir gestorben sind?«, fragte ich.

»Nichts.«

»Wie, du meinst, dass wir verrotten, von Maden gefressen und wieder zu Kohlenstoff werden?«, fragte ich.

»Ja«, sagte er.

»Ich glaube nicht an die Hölle, und auch an einen Himmel über den Wolken zu glauben, wo Engel auf der Harfe spielen, fällt mir schwer. Aber ich glaube, dass irgendetwas mit uns passieren wird. Ich glaube nicht, dass unsere Zeit auf Erden die einzige Zeit ist, die uns als Menschen gegeben ist. Wir alle sind mehr als nur ein Körper. Wenn wir sterben, so glaube ich, werden unsere kollektiven Energien miteinander verschmelzen. Die Hindus glauben so etwas Ähnliches, dass jede Seele mit einer größeren Seele verschmilzt. Vielleicht sind wir ja alle Teil der gleichen kosmischen Energie. Im irdischen Leben sind wir zwar körperlich voneinander getrennt, aber nach dem Tod vereinen wir uns wieder.«

Wir redeten weiter. Darüber, wer was im Haushalt macht, und ob der eine möglicherweise mehr tut als der andere. Wir kamen überein, dass ich eventuell mehr mache, dass Mark aber weniger Zeit für Kaarina hätte, wenn er mehr Hausarbeiten übernehmen würde.

Dann redeten wir über unsere Gefühle.

»Macht es dir etwas aus, über deine Gefühle zu sprechen?«

»Ja«, sagte Mark.

»Warum?«

»Weiß nicht. Ist eben so«, sagte er. »Männer sprechen nicht gerne über Gefühle.«

Vor wenigen Monaten noch hätte ich ihm alle möglichen Gründe aufgezählt, warum er über seine Gefühle sprechen müsste. Doch ich hatte mich geändert. Ich wusste heute, dass er die Wahrheit sagte. Gefühle machen Männern Angst. Oft wissen Männer gar nicht, was sie fühlen oder wie sie empfinden. Das weibliche Gehirn kann gleichzeitig denken und fühlen. Männer hingegen können entweder nur das eine oder nur das andere, aber nicht beides gleichzeitig, haben Wissenschaftler herausgefunden.

Ich bin überzeugt, dass es auch Männer gibt, die sehr gut darin sind, ihre Gefühle zu kommunizieren, und Frauen, die das nicht können. Auf uns aber traf diese Verallgemeinerung zu.

»Weil du Angst hast, ich könnte dich zurückweisen, wenn du mir von deinen Gefühlen erzählst?«, fragte ich.

»Nein«, sagte er. »Ich rede nur einfach nicht gerne darüber. Ich bin Finne, schon vergessen?«

»Das ist eine faule Ausrede«, sagte ich lächelnd.

»Finnen haben keine Gefühle«, sagte er. »Finnen haben es auch nicht mit dem Reden. Geh mal ins Internet und gebe bei Google die Suchbegriffe ›Finnland‹ und ›Gefühle‹ ein.«

»Okay, gewonnen«, sagte ich und lachte.

Dann sprachen wir über das Thema Hingabe. Über den Unterschied, den es macht, für den anderen zu leben und immer für ihn da zu sein, weil man es so *will* oder weil man *muss*. Und wir sprachen davon, dass es nach wie vor wichtig sei, an unserer Ehe zu arbeiten, und uns dadurch zu zeigen, dass wir zusammen sein wollen, und es nicht bloß noch die standesamtliche Urkunde ist, die uns zusammenhält.

Ich las ihm ein paar Passagen aus meinem Ratgeber vor, um darüber zu sprechen, ob der Sinn einer Ehe tatsächlich darin besteht, einander zu fördern und zu ermutigen:

»Und?«, fragte ich.

»Sehe ich genauso«, meinte er.

»Ich auch.«

Wir redeten über unsere Ziele und Träume und über das Beste in uns. Dann machte ich weiter und brachte die nächste Frage auf, ob wir wirklich Angst davor hätten, dass man uns nicht lieben könnte, wenn man uns wirklich kennen würde.

»Lies das noch mal«, bat Mark, und ich wiederholte die Sätze.

»Was denkst du darüber?«, fragte ich.

»Ich weiß nicht. Du?«

»Das Leben ist nicht lebenswert, bevor du anderen nicht eine Chance gibst, dich zu kennen. Freunde sind keine Freunde, bevor sie dich nicht wirklich kennen.«

»Ja, das stimmt«, sagte er.

»Kennst du mich wirklich?«, wollte ich wissen.

»Ich denke schon«, sagte er.

»Und du? Kennst du mich wirklich?«, fragte er im Gegenzug.

»Ich denke schon«, sagte ich.

»Hör mal, jetzt wird es interessant«, fuhr ich fort. »Hier steht, dass man aufhört, eine Person zu entdecken, wenn man glaubt, sie zu kennen.«

»Was denkst du?«

»Finde ich schon. Wir entwickeln und verändern uns unentwegt. Wenn dein Blick auf eine Person irgendwo in der Vergangenheit hängenbleibt, dann wirst du später enttäuscht sein, wenn dein Bild von dieser Person nicht mehr auf sie passen will.«

»Stimmt«, sagte er.

»Versprich mir, dass du nie aufhören wirst, mich kennenzulernen; dass du nie beschließen wirst, dass es nichts mehr zu entdecken gibt an mir.«

»Versprochen«, sagte er.

»Ich verspreche dir das auch.«

»Auf einer Skala von 1 bis 10, wo würdest du unsere Ehe sehen?«, fragte ich.

»Auf der 8.«

»Und vor vier Monaten?«, fragte ich weiter.

»Auf der 6«, sagte er. »Und du?«

»Mit einer 8 heute bin ich einverstanden. Aber mit der 6 vor vier Monaten nicht. Ich würde sagen, wir standen damals bei einer 2.«

»So schlecht?«

»Ja«, sagte ich. »Aber heute ist alles sehr viel besser.«

»Stimmt.«

»Versprichst du mir, dass du weiter dranbleibst? Versprichst du mir, dass du auch selbst die Initiative ergreifen wirst, dass nicht immer ich diejenige bin, die die Beziehungsbücher liest, um herauszufinden, wie man es besser machen kann?«

»Ja, das werde ich«, sagte er.

»Ich würde zur Feier des Tages gerne etwas Symbolisches tun. Wie wäre es, wenn wir unser Eheversprechen erneuern?«, fragte ich.

»Superidee!«, sagte mein Mann.

Die Worte für unser zweites Eheversprechen hatte ich mir bereits in Gedanken zurechtgelegt. Ich musste sie nur noch niederschreiben.

Eheversprechen:

Ich werde immer bestrebt sein, dich besser kennenzulernen.

Ich werde dich unterstützen, fordern und fördern, damit du das Beste in dir zum Vorschein bringen kannst.

Ich will dir dabei helfen, zu dem Menschen zu werden, der du sein möchtest.

Wenn du entgegen deinen Überzeugungen, Träumen oder Werten handelst, will ich dich darauf aufmerksam machen, aber nie aufhören, dich zu lieben.

Wenn ich mich durch deine Handlungen oder Unterlassungen verletzt fühle, werde ich es dir offen sagen und dir verzeihen.

Wenn du dich durch meine Handlungen oder Unterlassungen verletzt fühlst, werde ich mir meine Fehler eingestehen, mich entschuldigen und bestrebt sein, sie nicht zu wiederholen.

Ich werde dich stets als ein Geheimnis betrachten, das es zu erforschen gilt, und nicht als ein Problem, das es zu lösen gilt.

Ich will dich als die Person lieben und annehmen, die du bist und die du werden willst.

Ich werde stets für dich da sein, wenn du Ansprache brauchst, und mich zurücknehmen, wenn du Ruhe brauchst.

Ich will Zeit und Energie investieren, um unseren gemeinsamen Zielen und Träumen ein Stück näher zu kommen.

Ich werde bestrebt sein, alles an dir zu akzeptieren, das dich von mir unterscheidet.

Ich werde dir deine Meinung lassen, auch wenn ich sie nicht teile.

Ich will dir selbstlos meine Liebe schenken.

Ich will deine Liebe ohne Wenn und Aber empfangen.

Wenn du reden möchtest, werde ich dir mit ungeteilter Aufmerksamkeit zuhören.

Wenn du deine Gefühle und dunkelsten Geheimnisse offenbaren möchtest, werde ich alles tun, damit du dich geborgen, geliebt und angenommen fühlst.

Ich will den Mut haben, jeden Teil von mir mit dir zu teilen, der es wert ist, mit dir geteilt zu werden.

Ich will dir auch meine verletzlichen Seiten zeigen, damit du mich als den Menschen sehen kannst, der ich bin, auch wenn der weit davon entfernt ist, perfekt zu sein.

Wenn wir streiten, werde ich mich bemühen, nicht immer der Sieger sein zu wollen, und mir stattdessen deine Sicht der Dinge anzuhören und eine Lösung zu finden.

Ich will Tag für Tag alles Notwendige tun, um unsere Ehe zu bereichern.

Ich werde an deiner Seite bleiben, egal, wie schlimm es kommen mag.

Ich druckte die Seiten aus und gab sie Mark zum Lesen. »Sag mir, ob du etwas streichen, ändern oder hinzufügen willst«, sagte ich und reichte ihm dazu einen Stift. Er las.

»Richtig gut. Bist du auf all das ganz allein gekommen?«

»Ein paar Ideen habe ich aus den Beziehungsratgebern,

wo sie natürlich nicht als Ehegelübde, sondern als Ratschläge formuliert sind«, sagte ich.

»Richtig gut«, sagte er noch einmal.

»Willst du unser Eheversprechen in dieser Form erneuern? Am kommenden Freitag im *Farmhouse?*«, fragte ich. »Da übernachtet Kaarina wieder in der Vorschule, und wir haben die ganze Nacht für uns.«

»Machen wir.«

Eine Woche später wartete ich also, bis Mark von der Arbeit nach Hause kam. Sein Geschäftspartner, der freitags nach Feierabend für gewöhnlich den Laden abschloss, hatte an diesem Tag außer Haus zu tun. Ich fragte mich, ob es Mark ebenso wichtig war wie mir, unser Eheversprechen zu erneuern. Irgendwie hatte ich so meine Zweifel. Hatte er überhaupt gesagt, dass er es wollte? Auch das bezweifelte ich plötzlich. Hätte Mark seinem Kollegen Taylor erklärt, was heute Abend ansteht, hätte dieser ganz bestimmt den Laden abgesperrt. Ganz sicher.

Aber ich kannte Mark. Mein Mann nahm lieber eine weitere Gesprächssitzung mit mir in Kauf, als seinem Geschäftspartner zu sagen, dass er an diesem Abend pünktlich gehen müsse, weil wir unser Eheversprechen erneuern wollten. Über Eheversprechen zu reden fiel in die gleiche Kategorie wie über Gefühle zu reden. Und vor einem Kumpel über Gefühle zu sprechen, war noch viel schlimmer, als mit der eigenen Frau darüber zu sprechen. Das hatte ich schon kapiert.

Und so werkelte ich im Haus herum und versuchte krampfhaft, mich nicht ausgerechnet an dem Abend, an dem ich geloben wollte, dass ich meinen Mann jederzeit wieder heiraten würde, über ihn zu ärgern. Wir hatten uns für halb acht verabredet. Es war zwanzig nach sieben.

Ich hatte mich fein angezogen, geschminkt und hübsch frisiert. Und ich hatte das Eheversprechen noch einmal ausgedruckt. Ich steckte die Seiten in meine Handtasche, zusammen mit einer kleinen Taschenlampe und einer Stirnlampe.

Es war offensichtlich, dass Mark sich verspäten und wir unser Ehegelübde deshalb draußen im Dunkeln lesen müssten. Ich saß auf der Veranda und wartete.

Ich schloss die Augen, lauschte den Zikaden, spürte die warme Abendluft auf meinem Gesicht und hörte ganz bewusst auf meinen Atem.

Ich sah auf meine Armbanduhr.

Hör auf damit, rügte ich mich und schloss die Augen.

Wieder sah ich auf meine Armbanduhr.

Hör auf damit.

Minuten vergingen, in denen ich abwechselnd die Augen schloss und dann wieder auf die Uhr blickte.

7.30.

7.35.

7.40.

Wieso musste er ausgerechnet heute mit dem Rad zur Arbeit fahren, anstatt das Auto zu nehmen? Wieso hatte er sich nicht eine zweite Garnitur mit zur Arbeit genommen? So hätte er sich umziehen können und ich hätte ihn gleich im Laden abgeholt. Warum hatte er nicht vorausgedacht?

Das entspricht nicht seinem Naturell, sagte ich mir. *Normalerweise bin ich diejenige, die vorausdenkt. Ich bin diejenige, die die Taschenlampe einsteckt.*

Schließlich gelang es mir, mich einigermaßen zu entspannen, und ich dachte darüber nach, wie weit wir in der kurzen Zeit gekommen waren. Ich musste an eine Gartenparty denken, auf die wir unlängst eingeladen waren, und bei der Mark die ganze Zeit mit Kaarina gespielt hatte. Nicht ein einziges Mal hatte er mich gebeten, ihn abzulösen. Er meinte nur: »Du kümmerst dich doch den ganzen Tag um die Kleine, dann musst du das abends nicht auch noch machen.« Vor vier Monaten hätte selbstverständlich *ich* mich den ganzen Abend lang mit Kaarina beschäftigen müssen, und wenn ich dann fix und alle gewesen wäre, hätte ich Mark gedrängt, dass wir nach Hause gehen.

Einmal war er auf Geschäftsreise und rief Kaarina dann jeden Abend um halb neun an, um seiner Tochter eine gute Nacht zu wünschen. Vor vier Monaten hätte er das sicher nicht getan.

Und ich musste an den Tag denken, als ich auf irgendetwas, das ich gegessen hatte, plötzlich allergisch reagierte. Ich rief Mark im Laden an, und er kam sofort nach Hause, schnappte mich und Kaarina und fuhr mich in die Notfallambulanz. Anschließend brachte er Kaarina in die Vorschule und kam zurück. Er blieb endlos langweilige Stunden bei mir, während ich unter »Beobachtung« war. Er brachte mir Zeitschriften, damit ich etwas zu lesen hatte. Er stellte den Fernseher an und gab mir die Fernbedienung in die Hand. Er organisierte mir Decken, als mir kalt wurde. Und als ich beteuerte, dass es mir schon besser ginge und er ruhig wieder zurück zur Arbeit könne, blieb er trotzdem bei mir. Vor vier Monaten hätte er mich in der Ambulanz abgeliefert und mich gebeten, ihn anzurufen, sobald er mich abholen kommen konnte.

Dann dachte ich an eine Party bei einer Freundin von uns. Sie hatte Mark und Kaarina im Planschbecken zugesehen und bemerkt: »Er macht das großartig«. Mir lag schon auf der Zunge, sie zu fragen, ob sie tatsächlich von meinem Mann spricht, aber ich verbiss es mir. Nein, er hatte sich in kürzester Zeit um hundertachtzig Grad gedreht, sodass ich ihn selbst kaum wiedererkannte.

Ich liebte ihn wirklich. Auch wenn er immer wieder notorisch zu spät kam.

7.45. Ich sah ihn kommen. Er radelte schnell, bog um die Ecke und fuhr die Einfahrt herauf.

Kurz vor acht waren wir dann im *Farmhouse*. Mark nahm mich am Arm und öffnete die Tür. Michael, der Chef, begrüßte uns und führte uns an unseren Tisch in Nähe der Bar, wo wir uns kennengelernt hatten.

Wir aßen köstlichen Tomatensalat, Lamm (für Mark), Lachs (für mich) und Obstauflauf (für uns beide). Während wir den Nachtisch löffelten, hörten wir den Mann am Nebentisch laut in sein Handy reden. Seinen Worten entnahmen wir, dass seine Kinder zu Hause wohl außer Rand und Band waren und der Babysitter sich völlig überfordert fühlte. Mark rollte mit den Augen und stieß einen Seufzer aus. Ich strich ihm über den Arm und sagte: »Ich liebe es, dass ich weiß, was du jetzt denkst, auch wenn du nichts sagst.« Nach acht Jahren Ehe konnten wir manchmal eben doch die Gedanken des anderen lesen.

Wir zahlten, verabschiedeten uns und schlenderten zum

nahegelegenen Golfplatz, kletterten auf eine kleine Anhöhe und setzten uns ins Gras. Ich holte die Seiten mit dem Eheversprechen aus meiner Tasche samt der kleinen Taschenlampe.

»Ich lese eine Zeile, und dann liest du sie noch einmal«, sagte ich.

Ich begann: »*Ich werde immer bestrebt sein, dich besser kennenzulernen.*«

Ich wartete darauf, dass Mark die Zeile wiederholte. Aber es kam nichts.

»Du bist dran«, sagte ich.

»Ich dachte, du liest erst alles, und dann lese ich alles«, sagte er.

»Nein, ich dachte, ich lese eine Zeile und du wiederholst sie, und dann lesen wir die nächste.«

»Nein. Besser, du liest zuerst alles, und dann lese ich alles«, sagte er.

»Nein, immer abwechselnd.«

Schon wieder einer dieser Machtkämpfe, und ausgerechnet, wenn es um unser Eheversprechen ging? Das konnte jetzt nicht wahr sein.

»Wie wäre es, wenn wir alles gemeinsam lesen?«, fragte er.

»Ja, gute Idee«, sagte ich.

Nach der letzten Zeile, die da lautete, *Ich werde an deiner Seite bleiben, egal, wie schlimm es kommen mag,* meinte er: »Da hättest du dir etwas Positiveres überlegen können.«

»Vielleicht«, sagte ich. »Aber geht es im Grunde nicht darum? Es kann immer schlimmer kommen. Ich könnte die

Huntington-Krankheit kriegen, schrullig werden und mein Essen ausspucken und dich zum Teufel wünschen. Das sind dann die schlechten Zeiten von ›in guten wie in schlechten Zeiten‹.«

»Lass uns nicht an so etwas denken«, sagte er.

Wir standen auf, nahmen uns in den Arm, und Mark drückte mich an sich.

»Du drückst mir gleich das Essen aus dem Leib«, sagte ich.

»Ich weiß«, meinte er.

Ich berührte sein Hemd mit meinen Lippen und flüsterte: »Ich schaffe es, dass du loslässt, wenn ich will.« Er ließ los. Wir küssten uns.

Hand in Hand schlenderten wir zum Auto, im festen Glauben, dass unsere Ehe für immer halten würde. Auch dann noch, wenn wir unsere Haare, unsere Zähne, unseren straffen Körper und unser Gedächtnis verloren haben. Und zwar deshalb, weil wir unentwegt daran arbeiten werden, ganz gleich, was passieren mag. Das feste Vorhaben, unsere Ehe zu retten, hat uns gezwungen, alles zu versuchen. Und heute weiß ich, dass wir uns damit die Tür zum Glück geöffnet haben.

12. KAPITEL

Mission erfüllt: Glücklich bis ans Lebensende (die meiste Zeit jedenfalls)

Lieben lernst du nicht, indem du den vollkommenen Menschen suchst, sondern indem du einen unvollkommenen Menschen als vollkommen siehst.

SAM KEEN

Wenn ich dieses Buch hier an dieser Stelle mit der Episode unseres Eheversprechens beendet hätte, würden Sie wahrscheinlich denken »Herzlich wenig Aussicht, dass die Ehe halten wird«. Das genau hat mir auch eine meiner besten Freundinnen gesagt, als ich ihr einen ersten Entwurf zu diesem Buch zu lesen gab, der just an dieser Stelle endete.

Dank ihr geht dieses Buch jetzt noch weiter. Und damit werden Sie nicht nur erfahren, was im ersten Jahr nach unserem »Projekt zur Eherettung« passierte, sondern auch, wie es im zweiten Jahr weiterging.

Um die Wahrheit zu sagen, war diese Freundin nicht die einzige Person, die am Erfolg unseres Projekts ihre Zweifel hatte. Hätte ich meine Freunde damals gebeten, Wetten auf die Beständigkeit meiner Ehe abzuschließen, hätte wohl keiner auch nur einen Cent darauf gesetzt, dass wir zusammenbleiben.

Nun, zusammen sind wir bis heute. Diesen Kraftakt haben wir gemeistert, weil wir nie aufgehört haben, an unserer Ehe zu arbeiten. Denn auch wenn unser offizielles Projekt zu Ende war, ging das inoffizielle unbefristet weiter.

Es ging damit weiter, dass ich meine Ansichten immer und immer wieder verteidigt habe. In jenem Jahr und darüber hinaus habe ich Mark eine ganze Menge abverlangt: Ich verlangte von ihm, seine Arbeitszeit zu kürzen und an Abenden, an denen er gerne ausgegangen wäre, zu Hause zu bleiben. Ich verlangte von ihm, daheim mit Kaarina und mir zu essen und nicht im Pizza-Imbiss, ganz gleich, ob ihm der Sinn nach Resteverwertung stand oder nicht. Ich verlangte von ihm, auf Partys früher nach Hause zu gehen. Ich verlangte, verlangte, verlangte ... und mit jedem Mal tat ich mich leichter damit.

Er erbrachte nicht immer einen prompten Liebesbeweis, und er gebrauchte auch nicht immer die besten Kommunikationsmethoden, aber irgendwie schafften wir es, unsere Ehe stetig zu verbessern. Eines Sonntagnachmittags, es war im Frühsommer, ertappte ich mich dabei, wie ich in einem fort auf meine Armbanduhr sah und die Minuten und Sekunden zählte, bis Mark endlich von der Arbeit nach Hause kam. Meine Reserven geistiger und körperlicher Energie waren erschöpft, und mir fiel partout nichts mehr ein, wie ich mein Kind noch bei Laune halten konnte. Ich war angefressen. Gelangweilt. Erschöpft.

Als Mark kam, lag ich im Gras, den Arm über die Augen gelegt, während Kaarina auf meinem Bauch saß.

»Kann ich radeln gehen?«, fragte er.

Ich hob meinen Arm, blinzelte und versuchte, seine Miene zu lesen. Das war doch wohl ein Witz!

»Nein«, sagte ich. Ich hätte ihm alle möglichen Gründe an den Kopf werfen können, warum ich nicht wollte, dass er radeln ging. Hätte ihm sagen können, dass der Sonntagnachmittag nicht als Familienauszeit vorgesehen war. Hätte ihm erklären können, dass ich seit einer Viertelstunde hier im Gras lag und darauf wartete, dass er nach Hause kam. Doch ich beließ es bei einem »Nein«, und er drehte sich um und ging davon.

Später saß ich auf dem Balkon, schloss die Augen und spürte, wie sich mein Körper langsam zu entspannen begann. »Was willst du, ein Nickerchen halten oder was?«, fragte mein Mann in einem Ton, den ich hasste.

Ich öffnete die Augen. »Was ist dein Problem? Kein Grund, so mit mir zu reden.«

»Ich habe das Radfahren sausen lassen, weil du nicht wolltest, dass ich gehe, und jetzt sitzt du einfach bloß herum und machst nichts. Ich hatte einen anstrengenden Tag. Ich will einfach nur nach Hause kommen und Rad fahren, was du mir verbietest, und ich verstehe nicht ganz, warum.«

Dass auch er dem süßen Nichtstun durchaus frönen konnte, hatte ich sehr lebhaft vor Augen. Während ich das Abendessen für Kaarina zubereitete und sie bei Laune hielt, saß Mark vor dem Fernseher, las Zeitung oder surfte im Internet. War es denn ein Verbrechen, wenn man sich als Mutter mal auf den Balkon setzte, um nur ein paar Minuten auszuruhen und die warme Sonne zu genießen? War es denn so verkehrt, ihm zu sagen, dass ich etwas dagegen hatte, wenn er Fahrrad fahren ging?

Schuld und Wut rangen in meinem Innersten miteinander.

Schließlich siegte die Wut. »Was glaubst du, was ich den ganzen Tag mache? Glaubst du, es ist leicht, eine Dreijährige stundenlang zu unterhalten? Glaubst du, ich habe endlos Energie? Hast du je daran gedacht, dass ich auch mal eine

Auszeit brauchen könnte? Bist du je auf die Idee gekommen, dass ich vielleicht spazieren oder joggen gehen möchte, ein Buch lesen oder einfach nur mal fünf Minuten für mich haben möchte? Du bist sauer, weil du keine vier Stunden radeln gehen kannst, und ich habe nicht mal zehn Minuten, um mir eine kurze Dusche zu gönnen!«

»Alisa«, unterbrach er mich barsch und neigte sich zu Kaarina.

Ich marschierte ins Haus und ließ ihn stehen. Ich kochte vor Wut. In meinen Gedanken sagte ich ihm, er solle gehen und sich bloß nie wieder blicken lassen. In meinen Gedanken sah ich mich nach Delaware zu meinen Eltern ziehen. Doch dann hörte ich die Stimme meiner inneren Wissenschaftlerin: »Willst du dich wirklich von ihm scheiden lassen wegen einer schnippischen Bemerkung? Er ist nur mies gelaunt. Er ist einfach so. Ein echter Stinkstiefel manchmal. Das weißt du doch. Neulich noch hast du erst gedacht, wie glücklich du mit ihm bist. Wie wundervoll er ist. Das ist nur eine kleine Reiberei. Sprich mit ihm.«

Nein, ist es nicht – widersprach ich dieser Stimme der Vernunft. *Ich hasse ihn. Ich halte das nicht mehr aus. Es ist aus und vorbei. Ich habe es satt, dass er so mit mir umspringt. Fast ein Jahr haben wir an unserer Ehe gearbeitet. Irgendwann reicht es.*

Ich ging wieder nach draußen.

»Geh«, sagte ich. Er war in Badehose und klatschnass, weil er gerade durch den Rasensprenger gelaufen war. Kaarina lachte vergnügt und rannte ihm nach.

»Gehen? Wohin?«

»Hau einfach ab.« In meinem Innern hörte ich Frau Dr. Oberschlau flüstern: *Geh nie von ihm fort und verlange nie, dass er von dir fortgeht. Du kämpfst nicht mit fairen Mitteln.* Aber ich konterte: *Sei still. Ich will dich nicht mehr hören. Ist mir egal.*

»Du spinnst«, sagte Mark.

»Ich will dich nicht mehr hier haben. Geh.«

»Nein, ich gehe nicht«, weigerte er sich und verschränkte demonstrativ die Arme vor der Brust. »Ich gehe nirgendwohin.«

Dann kam er auf mich zu und streckte die Arme nach mir aus. »Komm her«, sagte er und schlang die Arme um mich. Ich schluchzte in seine tropfnasse Schulter.

»Warum sprichst du so mit mir? Du weißt, dass ich das hasse. Und du siehst ja, was es mit mir macht. Warum?«, fragte ich ihn.

»Ich weiß nicht. Kommt manchmal einfach so heraus. Ich vergesse dann, wie müde und kaputt du bist. Wie schwer das alles ist.«

Ich starrte ihn an. Er vergaß, wie müde und kaputt ich war? Das konnte doch wohl nicht wahr sein! Mir kam es so vor, als ob er nichts begriffen hatte. Er war ja auch nicht derjenige, der nächtelang an Kaarinas Bett gesessen hatte, als sie noch ein Baby war. Das war ich. Und er war auch nicht derjenige, der in den vergangenen Jahren zahllose Nächte um seinen Schlaf gebracht worden war. Egal, welch große Fortschritte wir in unserer Ehe gemacht hatten, die Nachtschichten blieben nach wie vor an mir hängen. Unsere Tochter ließ sich noch immer nicht von Daddy beruhigen, wenn

Mami verfügbar war. Und nur selten verbrachte er einen ganzen Tag mit ihr. Ich war fast immer in der Nähe, um ihn abzulösen.

»Du weißt doch, wie du dich fühlst, wenn du den ganzen Tag auf dem Rad unterwegs warst, nach Hause kommst und einfach nur auf dem Sofa hängen und deine Ruhe haben willst.«

»Ja«, meinte er.

»Und genauso fühle ich mich, und das die ganze Zeit.«

Etwa eine Woche später, an einem Donnerstagnachmittag, machte Mark seine übliche Radtour und rief mich an, kaum dass er losgefahren war. »Hey«, sagte er. »Ich habe ganz vergessen zu fragen, ob es okay für dich ist, wenn ich radeln gehe. Tut mir leid. Hätte dran denken sollen. Soll ich umdrehen? Soll ich heute Abend zu Hause bleiben?«

Ich war völlig verdutzt.

»Mark, donnerstags gehst du immer Rad fahren. Und Donnerstagabend ist immer dein Abend.«

»Ich weiß, aber Dienstag wurde es schon spät, und da dachte ich, dass du mich heute Abend vielleicht lieber zu Hause hättest. Ich hätte dich fragen sollen. Bist du sicher, dass du nicht sauer bist? Ich kann auch heimkommen.«

»Nein, fahr ruhig. Alles gut«, sagte ich. Und das war es auch.

Ein anderes Mal, es war an einem eiskalten Sonntag im Winter, fuhr ich die anderthalbstündige Strecke zu meinen Eltern, um Kaarina abzuholen, die das Wochenende dort verbracht hatte. Nachdem ich mich ein paar Stunden bei ihnen aufgehalten hatte, packte ich Kaarinas Sachen und machte mich mit ihr auf den Rückweg. Bevor ich losfuhr, rief ich Mark an, um ihm zu sagen, dass wir jetzt unterwegs seien. Auf der Fahrt kreisten meine Gedanken um meine Ankunft, um meinen Ischias und um mein rechtes Bein, das, bis wir ankamen, vom langen Sitzen wohl eingeschlafen sein würde. Ich dachte an den Eissturm, den wir gerade erlebt hatten, und daran, dass der Fußweg vor unserem Haus wohl spiegelglatt sein würde. Kaarina würde im Auto einschlafen, und ich müsste sie mit meinem tauben Bein über den eisglatten Weg ins Haus tragen. Mark war auf eine Party gegangen.

Ich sollte ihn anrufen und bitten, zu Hause zu sein, wenn wir kämen, dachte ich bei mir. Doch gerade als ich nach meinem Handy greifen wollte, wehte Eis von den Bäumen auf die Windschutzscheibe und nahm mir für ein paar Sekunden die Sicht, sodass ich das Steuer mit beiden Händen festhalten musste.

Er wird schon da sein, sagte ich mir. Er hat Kaarina mehrere Tage nicht gesehen und freut sich bestimmt auf sie. Außerdem weiß er, dass mir von der langen Fahrt immer das Bein einschläft. Er ist bestimmt da.

Als ich ankam, war das Haus dunkel und meine Hoffnung zunichte. Ich trug Kaarina vorsichtig ins Haus, angelte auf dem Weg in ihr Zimmer im Vorbeigehen nach dem Telefon, rief Mark an und bat ihn, nach Hause zu kommen. Kaarina murmelte verschlafen, ich solle ihr eine Geschichte vorlesen. Das machte ich. »Wo ist Daddy?«, fragte sie. »Er kommt gleich«, antwortete ich.

Mark brauchte eine halbe Stunde mit dem Rad, bis er da war. In dieser halben Stunde schleppte ich Taschen und Decken vom Auto ins Haus. Dann wurde mir auf einmal alles zu viel, und als er schließlich durch die Tür spazierte, nahm ich ihn nicht gerade begeistert in Empfang. Ich sagte ihm, ich hätte es wirklich schön gefunden, wenn er bei unserer Ankunft zu Hause gewesen wäre, aber meine Worte waren kalt wie Eis und auch sein »Tut mir leid« brachte mich nicht zum Schmelzen. Später war ich unten in der Waschküche, hockte mit angezogenen Beinen auf dem Boden, mit dem Rücken gegen die Waschmaschine gelehnt. Tränen liefen mir über die Wangen. Jetzt, wo ich meine Liebe für ihn gerade wiedergefunden hatte, waren die Missverständnisse und Unstimmigkeiten zwischen uns unerträglich.

Wenige Tage nach diesem Streit traf ich mich mit meinem Freund Larry. Er sah mir an, dass ich todtraurig war.

»Was ist los?«, fragte er.

»Mark und ich sind neulich abends heftig aneinandergeraten. Wir haben uns zwar wieder vertragen, aber ich bin noch immer nicht ganz darüber weg.«

»Worüber habt ihr euch denn gestritten?«

Ich erzählte es ihm.

»Hast du ihm denn gesagt, dass du gerne möchtest, dass er zu Hause ist, wenn du kommst?«

»Nein«, sagte ich. »Ich kam gar nicht auf die Idee. Ich nahm an, dass er das wüsste.«

»Woher soll er es denn wissen? Ich wäre an seiner Stelle auch nicht drauf gekommen«, meinte Larry.

»Nein? Aber wenn du eine Frau wirklich liebst, dann denkst du doch an sie, auch wenn du auf einer Party bist. Denkst du dann nicht ›Sie kommt bald. Der Gehsteig ist eisglatt. Sie braucht Hilfe beim Ausladen. Ich habe meine Tochter seit ein paar Tagen nicht gesehen. Ich gehe jetzt lieber, damit ich zu Hause bin, wenn sie kommt‹?«

»Nö«, gab er zu und fragte dann: »Hat er gesagt, dass es ihm leid tut?«

»Jaaaaa ....«

»Aber es geht dir immer noch nach?«

»Ja.«

»Ihr Frauen seid aber auch kompliziert.«

Ich bin kompliziert. Und Mark versteht überhaupt nichts. Das wird sich nie ändern, weshalb wir auch künftig streiten werden. Ich habe gelernt, gelegentliche Auseinandersetzungen als normal zu akzeptieren und sie nicht als böses Omen zu betrachten. Jeder Streit offenbart meinem Mann eine verletzliche Seite an mir. Jeder Streit sagt ihm, dass ich nicht immer robust und stabil bin, dass ich ihn brauche. Jeder Streit ermöglicht es uns, uns auf einer tieferen Ebene kennenzulernen. Jeder Streit zeigt mir, dass Mark willens ist zu tun, was immer ich möchte. Er muss mich nur fragen. Das ist bei jedem Streit so, auch wenn wir nicht mit fairen Mitteln streiten, auch wenn wir keine unserer neu erlernten Techniken anwenden, und auch wenn die Gefühle die Überhand gewinnen und Herz und Verstand getrennte Wege gehen. Goldsmith hatte Recht: Besser streiten als schweigen. Es war das krampfhafte Vermeiden von Konflikten, das Schweigen, das unserer Ehe beinahe das Aus beschert hätte.

Verzeihen stand am Anfang unseres Projekts. Ich verzieh Mark, dass er mich in der ersten Zeit meines Mutterdaseins vernachlässigt hatte. Und danach verzieh ich mir selbst. Ich verzieh mir, dass ich keine perfekte Mutter war. Doch erst im Dezember, ganze drei Monate, nachdem wir unser Projekt beendet hatten, erkannte ich, dass ich an einer postpartalen Depression gelitten hatte. Diese Erkenntnis kam mir bei meinen Recherchen für mein Buch. Bei einer postpartalen Depression zeigt das weibliche Gehirn hyperaktive Stressreaktionen und produziert eine zu große Menge des Stresshormons Cortisol. Der Schreckreflex der betroffenen Frau ist ständig in Alarm, sie reagiert sprunghaft, und jede Kleinigkeit erscheint ihr wie ein Riesenproblem. Sie ist übertrieben wachsam im Umgang mit ihrem Baby, hektisch und findet nach dem nächtlichen Stillen oder Füttern nicht in den Schlaf zurück. Tagsüber und auch nachts treibt sie eine nervöse Unruhe um, als stünde sie permanent unter Strom, obwohl sie völlig erschöpft ist.

Ich musste daran denken, wie ich sämtliche Telefone im Haus ausgestöpselt und Freunden erzählt hatte, dass ich keine Hilfe bräuchte, dass es mir gut ginge. Ich erinnerte mich daran, wie ich beim Autofahren immer wieder auf die Bremse trat, damit ich nicht auf Autos auffahre, die gar nicht da waren. Die Einsicht, dass ich damals an einer Krankheit litt, unter der sehr viele junge Mütter leiden, ohne es zu wissen, half mir, mich selbst zu verstehen und mir selbst zu verzeihen, vor allem jene grauenvolle Nacht, als ich mein Baby beinahe zu Tode geschüttelt hatte.

Der Schlafentzug, das schrille Babygeschrei, die bleierne Müdigkeit, der Druck und mangelnde Unterstützung und Anerkennung hatten mich völlig fertiggemacht. Innerlich war ich nur noch von Wut erfüllt. Und das über Jahre.

Mark hatte mir jene Nacht sofort verziehen, als ich ihm davon erzählt hatte. Ich hingegen brauchte mehr als drei Jahre, um sie mir selbst zu verzeihen. Es gibt Mütter, die schaffen es, sich den lieben langen Tag mit ihrem Baby zu befassen, ohne den Verstand zu verlieren oder vor Erschöpfung halbtot umzufallen. Und andere Mütter schaffen das sogar ohne Pause über ein ganzes Wochenende. Es gibt sogar Mütter, die lieber zu Hause bei ihren Kindern bleiben, als arbeiten zu gehen.

Ich gehörte offenbar nicht zu diesen und auch nicht zu jenen. Ich musste arbeiten, um Geld zu verdienen und alles bezahlen zu können. Aber selbst wenn es nichts zu bezahlen gäbe, würde ich arbeiten. Meine Schreiberei ist ein untrennbarer Teil von mir, so wie das Fahrrad ein untrennbarer Teil meines Mannes ist. Wenn ich das Schreiben aufgeben würde und nur noch Hausfrau und Mutter wäre, würde ich eingehen. Dass ich arbeite, ab und zu abends ausgehe und einen Babysitter engagiere, heißt nicht, dass ich meine Tochter nicht liebe. Ich liebe meine Tochter. Aber mich liebe ich auch. Und das ist nicht nur normal. Das ist sogar gesund.

Nach der Phase des Verzeihens stand als Nächstes die Auseinandersetzung mit unserem nicht vorhandenen Sexleben an. Ein Jahr nachdem wir unser Projekt gestartet hatten, hatten wir nur noch ein bis zwei Mal im Monat Sex. Doch ich lernte, dass es mehr auf die Qualität und weniger auf die Quantität ankam. Ich kaufte nach wie vor gerne schöne Dessous und trug sie auch. Und ich las nach wie vor über Sexualpraktiken. Ich ging sogar noch einmal zu Carmen für eine komplette Intimrasur, etwas, das ich nur wärmstens empfehlen kann.

Und eines Morgens – Kaarina war das Wochenende über bei meinen Eltern – fand Mark meinen G-Punkt. Jawohl, er existiert tatsächlich!

Und auch die Romantik begann sich einzustellen. Im ersten Jahr nach unserem »Projekt«, an einem kalten Wintermorgen, ging ich mit Kaarina aus dem Haus, um sie in die Vorschule zu fahren, und stellte fest, dass Mark das Eis von der Windschutzscheibe am Auto gekratzt hatte, bevor er mit dem Rad zur Arbeit gefahren war. An einem anderen Morgen, ich ging ebenfalls mit Kaarina aus dem Haus, fiel mir ein, dass Mark am Abend zuvor mit meinem Auto unterwegs gewesen war und es danach garantiert nicht aufgetankt hatte. Doch siehe da, der Tank war voll!

Und die Kommunikation? Wir hatten gelernt, über das Thema Wäsche zu reden, ohne uns in die Wolle zu kriegen. Als ich mir eine teure Hose gekauft hatte, die nur Kaltwäsche und Schongang vertrug, fragte ich Mark, ob ich sie zu den anderen Teilen in die Maschine geben könne oder sie lieber separat waschen solle.

»Zeig mal her.«

Ich gab sie ihm, und er meinte: »Ich mach das für dich.«

Und einige Tage später beim Abendessen sagte er dann: »Deine Hose hängt zum Trocknen auf dem Wäscheständer.«

Eines Tages fragte ich ihn, warum er mir nicht öfter unter die Arme gegriffen hatte, als Kaarina noch ein Baby war. Er versteifte sich und schwieg.

»Ich will jetzt nicht anfangen zu streiten, Liebling, ich will es nur verstehen.«

»Ich weiß nicht«, sagte er.

»Lag es daran, dass ich immer schon unabhängig war und du deshalb dachtest, ich käme damit alleine zurecht?«

»Ja, zum Teil vielleicht schon.«

»Oder weil du in der gleichen Situation keine Hilfe gebraucht hättest?«

»Mag sein«, sagte er. »Beides.«

Diese beiden Erklärungen kamen der Wahrheit wahrscheinlich ziemlich nahe. Aber es war auch egal. Was mehr zählte, war, dass er mir jetzt zur Hand ging.

Das Projekt endete mit einer innigen Verbundenheit. Am Muttertag übernachtete Kaarina bei meinen Eltern. Mark buchte ein Hotel in Philadelphia für uns beide. Zuerst lud er mich in ein kleines Restaurant ein, danach in ein Brauhaus und anschließend in eine Bar. Gegen zehn Uhr überkam mich die Müdigkeit. »Ich bin völlig erledigt. Wo willst du heute Abend noch überall mit mir hin?«

»Du schaffst das schon«, sagte er. »Entspann dich. Das Beste kommt zum Schluss.«

»Was denn?«

»Das ist eine Überraschung.«

Und gegen elf war es dann so weit. Er bog in eine schmale Allee ab.

»Siehst du das Sonnensegel dort?«

»Ja.«

»Das ist McGillin's Olde Ale House. Die älteste Kneipe in Philadelphia. Die gibt es schon seit 1860. Liegt ziemlich versteckt und ist schwer zu finden. Man muss schon wissen, wie man hinkommt.«

Ich hörte ihm an, wie stolz er war. Es war eine seiner

Stammkneipen mit seinen Kumpels, das wusste ich. Er gab mir damit einen kleinen Eindruck von dem Mark, der er außerhalb unserer Ehe war.

Hand in Hand gingen wir hinein.

»Es ist dir hier bestimmt zu laut und zu voll, oder?«, fragte er.

»Nein, ist in Ordnung. Komm, setzen wir uns, ich trinke ein Bier mit dir. Ich weiß, dass du hier unbedingt herkommen wolltest und dich darauf gefreut hast.«

Er drückte meine Hand. »Nein, lass uns gehen. Es ist schon spät, und du bist müde«, meinte er. In diesem Augenblick hatte ich das Gefühl, als würde er mich in- und auswendig kennen.

Als wir Anfang März zu Besuch bei seinen Eltern in Florida waren, war ich mir absolut sicher: Nein, ich wünschte mir nicht mehr, dass er tot wäre.

Eines Abends, ich zog mich gerade um, weil wir zum Essen ausgehen wollten, sagte Mark. »Ich fühle mich nicht ganz wohl. Vielleicht sollte ich mal zum Arzt gehen.«

»Du gehst nie zum Arzt. Wieso jetzt auf einmal? Geht es dir so schlecht? Was hast du denn? Heute ist Sonntag.«

»Ich fühle mich komisch. Als müsste ich mich jeden Moment übergeben.«

»Meinst du, du hast dir einen Virus eingefangen?«

»Irgendwie bin ich schlapp. Kriege aus heiterem Himmel Schweißausbrüche und habe Schmerzen unter dem linken Schulterblatt.«

Er war blass, und sein Blick war so, wie ich ihn nicht kannte. Aus seinen Augen sprach Angst. Ich tippte, dass die Schmerzen unter seiner Schulter von einer Übersäuerung der Muskeln kämen, da er jeden Urlaubstag hier im Sattel gesessen hatte. Oder er hatte sich den gleichen Virus eingefangen, den auch ich einige Tage zuvor hatte. Oder es hatte ihm zugesetzt, dass sein Freund aus Schulzeiten eine Woche zuvor an einem plötzlichen Herzschlag gestorben war.

Ich brachte es aber auch nicht fertig, ihm zu sagen, er solle es einfach ignorieren, um dann erleben zu müssen, wie er mitten beim Abendessen ebenfalls tot umfiel.

»Wenn du meinst, du musst zum Arzt, dann musst du das wohl«, sagte ich.

Also ging er in die Klinik. Ich begleitete ihn und wartete. Die folgenden Stunden zogen sich hin. Ich nahm kaum wahr, was um mich herum geschah. Als hätte ich auf Autopilot geschaltet, während ich nur einen Gedanken hatte – hoffentlich ist nichts Ernstes mit ihm!

Noch vor einem Jahr hatte ich mir in meiner Fantasie ausgemalt, wie unglaublich praktisch es doch wäre, wenn mein Mann einfach tot umfallen würde. Doch heute sah ich plötzlich ganz andere Bilder beim Gedanken daran, dass Mark sterben könnte. Ich sah mich völlig aufgelöst und bestürzt, unfähig zu schreiben. Ich sah unsere Tochter, die in einem fort fragte: »Wo ist denn Daddy? Wann kommt er denn nach Hause?« Und mich, wie ich verzweifelt nach einer Antwort auf ihre Fragen suchte. Die Beerdigung wollte ich mir erst gar nicht vorstellen. Dafür waren mir die Bilder von einem einsamen, leeren Leben nach seinem Tod umso klarer vor Augen.

Stunden später hatte er seine Ergebnisse. Kein Herzanfall, sondern ein gestörter Elektrolythaushalt, vermutlich vom vielen Radfahren in der ungewohnten Hitze Floridas. Er musste zur Beobachtung über Nacht in der Klinik bleiben.

Am folgenden Morgen besuchte ich Mark mit Kaarina. Er trug ein blaues Krankenhemd. Seine Haut sah klebrig aus, schwitzig und blass. Ich drückte ihn. »Ich bin froh, dass du halbwegs wieder in Ordnung bist«, sagte ich. Heilfroh war ich sogar.

Kaarina drückte und küsste ihn ebenfalls und setzte sich auf seinen Schoß.

Ich streichelte ihm über den Arm, hielt seine Hand und sah ihm fest in die Augen. Nie war ich so glücklich, meinen Mann in meinem Leben zu haben.

Meinen Roman habe ich nie zu Ende geschrieben. Es reizte mich nicht mehr, genau von dem Moment an, als ich aufgehört hatte, mir meinen Mann tot zu wünschen. Es passte einfach nicht mehr.

Im August 2008 fuhren wir dann schließlich in unsere lange aufgeschobenen zweiten Flitterwochen. An meinem 38. Geburtstag flogen wir nach St. Kitts in die Karibik, schnorchelten, wanderten, schlenderten am Strand entlang und schliefen an fünf Tagen von sieben Tagen die Woche miteinander. Gegen Ende der Reise sah ich Mark an und sah einen Menschen, den ich lange Zeit nicht gesehen hatte. Einen Mann, der nicht mehr egoistisch, gleichgültig und vernagelt war. Ich sah einen Mann, der mich vergötterte. Ich sah einen Mann, der heimlich Fotos von mir schoss (die ich erst später auf seiner Digitalkamera entdeckt habe). Ich sah den Mann, den ich einst geheiratet hatte. Den Mann, in den ich mich einst verliebt hatte.

Vielleicht fragen Sie sich jetzt: Was, wenn das Projekt gescheitert wäre? Was, wenn ich vier Monate lang alles darangesetzt und am Ende doch die Scheidung gestanden hätte? Wäre das Ganze dann nicht eine kolossale Zeitverschwendung gewesen?

Keineswegs.

Ich habe das Projekt gebraucht. Genauso wie ich eine gesündere Ehe gebraucht habe. Das Projekt hat mich gelehrt, meine Gefühle zuzulassen, sie zu ordnen, um Hilfe zu bitten, wenn ich Hilfe brauchte, und ein Nein nicht klaglos hinzunehmen, wenn es eigentlich nicht hinnehmbar war.

Es half mir, stärker zu werden, glücklicher und authentischer. Wenn ich diese Lektionen nicht mit Mark gelernt hätte, hätte ich sie irgendwann später mit einem anderen Mann lernen müssen. Und wenn ich mir nie Zeit genommen hätte, sie zu lernen, wäre mein Leben heute viel weniger erfüllt. Eine Freundin hat mir einmal gesagt: »Du kannst dein Päckchen mit Mark aufarbeiten oder ohne ihn, aber aufarbeiten musst du es, so oder so.« Sie sollte Recht behalten.

Wir führen keine perfekte Ehe. Wir streiten. Es gab Zeiten, da hat jeder lieber etwas für sich gemacht als gemeinsam mit dem anderen. Wir sind in vielerlei Hinsicht sehr unterschiedlich. Ich bin ein Morgenmensch. Mark ein Morgenmuffel. Ich jogge gern. Er fährt lieber Rad. Er ist lebenslustig, ausgeglichen, lebt im Hier und Jetzt. Ich bin ernst, besorgt, sparsam, damit es später für die Rente reicht, am besten noch bevor wir beide vierzig sind.

Aber das wird immer so sein. Er wird immer tief und fest schlafen, brummig aufwachen und den Tag langsam angehen lassen. So ist er eben. Das kann ich nicht ändern. Was ich aber ändern kann, ist sein Verhalten, vor allem in den Dingen, die mich tief verletzen. Sein Verhalten zu ändern, war sehr viel leichter, als ich dachte. Deb hatte Recht: Männer sind ahnungslos. Nicht alle vielleicht, aber meiner war es ganz bestimmt, und er ist es heute noch.

13. KAPITEL

Ende gut, alles gut

*»Sie hatte nur die Gewissheit seiner Liebe gebraucht
und die Bestätigung, dass keine Eile geboten war,
da das ganze Leben noch vor ihnen lag. Mit Liebe und
Geduld – hätte er doch bloß beides gehabt – wären
sie schon zurechtgekommen.«*

IAN MCEWAN

Ich habe einen Nachruf auf meinen Mann geschrieben, auch wenn ich mir heute nichts sehnlicher wünsche als ein langes Leben mit ihm. Was würde ich sagen, wenn er morgen sterben würde? Was würde ich Kaarina sagen, damit sie ihren Vater in Erinnerung behalten kann? Etwa so könnte mein Nachruf lauten:

Nachruf auf Mark, einen wunderbaren Ehemann und Vater

Dein Vater war ein schwieriger Mensch. Das sage ich nicht aus Bosheit. Das sage ich, weil es wahr ist. Und mir fällt auch keiner seiner Freunde ein, der mir nicht zustimmen würde. Sogar seine Mutter hielt ihn für schwierig. Ich bin auch überzeugt, dass er hin und wieder nur aus Prinzip anderer Meinung war als ich. Weil er ebenso stur wie kämpferisch war. Wenn er aber wirklich einmal falsch lag mit seiner Meinung, dann hat er sich insgeheim selbst korrigiert. Er fing sogar an, die Wäsche richtig zusammenzulegen, so, wie ich es ihm einmal gezeigt hatte. Das konnte er vor mir zwar nicht offen zugeben, aber es war mir auch egal.

Dein Vater konnte auch richtig bissig sein. Ein scharfes Wort von ihm, und jeder Schwerverbrecher hätte kehrtgemacht. Er wurde nie laut, aber er hatte eine Art zu sprechen, dass selbst der größte Kraftmeier keinen Mucks mehr von sich gegeben hätte.

Trotz alledem hatte er eine weiche Ader. Er ließ den Hund auf unserem Bett schlafen, statt auf dem Boden. Er kaufte dir fast alles, was du wolltest. Nachts deckte er dich immer wieder zu, wenn du dir im Schlaf die Decke immer wieder weggestrampelt hast.

Und Mark war gutherzig. Er besuchte auch mal Kunden, wenn er wusste, dass sie alleine lebten und einsam waren. War jemand neu in der Stadt, sah er zu, dass derjenige sich schnell einlebte, Freunde fand und sich wohlfühlte. Brauchte irgendwer Hilfe, egal bei was, war er stets als Erster zur Stelle. Dabei wollte er nie ein Dankeschön, und er wollte auch nie, dass es die Runde machte.

Er mochte es auch nie, wenn ich anderen erzählte, dass er sich jedes Mal freute, wenn im Frühling die ersten Blumen sprossen. Er stand dann am Magnolienbaum und rief mir zu: »Schau dir mal unseren Baum an! Sieh mal, wie viele Blüten er hat. Riechst du sie?« Er konnte zwar Tulpen nicht von Narzissen unterscheiden, aber er wusste, dass er uns, dir und mir, ein Lächeln ins Gesicht zauberte, wenn er uns die ersten gelben, roten und violetten Farbkleckse im Jahr zeigte.

Dein Vater war auch ein Spaßvogel. Auf unserer Hochzeit

tat er so, als hätte er mir den Slip unter dem Brautkleid vorgezogen, dabei war es nur das Strumpfband. Ja, das hat er wirklich getan. Und das, während meine Großeltern zugesehen haben! Einmal, du warst gerade erst vier Jahre alt, hat er mich in den April geschickt. Er hat dich angestiftet, mir zu erzählen, du hättest aus Versehen ins Bett gemacht. Hattest du natürlich nicht.

Und dein Vater war ehrgeizig. Er war wochenlang eingeschnappt, weil ein Freund einmal flapsig bemerkt hatte, dass er auf seinem Rad eine ziemlich lahme Ente sei. Natürlich war er das nicht. Er war eine echte Sportskanone. Im Klettern. Im Surfen. Im Laufen. In Sachen Sport war er ein echtes Naturtalent.

Was gut war, denn er konnte schlecht verlieren. Wenn ich ihm zum zweiten Platz gratulierte, sagte er nur: »Der zweite Sieger ist der erste Verlierer.« Andere Eltern lassen ihre Kinder bei Brettspielen oder beim Wettrennen gewinnen. Nicht dein Vater. Er musste immer gewinnen – beim Rutschen, beim Strickleiterklettern oder beim Lufthockey. Er hatte die Siegerkrankheit.

Ein einziges Mal – und das auch nur, weil ich ihn ins Gebet genommen hatte – ließ er dich beim Fahrradwettrennen gewinnen, woraufhin du ihn mit großen Augen angeschaut und gefragt hast: »Daddy, warum hast du verloren? Ich wollte, dass du gewinnst.« Das geschah ihm recht und war ihm eine saftige Lehre. Aber dass er dich gewinnen ließ, zeigte mir auch, dass er alles für dich getan hätte.

Dein Vater machte das beste Grillhähnchen, das ich je gegessen habe. Und das wusste er. Er war außerdem ein heimlicher Junkfood-Fan. Er erlaubte dir, Sachen zu essen, die ich dir nie gegeben hätte. Du und er, ihr wart ganz heiß auf Käsekracker, Pommes und anderes Fastfood, das ihr euch hinter meinem Rücken bei jeder Gelegenheit einverleibt habt. Aber es gefiel mir, dass ihr eine gemeinsame Freude hattet, auch wenn ihr damit auf lange Sicht eure Gesundheit ruinieren würdet.

Dein Vater liebte Apfelstrudel. Lammbraten. Dunkles Bier und einen guten Espresso.

Und sein Rad. Er brauchte seine tägliche Fahrradtour, und wenn er die nicht kriegte, war er der miesepetrigste Miesepeter auf der Welt. Er liebte die Geschwindigkeit und fuhr immer schnell. Er liebte Motorräder. Die Angst und die Gefahr. Die Todesgefahr.

Doch vor allen Dingen liebte er dich und mich. Er liebte uns mehr als sein eigenes Leben, und mehr als sein Rad. Ja, das tat er.

Zwei Jahre später nahm ich an einem buddhistischen Meditationskurs teil. Eine Übung bei diesem Kurs bestand darin, uns schwierige Menschen in Erinnerung zu rufen und ihnen Glück und Liebe zu wünschen.

Danach sagte jemand: »Ich denke, das fällt einem beim eigenen Partner am schwersten.« Beifälliges Nicken von allen Seiten.

Ich dachte anders. Mein Mann ist neben meiner Tochter der Mensch, bei dem mir das (heute) am leichtesten fällt.

Und dann dachte ich: Ich kann kaum glauben, dass ich das eben gedacht habe. Ich? Die, die ihren Mann einst ins Grab wünschte? Die, die überzeugt war, dass alle Ehefrauen, die behaupteten, ihren Mann zu lieben, sich und anderen etwas vorlogen.

Ich?

Ja. Ich.

Und ja, mein Mann war einmal der Mann, der all unser Erspartes für einen Skiurlaub verprasst hatte. Der, der lieber auf eine Grillparty ging, als mit mir und unserem Baby meinen Geburtstag zu feiern. Der, der an mir vorbeilief und mich nicht einmal grüßte, wenn ich in seinen Laden kam.

Und heute? Heute beschwert er sich mit keinem Ton, dass ich über unsere Ehe und unser Sexleben ein Buch geschrieben habe. Er ist der gleiche Mann, der klaglos mit mir zum Sexualtherapeuten ging und mich dann zu einer Talkrunde bei einem Fernsehsender begleitete, um darüber zu erzählen. Er ist der Mann, der jedes einzelne Wort in diesem Buch gelesen und mich lediglich um ein paar kleine Änderungen gebeten hat.

Er ist auch der Mann, der mir mit sanften Fingern Gesicht und Kopf massiert, wenn ich ihm abends erzähle, dass ich einen schlechten Tag gehabt habe, und kurz vor dem Heulen bin.

Ein anderes Mal hatte ich Mark verkündet, dass mir eine wichtige Abgabefrist für ein Buch bevorstünde und ich deshalb eine Woche lang in den Hausfrauen-Streik treten müsse. Und was tat er? Er ging einkaufen, putzte das Haus, kochte einen Riesentopf Chili und war obendrein noch der perfekte Papa. Wann immer ich dreckiges Geschirr ins Spülbecken stellte, war es im nächsten Moment auf wundersame Weise in der Spülmaschine verschwunden.

Er ist der Mann, der sich nach den Schulferien von den gespielten Tränen unserer Tochter erweichen ließ und ihr erlaubte, den Rest des Tages mit ihm zu Hause zu verbringen, anstatt sie in die Schule zu schicken, wo sie hingehörte.

Eine meiner Freundinnen meinte neulich sogar zu mir: »Die Welt bräuchte mehr Männer wie deinen.« Ist das zu fassen?

Ich weiß. Es ist irre, absolut verrückt. Unglaublich beinahe.

Aber es ist wahr. Er liebt mich. Er würde alles für mich tun. Er liebt seine Tochter. Und er würde alles für sie tun. Er ist der beste Mensch, der mir je begegnet ist.

Heute, zwei Jahre nach dem Projekt, blicke ich auf die dunklen Tage unserer Ehe zurück und erkenne ganz deutlich, wo was schiefgelaufen ist und warum. Marks Rad war mir einst richtig verhasst. Ich war regelrecht eifersüchtig darauf, nannte es sogar »seine andere Frau«. Und heute? Heute verstehe ich ihn. Er liebt das Radfahren. Es ist ein Teil von ihm. Ein Teil seines Lebens.

So wie das Schreiben zu mir gehört. Und deshalb beklagt er sich auch nicht, wenn ich über unsere Ehe und unser Sexleben schreibe. Er versteht, dass das Schreiben ein Teil von mir ist.

Früher war ich auch eifersüchtig auf seinen Laden, nannte ihn »das uneheliche Kind«. Und heute? Heute verstehe ich, warum er so viele Stunden dort zubringt anstatt zu Hause mit mir und unserer Tochter. Mehr als einmal hat er sich von allen Seiten anhören müssen, dass der Laden niemals laufen würde. Fast jeder hat ihm von diesem Laden abgeraten.

Und nachdem auf die erste um ein Haar die zweite Kündigung gefolgt wäre, konnte Mark es sich nicht erlauben, den Laden in den Sand zu setzen und damit allen Unkenrufern Recht zu geben. Er musste allen beweisen, dass der Laden ein Erfolg würde. Stur wie er nun mal ist, wollte er auch hier der Sieger sein.

Beides gleichzeitig zu schaukeln – den Laden zum Erfolg zu machen und ein guter Vater und Ehemann zu sein –, war einfach ein unglaublicher Kraftakt und manchmal schlicht unmöglich. Für beides hatte der Tag nicht genügend Stunden. Und so machte Mark sich vor, dass alles schon irgendwie klappen würde – dass unsere Liebe stark genug wäre, diese harten Zeiten zu überstehen, und dass er sich irgendwann nicht mehr zwischen Ehe und Laden entscheiden müsse.

Manchmal frage ich mich, ob der Mann, den ich einmal in ihm gesehen habe, bloß ein Zerrbild meiner verblendeten Sinne war. Hatte ich nicht förmlich nach Fehlern und Schwächen an ihm gesucht? Hatte ich seine steinerne Miene und seinen eisigen Ton falsch interpretiert? Hatte Mark vielleicht nur Angst, dass die Frau, die er liebte, ihn nicht mehr lieben würde?

Gut möglich, dass der herzliche, liebende Mann die ganze Zeit über da gewesen war. Dass er sich nur hinter meinem Zorn, meiner Enttäuschung und meiner Schwermut versteckt hatte.

Ganz genau wissen werde ich das nie. Eins aber weiß ich bestimmt: Vor einigen Jahren noch hätte ich nicht zu hoffen gewagt, dass meine Ehe einmal so gut laufen würde. Nie hätte ich gedacht, dass ich eine so tiefe, unerschütterliche und starke Liebe für meinen Mann empfinden würde. Wenn ich heute daran denke, dass ich seine Beerdigung schon bis ins kleinste Detail geplant hatte, spüre ich Tränen in den Augen und einen Stich im Herz. Nein, er darf nicht sterben. Nicht er. Nicht mein Mann. Nicht der eine Mensch auf der Welt, der mich versteht und liebt, was auch immer kommen mag.

Er soll bei mir bleiben. Für allezeit.

Zehn Schritte zum Eheglück

*E*ine glückliche Ehe zu führen, ist ein bisschen wie einen Garten zu pflegen. Man pflanzt Saatgut ein. Man gießt. Man jätet das Unkraut. Man plagt und bückt sich. Man schürft sich die Knie auf. Man sorgt sich, ob es zu sonnig war, zu regnerisch, oder beides. Man flucht, wenn irgendein Getier die Erdbeeren gefressen hat.

Man freut sich, wenn alles blüht und gedeiht. Und man gibt nicht auf. Man gärtnert weiter. Weil die eine Erdbeere, die man reif und süß ernten kann, für all die Mühen entschädigt, die man in alle anderen gesteckt hat, die nicht angegangen sind.

So ist es auch in der Ehe. Man arbeitet hart. Und noch härter. Manches zahlt sich aus. Manches nicht. Doch wenn man die Ehe instandhält, sie hegt und pflegt, dann wird man immer wieder feststellen, dass in der Tat etwas wächst. Und Sie werden die süßesten Erdbeeren ernten – in Form von besserem Sex, einer innigeren Beziehung und der Erkenntnis, geliebt, geschätzt und verstanden zu werden.

Und selbst, wenn nichts davon eintritt, selbst, wenn am Ende die Scheidung steht, wird es sich lohnen. Sie werden sich selbst besser kennenlernen, eine Menge wertvoller Dinge über sich selbst erfahren und daran wachsen.

Auf den folgenden Seiten finden Sie meine Tipps für eine glückliche Partnerschaft.

Die Rettung unserer Ehe war eine schmerzvolle, aber auch schöne Erfahrung für mich. Es war ein harter und langer Weg, von dem ich Ihnen gerne erzähle, damit es für Sie leichter wird, ihn zu gehen. Dieser Weg lässt sich in zehn Schritte einteilen:

Schritt 1: Finden Sie zu sich selbst

Ihrem Mann die Schuld zu geben, wenn Sie unglücklich und unzufrieden sind, ist einfach. Die Wahrheit aber ist, dass Unglücklichsein selbst verschuldet ist. Es kommt von innen. Sie allein sind verantwortlich für Ihre Stimmung, für Ihr Glück und für Ihr Wohlergehen. Das ist nicht die Aufgabe Ihres Mannes. Ihr Mann kann Sie auf der Suche nach sich selbst und nach Ihrem Glück allenfalls unterstützen.

Und so finden Sie Ihr inneres Glück:

Tanken Sie auf. Laden Sie sich mit Energie auf, um sie Ihrer Familie und Ihren Freunden weitergeben zu können.

Tun Sie alles, um gesund und fit zu werden und zu bleiben. Machen Sie Sport. Spannen Sie aus. Schlafen Sie ausreichend. Essen Sie gesund. Haben Sie guten Sex. Gönnen Sie sich regelmäßig eine Auszeit.

Finden Sie heraus, was Sie gerne tun, und tun Sie es!

Nehmen Sie Ihre Freundschaften unter die Lupe. Halten

Sie an den Menschen fest, die Ihnen wichtig und immer für Sie da sind. Freundschaften, von denen Sie nichts haben, die nur auf Oberflächlichkeiten oder Konkurrenz basieren, geben Sie besser auf. Oder schließen Sie neue Freundschaften.

Hören Sie auf, sich schuldig zu fühlen. Es ist unmöglich, eine gute Ehefrau und Mutter zu sein, wenn Sie sich selbst nicht gut finden. Sie stehen an erster Stelle. Die Ehe an zweiter. Kinder an dritter. Wenn Sie das durcheinanderbringen, ist keiner glücklich.

Lächeln Sie. Das lässt Sie glücklich wirken. Wir alle fühlen uns zu glücklichen Menschen hingezogen. Ihr Strahlen wird erwidert, und das macht wirklich glücklich.

Wenn Sie unzufrieden sind, unglücklich oder traurig, dann ist das in Ordnung. Es bringt Sie nicht um. Und es vergeht. Lernen Sie mit diesen Gefühlen umzugehen.

Geben Sie Ihre Erfahrungen weiter. Das hilft nicht nur anderen, sondern auch Ihnen, sich mit sich selbst wohlzufühlen.

Stellen Sie sich Ihren Ängsten. Die Angst vor dem Versagen ist schlimmer als das Versagen selbst.

Haben Sie den Mut, Ihre Träume zu leben. Je mehr Sie Ihren Träumen folgen, desto glücklicher werden Sie. Und je mehr Sie sich vor Ihren Träumen verstecken, desto trauriger und unzufriedener werden Sie.

Üben Sie sich in der Kunst, Ihre Bedürfnisse klar zu artikulieren und einzufordern.

Suchen Sie so lange nach Ihrem inneren Selbst, bis Sie alleine genauso glücklich sein können wie mit Ihrem Mann. Zu wissen, dass Sie auf eigenen Beinen stehen können, gibt Ihnen den nötigen Mut, Ihre Eheprobleme anzugehen und zu lösen.

Schritt 2: Definieren Sie Ihr Problem

Was klappt in Ihrer Ehe? Was klappt nicht? Malen Sie sich Ihre Zukunft aus. Stellen Sie sich einen perfekten Tag vor: Was macht Ihr Mann? Wie gehen Sie miteinander um? Denken Sie an Sex mit ihm. An Liebe. An Glück. Malen Sie sich all diese Dinge aus.

Und dann erstellen Sie einen Plan, der Sie von A (dem schwärzesten Punkt in Ihrer Ehe) nach B bringt (in den siebten Ehehimmel).

Und so starten Sie:

Wenn Sie sich dabei ertappen, dass Sie Ihrem Mann den Tod wünschen, dann machen Sie sich deswegen kein schlechtes Gewissen. Verwenden Sie diese gedankliche Energie vielmehr, um das Problem anzugehen.

Teilen Sie ein großes Problem in kleinere auf. Auch kleine, gangbare Schritte führen zum Ziel.

Akzeptieren Sie Fehlschläge. Ob der Weg oder ein anderer für Sie funktioniert, werden Sie nicht herausfinden, wenn Sie ihn nicht gehen. Und wenn er nirgendwohin führt, dann lernen Sie aus der Reise und ändern Sie den Kurs.

Wagen Sie den Sprung ins kalte Wasser. Ausreden, warum man nun gerade dies oder jenes nicht tun kann, sind schnell gefunden. Lassen Sie alle Ausreden beiseite, und packen Sie das Problem an. Schlimmer kann es nicht werden. Nichtstun ist keine Lösung.

Glauben Sie an eine gemeinsame Zukunft. Ohne diesen Glauben werden Sie die schwierigen Zeiten nicht durchstehen, die es immer und immer wieder geben wird.

Üben Sie sich in Geduld. Aus einem Frosch wird nicht über Nacht ein Prinz.

Machen Sie sich jeden Tag aufs Neue bewusst, dass Sie sich entschieden haben, an Ihrer Ehe festzuhalten. Die Ehe ist eine Entscheidung – Ihre Entscheidung. Sie haben es in der Hand.

Wann immer Sie versucht sind, alles hinzuschmeißen, machen Sie eine Fantasiereise, und lassen Sie schöne Bilder vor Ihrem inneren Auge entstehen. Irgendwann werden die inneren Bilder Wirklichkeit.

Schritt 3: Holen Sie Ihren Mann mit ins Boot

Sagen Sie Ihrem Mann, wie Sie sich fühlen. Erklären Sie ihm, was Sie vorhaben und warum. Wenn er nicht darauf eingeht, geben Sie nicht nach. Stellen Sie ihm notfalls ein Ultimatum.

Spielen Sie eine solche Situation vorab gedanklich durch. Bleiben Sie zuversichtlich, auch wenn sich allerlei negative Gedanken aufdrängen. Begegnen Sie jedem negativen Gedanken mit einem positiven.

Wenn Sie Angst haben, zu emotional zu werden, schreiben Sie vorab auf, was Sie Ihrem Mann sagen wollen. So können Sie Ihre Gedanken ablesen, oder Ihren Mann bitten, sie vorzulesen.

Sagen Sie Ihrem Mann ruhig, dass Sie eine derartige »Mordswut« auf ihn haben, dass Sie ihn am liebsten ins Grab wünschen. Das ist ein guter Ansatzpunkt, um Wut, Ärger und Enttäuschung abzulassen und dann gemeinsam zu überlegen, was Sie dagegen tun können.

Stellen Sie ihm ein Ultimatum, aber nur, wenn Sie es ernst meinen und auch wirklich bereit wären, die Konsequenzen zu ziehen. Keine leeren Worte!

Wählen Sie für die Aussprache einen Moment, in dem Sie innerlich ruhig sind. Sprechen Sie mit ruhiger Stimme und, wenn möglich, mit einem Lächeln im Gesicht.

Erklären Sie Ihrem Mann, warum Sie unglücklich sind. Versuchen Sie, ihm nicht die Schuld dafür zu geben. Schlagen Sie vor, die Dinge zu ändern. Bitten Sie ihn um Hilfe.

Bestimmen Sie einen Abend in der Woche zum »Problemlösungsabend«. Sprechen Sie dann jeweils über ein Problem, das Sie gerne lösen möchten. Überlegen Sie gemeinsam, wie eine Lösung aussehen kann, mit der Sie beide leben können. Ein solcher Abend ist vor allem in der ersten Zeit sehr wichtig. Er hilft, die Probleme nicht aus dem Blick zu verlieren und sich einzubilden, dass sie sich von alleine lösen.

Schritt 4: Streiten Sie nicht über olle Kamellen

Wer bei jedem neuen Streit immer wieder alte Wunden auf-
reißt, sucht die Schuld nur beim anderen.

Aber es ist nicht allein die Schuld des anderen, sprich Ihres
Mannes. Es ist auch Ihre Schuld. Den Finger immer wieder
in alte Wunden zu legen, verhindert die Heilung Ihrer Ehe.
Wenn Sie an ollen Kamellen kleben bleiben, werden Sie die
Zukunft nicht neu und besser gestalten können.

Verzeihen fällt schwer. Wirklich schwer. Und ich weiß,
wovon ich rede. Wie ich meinen alten Groll überwunden
habe, verrate ich Ihnen gerne:

Machen Sie sich immer wieder bewusst, dass Sie selbst
Teil des Problems sind. Ihr Mann ist nicht perfekt. Aber Sie
sind es auch nicht. Wenn Sie der Meinung sind, er müsse Ihnen verzeihen, dann gilt das auch umgekehrt.

Rufen Sie sich alles in Erinnerung, was Sie jemals wütend
gemacht hat. Schreiben Sie es auf. Erzählen Sie Ihrem Partner davon und fragen Sie ihn, ob es ihm leidtut.

Wappnen Sie sich mit Geduld. Es braucht Zeit, Ihren Mann so
zu sehen, wie er heute ist, und nicht so, wie er gestern war.

Machen Sie eine Liste mit all den Dingen, die er gut und
richtig macht. So können Sie leichter die Fortschritte erkennen und sich darüber freuen.

Erinnern Sie sich daran, warum Sie sich einmal in Ihren

Mann verliebt haben. Sie wissen es nicht mehr? Denken Sie so lange darüber nach, bis es Ihnen wieder einfällt.

Schreiben Sie einander Liebesbriefe.

Schritt 5: Bringen Sie neuen Schwung in Ihr Sexleben

Wenn Sie keine Lust mehr auf Sex mit Ihrem Mann haben, dann stimmt irgendetwas nicht. Vielleicht haben Sie ein gesundheitliches Problem. Dann sollten Sie einen Arzt aufsuchen. Doch ich gehe eher davon aus, dass Sie keinen Sex wollen, weil er Sie a) nicht im Geringsten anmacht, und weil Sie ihn b) nicht ausstehen können. Allerhöchste Zeit, etwas zu tun.

Arbeiten Sie an Ihrer Ehe. Sex haben zu wollen mit einem Mann, den man nicht um sich haben mag, ist ein Ding der Unmöglichkeit. Sprechen Sie über die Dinge, die im Argen liegen. Verabreden Sie sich zu einem Sex-Date und treffen Sie entsprechende Vorbereitungen:

Tun Sie alles, um sich an diesem Tag sexy zu fühlen: Eine Intimrasur, schöne Dessous, ein kleines Schwarzes und aufregende Schuhe – ganz wichtig!

Steigt Ihre erotische Spannung? Gut. Wenn Sie die Lust in sich aufsteigen fühlen, dann nichts wie ran an den Mann ...

Haben Sie regelmäßig Sex, und Sie werden sehen: Ihr Mann wird immer attraktiver für Sie.

Ist die Lust wieder entfacht, sorgen Sie mit allen Mitteln dafür, dass das Feuer heiß bleibt. Lesen Sie erotische Literatur oder Sexratgeber, die Lust auf mehr machen. Wenn es Ihnen geht wie mir, und Ihr Mann ein Lesemuffel ist, sind DVDs eine Alternative.

Der sexuelle Reiz ist wie ein heißes Feuer. Man muss ständig Zunder geben, um es am Lodern zu halten. Was den Sex auch auf Dauer aufregend macht, ist die Experimentierfreude. Sie sind an Ihren Mann gewöhnt. Der Kitzel des Unbekannten, der Reiz des Neuen – das ist alles weg. Doch Sie können es wiederbeleben. Experimentieren Sie in Ihrem Schlafzimmer (und auch anderswo). Probieren Sie neue Stellungen. Neue Reizwäsche. Neue Orte.

Erkunden Sie die Welt der Sexspielzeuge, Rollenspiele und der erotischen Kunst. Teilen Sie Ihre Sexfantasien und leben Sie sie miteinander aus, wenn Sie beide es wollen. Seien Sie aufgeschlossen und bleiben Sie neugierig. Vergnügen Sie sich!

Schritt 6: Verzaubern Sie einander

Verabreden Sie sich zu einem Date, immer wieder. Berühren Sie einander, immer wieder. Nehmen Sie einander in die Arme, immer wieder. Zeigen Sie Ihre Liebe mit Worten und mit Taten, immer wieder. Und sagen Sie einander »Ich liebe dich«, immer wieder.

Mein Tipp:

Denken Sie zurück an die Anfangszeit Ihrer Beziehung. Was hat er damals getan, das er jetzt nicht mehr tut? Denken Sie an die Männer Ihrer Freundinnen, insbesondere an jene mit einer romantischen Natur. Wie umgarnen diese Männer ihre Frauen? Denken Sie an romantische Männer aus Filmen und Büchern. Was ist so romantisch an ihnen?

Legen Sie ein Romantik-Handbuch an und schreiben Sie alles auf, was Ihnen zum Thema Romantik einfällt. Geben Sie dieses Handbuch dann Ihrem Mann zum Lesen.

Wann immer er etwas daraus umsetzt, zeigen Sie ihm Ihre Freude und belohnen Sie ihn mit Sex.

Sorgen auch Sie für romantische Stunden. Sehen Sie Ihren Mann aufmerksam an. Betrachten Sie ihn. Nehmen Sie ihn richtig wahr. Wie sieht er aus? Wie wirkt er auf Sie? Machen Sie ihm Komplimente. Berühren Sie ihn. Lächeln Sie ihn an. Sagen Sie »Danke«.

Schritt 7: Verschaffen Sie sich Gehör ... ohne laut zu werden!

Erwarten Sie nicht, dass Ihr Mann Ihre Gedanken liest. Er ist kein elektronischer Kartenleser. Das war er nie und wird er auch nie sein.

Hier mein Tipp:

Gehen Sie Probleme besser früher als später an. Schieben

Sie nichts auf die lange Bank. Alte Krusten lösen sich schwerer (so wie angetrocknetes Essen im Kochtopf).

Erwarten Sie nicht, dass sich alles wieder von alleine einrenkt.

Bevor Sie Ihren Mann auf die Probleme ansprechen, sehen Sie zu, dass Sie innerlich zur Ruhe kommen. Gehen Sie joggen oder machen Sie einen Spaziergang. Rufen Sie eine Freundin an und lassen Sie noch einmal Dampf ab. Oder zerschmettern Sie ein Weinglas, das Sie zur Hochzeit geschenkt bekommen haben.

Dann sprechen Sie ihn an. Erzählen Sie ihm, wie Sie sich fühlen und warum. Überlegen Sie, wie sich das Problem in Zukunft beheben ließe. Müsste er sein Verhalten ändern? Seinen Ton? Beispielsweise Sie vor Freunden nicht lächerlich machen oder die Kinder übergehen?

Achten Sie darauf, dass immer nur einer spricht. Werfen Sie notfalls eine Münze, um zu entscheiden, wer beginnt. Einer spricht, der andere hört zu. Machen Sie sich Notizen. Wiederholen Sie, was er gesagt hat. Das schult das Zuhören.

Konzentrieren Sie sich auf das Problem. Geben Sie Ihrem Partner nicht das Gefühl, er sei der Grund allen Übels.

Es geht nicht ums Gewinnen oder Verlieren. Machen Sie sich das immer wieder bewusst. Es ist kein Wettbewerb. Es ist Ihre Ehe. Ihr Ziel ist, zu einer gemeinsamen Basis zu finden.

Wenn jeder den Konflikt unbedingt für sich gewinnen will, werden beide die Verlierer sein. Also, nehmen Sie Niederlagen an. Das macht am Ende stark.

Wenn Sie ihm vor lauter Wut die schlimmsten Schimpfwörter an den Kopf werfen, dann verzeihen Sie sich das.

Streiten will gelernt sein. Auch ein ordentlicher Ehekrach! Und wie überall gilt auch hier: Übung macht den Meister.

Schritt 8: Versuchen Sie, den anderen zu verstehen

Machen Sie es sich zum Ziel, Ihren Mann besser zu kennen als jeden anderen Menschen. Und öffnen Sie sich umgekehrt auch ihm.

Mein Tipp:

Wenn er nicht über den Sinn des Lebens sprechen möchte, dann lassen Sie es gut sein. Sie haben schließlich keinen spirituellen Lehrmeister geheiratet, sondern einen Mann. Seien Sie dankbar dafür.

Finden Sie stattdessen lieber heraus, was ihm am wichtigsten im Leben ist. Welche Hobbys hat er? Worauf legt er Wert? Wovor hat er am meisten Angst? Was liebt er am meisten? Wie sieht der perfekte Tag für ihn aus? Was sind seine Lieblingsbücher? Was seine Lieblingsfilme? Welche Seiten besucht er im Internet? Was ist sein Lieblingsgericht? Wohin wollte er schon immer mal reisen? Welche Lebensträume hat er? Die Antworten auf all diese Fragen werden Ihre Beziehung vertiefen.

Wenn er über seine Gefühle spricht, vermeiden Sie direkten Blickkontakt. Er tut sich sehr viel leichter, wenn Sie ihn dabei nicht ansehen (beispielsweise auf einer Autofahrt, wenn Sie nebeneinandersitzen).

Schritt 9: Schreiben Sie eine Grabrede für Ihren Mann

Wenn ich heute auf diese dunklen Tage meiner Ehe zurückblicke, weiß ich, dass meine Fantasien über Marks Begräbnis am Ende auch ihr Gutes hatten. Sie haben mir nämlich geholfen, mir einzugestehen, dass meine Ehe im Eimer war. So sehr, dass ich mich gezwungen sah, eine Grabrede auf meinen eigenen Mann zu schreiben. Und diese Grabrede wiederum hat mir die Augen geöffnet.

Schreiben auch Sie eine Grabrede, ich kann Sie nur dazu ermutigen. Sie wird Ihnen helfen, sich an alles Gute und Liebenswerte an Ihrem Mann zu erinnern.

Gehen Sie es langsam an und schreiben Sie stückchenweise daran. Die Grabrede muss nicht morgen fertig sein. Ihr Mann hat wahrscheinlich noch Jahre vor sich.

Schreiben Sie über alltägliche Dinge. Was macht er gut und richtig? Übernimmt er das Füttern der Katze, weil Sie kein Katzenfutter riechen können? Dann schreiben Sie das auf.

Stellen Sie sich vor, was andere Leute über Ihren Mann sagen würden. Welche positiven Dinge könnten das sein?

Führen Sie folgenden Satz zu Ende: »Wer meinen Mann wirklich kennt, der weiß, dass er ...«

Lassen Sie all die Jahre, die Sie ihn kennen, Revue passieren. Wann hat er Sie zum Lachen gebracht? Wann hat er Sie überrascht? Halten Sie es fest.

Schritt 10: Bleiben Sie am Ball!

Sie werden mehr als ein Mal versucht sein, alles hinzu-schmeißen, und das ganze Projekt verfluchen. Eine Ehe ist nie endgültig gerettet. Sie ist ein lebenslanges Projekt. Finden Sie sich damit ab!

Ehetest für Paare

Die folgenden Fragen zeigen Ihnen, wie es um Ihre Beziehung steht und wo Sie zur Rettung Ihrer Ehe ansetzen können. Beantworten Sie die Fragen spontan und ehrlich, und diskutieren Sie die Antworten gemeinsam mit Ihrem Partner:

Auf einer Skala von 1 (= Ich wünschte, mein Mann wäre tot.) bis 10 (= Ich würde meinen Mann sofort wieder heiraten.), wo würden Sie Ihre Ehe einstufen und warum?

- Warum haben Sie sich in ihn verliebt?
- Was lieben Sie noch heute an ihm?
- Kramen Sie oft in der Vergangenheitskiste und suchen dabei immer wieder wunde Punkte?
- Wenn er Ihnen klarmacht, dass Sie offensichtlich im Unrecht sind, entschuldigen Sie sich dann bei ihm? Oder schmettern Sie ihn ab? Warum, oder warum nicht?
- Wie häufig sollten Sie Ihrer Meinung nach Sex haben? Können Sie sich auf einen Kompromiss einigen, sodass Sie beide sexuell befriedigt sind?
- Wie bringen Sie sich in Stimmung für Sex?
- Sprechen Sie darüber, was Sie beim Sex anmacht und was nicht.
- Romantik – was ist das für Sie?
- Wie kann er Sie romantisch verzaubern?
- Sagen Sie ihm, über welche Geschenke (zum Geburtstag, Jahrestag, Urlaub) Sie sich besonders freuen würden. Sagen Sie ihm, wie Sie diese Tage gerne feiern möchten.

- Sind Sie ein guter Zuhörer? Wie können Sie noch besser werden?
- Sprechen Sie ziemlich laut, wenn Sie wütend sind? Oder schweigen Sie sich eher aus und wollen Ihren Partner dazu kriegen, Ihre Gedanken zu lesen? Was kann er tun, damit es Ihnen leichter fällt, sich mitzuteilen?
- Wie können Sie einander besser kennenlernen? Vertrauen Sie ihm etwas über sich an, das er noch nicht gewusst hat. Warum haben Sie es bislang für sich behalten?
- Gibt es etwas, das Sie ihm nicht sagen wollen, weil Sie Angst davor haben? Warum diese Angst?
- Nennen Sie drei Dinge, von denen Sie gerne hätten, dass Ihr Mann sie öfter tut. Und sagen Sie ihm auch, warum.
- Nennen Sie drei Dinge, die Sie täglich tun könnten, um Ihrem Mann das Gefühl zu geben, dass Sie ihn lieben.
- Nennen Sie drei Dinge, die Ihre Ehe bereichern könnten.
- Wenn Sie sterben, wie soll Ihr Mann Sie in Erinnerung behalten? Was soll er Ihren Kindern über Sie sagen?

Dank

Ohne meinen Mann hätte es dieses Buch nie gegeben. Vom Frosch zum Prinzen – das ist mein Mann. In kürzester Zeit verwandelte er sich von einem nachlässigen Stiesel in einen liebevollen Ehemann. Und er half mir, mich von einer unsicheren, streitlustigen Frau in eine selbstbewusste Ehefrau zu entwickeln, die keine Angst mehr davor hat, klar zu sagen, was sie möchte. Er hat mir nicht nur eine großartige Geschichte geschenkt, sondern mir auch erlaubt, sie zu erzählen. Und das braucht Mut. Liebe. Redlichkeit. Ich bewundere ihn und liebe ihn von ganzem Herzen.

Mike Harriot, mein Literaturagent, unterbrach sogar seinen Sommerurlaub am Strand, um den ersten Entwurf zu diesem Buch zu lesen. Er war gleichermaßen taktvoll wie ehrlich, ließ mich wissen, dass mein erster Entwurf durchaus Marktpotenzial hatte, ich aber noch einiges daran arbeiten müsste. Er glaubte an mich, bevor ich selbst an mich glaubte. Er munterte mich auf, wenn ich maulig und am Boden war. Er beruhigte mich, wenn ich am Durchdrehen war. Er brachte mich zurück in die Spur, wenn ich völlig konfus und überlastet war. Er sah unzählige Tippfehler und merzte sie aus. Er war Vertrauter, Freund, Therapeut, Lektor, Karrierecoach, Eheberater, Anwalt, Verhandlungsführer und Stilberater. Einen besseren Agenten hätte man sich als Autor nicht wünschen können. Ich fühle mich geehrt, dass er mich in sein Programm genommen hat.

Jennifer Kasius, Craig Herman und der Rest der Mannschaft bei *Running Press* waren mutig genug, mir mit diesem Buch eine Chance zu geben. Sie nahmen meine Geschichte begeistert auf. Eine Buch-Liebe auf den ersten Blick und eine himmlische Vermählung sozusagen!

Meine Eltern haben so viele Entwürfe zu diesem Buch gelesen, dass sie wahrscheinlich jedes Wort auswendig hersagen könnten. Sie haben mir erlaubt, in ihre Privatsphäre einzudringen, damit ich die Geschichte erzählen konnte. Sie haben nie aufgehört, an mich zu glauben.

Mit nur einer einzigen Frage hat Deb Gordon mir den Anstoß gegeben zu diesem Projekt, das am Ende meine Ehe gerettet und dieses Buch hervorgebracht hat. Sie ermutigte mich durch den ganzen Schreibprozess hindurch, besprach sich mit Familie und Freunden über einen anfänglichen Entwurf und berichtete mir, dass alle so begeistert davon waren, dass sie die ganze Nacht darin gelesen hätten. Und das hielt mich hoch, wenn ich mal wieder eine Schreibblockade hatte.

Jennifer Kushnier, eine pensionierte Lektorin, brachte mich nicht nur auf die Idee mit dem »Martini« (dankbarer könnte ich ihr dafür nicht sein), sondern sie half mir auch, klare Worte zu finden für das, was ich sagen wollte. Unter ihrer Führung löschte ich annähernd 60 000 Wörter und schrieb über 60 000 neue, um die Lücken zu füllen. Sie ist eine wunderbare Freundin und äußerst talentierte Lektorin. Außerdem macht sie einen gefährlich leckeren Apfelstrudel. Mary

Lengle half mir einen Traum zu sehen und die Einzelteile so zusammenzufügen, damit er Wirklichkeit werden konnte. Sie betreute mich auf allen Medienauftritten. Sie hielt meine Hand, stand mir mit Rat und Tat zur Seite, vergewisserte sich, dass mein BH nicht irgendwo durchblitzte, half mir beim Schminken und sorgte dafür, dass ich mich stets fühlte wie ein Superstar. Sie gab mir das Gefühl, dass alles möglich war.

Mariska van Aalst verbrachte viele unbezahlte Stunden damit, mein Manuskript zu lesen, gab mir Rat und hörte mir zu, wenn ich ihr jede einzelne Kleinigkeit von der Suche nach einem Verleger erzählte. Ich bin ihr endlos dankbar.

Mein Dank gilt John und Linda Friel, Patricia Love, David Schnarch, Louann Brizendine, Lou Paget, Gregory J. P. Godek, John Gottman, Howard Markman, Jeffrey Larson, Matthew Kelly, Barton Goldsmith, Terrence Real. Ohne sie wäre ich heute geschieden. Auch mein Mann sagt hier ein Dankeschön. Ohne sie wäre er heute vielleicht tot.

Danke, Carmen Toro. Ohne dich hätte ich mich nie und nimmer in meine weiblichen unteren Zonen verliebt.

Es braucht eine ganze Armada an Freundinnen, um eine Autorin wie mich davor zu bewahren, in ein dunkles Loch zu fallen. Gott sei Dank habe ich die besten Freunde, die man sich nur wünschen kann – Freunde, auf die ich immer zählen konnte, wenn ich mal wieder alles hinschmeißen wollte. Ein ganz besonderes Dankeschön geht an Rachel Weingarten, die mir half, meine innere Kraft zu finden, und die mein Potenzial lange vor allen anderen entdeckte. Auch meine Kolleginnen bei Savor haben mich immer wieder aufgebaut und mir positive Kraft gegeben. Und auch wenn sie dieses komische Y-Chromosom haben, schließe ich Charlie Walker, Sam Greengard und Nando in meine Freundinnenarmada mit ein – sie werden verstehen, warum (oder auch nicht).

Oh, und an das Universum: Danke schön. Du weißt wofür.

Register

A

Abenteuer 222f.
Abhängigkeit 140f.
Achtsamkeit 223f.
Amygdala 169, 171, 187f.
Anerkennung 221
Angst 54f., 65, 73, 80, 98, 111, 170f. 185, 197, 240, 253
Anklage, stumme 239ff.
Ansagen, klare 120
Aphrodisiaka 169
Attraktivität 188
Aussprache 301
Auszeit 169, 269

B

Bauchgefühl 38, 230
Bedürfnisse 82
Bedürftigkeit 200f.
Berührung 220f.
Blickkontakt 134
Brizendine, Louann 163

C

Clinton, Hillary Rodham 137

D

Depression, postpartale 275
Dyer, Wayne W. 69

E

Eheprojekt 29
Ehetest für Paare 310f.
Eheversprechen 257f.
Ehevorbereitung 66
Eifersucht 197
Elternrolle 79
Entspannung 188, 190
Enttäuschung 142, 145
Ephron, Nora 43
Erregung 168
Erstes Mal 55

F

Finanzen 82, 84
Fluchtdrang 201
Freiraum 55
Fristsetzung 134f.
Frust-Liste 146

G

Geburt 98
Geburtstag 186 f., 194 f., 197, 203
Geduld 144, 302
Gefühle 82, 253 f.
Gegensätze 156 ff.
Geld 82 ff.
Goldsmith, Barton 225, 247
Gottman, John 154
Grabrede 308

H

Hausarbeit 72-75, 80
  -liste 75
Haustiere 79
Hingabe 223

I

Ich-Botschaften 242
Ichheiser, Gustav 229
Intimität 248

J

Jobverlust 79 f.

K

Keen, Sam 265
Kelly, Matthew 247
Kennen 248
Kinderfrage 65, 77 f.
Kommunikation 134, 227, 277
  -probleme 241
  -technik 237, 242, 248, 250

Komplimente 221 f.
Konfliktvermeidung 274
Kranksein 88
Kreativität 222

L

Leidenschaft 164
Liebe, bedingungslose 156 f.
Liebesbrief 158, 181, 303

M

Machtkämpfe 243 ff.
McEwan, Ian 285
Minuchin, Salvador 129
Missbrauch, sexueller 52

O

Orgasmus 168, 217

P

Paartherapie 24, 28, 66, 85, 130 ff., 199, 242
Problemdefinition 299 f.
Problemlösungsabend 301
Putzfrau 75, 89

R

Romantik 133 f., 195 f., 203 f., 209, 211, 219 ff., 227, 277, 305
  -Handbuch 210 f., 305
Ruhe, tiefe 201

S

Scham 157, 170 f.
Schmerz 145
Schnarch, David 199
Schuldgefühle 88, 111 f., 268
Schwangerschaft 90 ff., 97
Schwarze-Peter-Spiel 241
Schweigen 274
Selbstfindung 297 ff.
Selbsthilferatgeber 133 ff., 138, 141
Sex 133 f., 165 f., 168, 170, 227, 276, 303 f.
  am Morgen 183
  Lust auf 84, 94, 164 f., 168 ff., 176
Sprecher-Zuhörer-Methoden 242
Sticheln, gereiztes 240
Stillen 102 ff.
Streit 74, 97, 123, 127, 198, 238 f., 274, 302 f., 307
Stress 97, 116, 275
  -abbau 190

T

Träume 55

U

Ultimatum 300 f.
Umarmung 199 ff., 203
  entspannende 199

Umzug 59
Unabhängigkeit 55, 139 f.
Unsicherheiten 55
Unterstützung 219

V

Veränderungen, positive 153
Verbundenheit 278
Vergesslichkeit 187
Verständnis 307
Vertrauen 146
Verzeihen 64, 133 f., 138, 141 f., 274 ff., 302
Vito, Danny de 17

W

Waxing 173 ff.
Wohnung, gemeinsame 56 f., 59
Wünsche 27, 82
Wut 108, 118, 142 f., 145, 154, 170 f., 237, 268

Z

Zuhören 222
Zweifel 98
Zweisamkeit 209, 222, 224